为了人与书的相遇

GEOFFREY BLAINEY

A SHORTER HISTORY *OF* AUSTRALIA

帆与锚

澳大利亚简史

[澳] 杰弗里·布莱内 著
鲁伊 译

GUANGXI NORMAL UNIVERSITY PRESS
广西师范大学出版社
·桂林·

A Shorter History of Australia (Revised and Updated Edition)
by Geoffrey Blainey

First Edition published 1994
Updated and revised editions published by Vintage in 2009, 2014
This edition published by arrangement with Penguin Random House Australia Pty Ltd.

著作权合同登记图字：20-2021-158

图书在版编目(CIP)数据

帆与锚：澳大利亚简史 / (澳) 杰弗里・布莱内著；鲁伊译.
—桂林：广西师范大学出版社, 2021.5
书名原文: A Shorter History of Australia
ISBN 978-7-5598-3712-7
Ⅰ. ①帆… Ⅱ. ①杰… ②鲁… Ⅲ. ①澳大利亚－历史
Ⅳ. ①K611

中国版本图书馆CIP数据核字(2021)第065239号

广西师范大学出版社出版发行
广西桂林市五里店路 9 号　邮政编码：541004
网址：www.bbtpress.com

出 版 人：黄轩庄
责任编辑：黄平丽
特约编辑：黄旭东
装帧设计：彭振威
内文制作：陈基胜
全国新华书店经销
发行热线：010-64284815
山东韵杰文化科技有限公司

开本：1168mm×850mm　1/32
印张：13.5　字数：265千字
2021年5月第1版　2021年5月第1次印刷
定价：58.00元

前 言

本书试图以一种相当简明的方式阐述我对澳大利亚历史的观点。许多年中，我一直断断续续地写着一本非常长的、涵盖了多个侧面的关于澳大利亚历史的著作，一本我可能永远都无法完成的著作。本书，是它的一个压缩版本，里德出版社（Reed Books）的 Sue Hines 向我建议，其文字不得超过 8 万字。

作为一本简短的书，一个缺陷是许多有重要意义的事情都必须被略去。在即将完成写作时，我发现自己不断地要加入必须放入文中的某段故事或某种个人观察，同时又要四处寻找可以被删去的段落。在一本小书中，对事件为何发生的解释，不得不接受“瘦身”，某些因素会被一笔带过，另外一些则只能加以暗示。我要向 Sally Nicholls 表示感谢，这位技巧娴熟的编辑为我提出了许多建议。

本书试图解释一个问题：如今的这个澳大利亚是如何崛起的？我认为，经济事件——尤其是技术——的影响力要比政治事件更大，但本书却花了很大篇幅讨论政治。很遗憾，除了少数主题之外，社会历史都被忽略了。体育之所以被涵盖在内，是因为它相当有趣地映射了澳大利亚的种种态度。

本书部分基于对原始资料的研究，如老书、日记、报纸、议会报告和自传等。一位博览群书的历史学家，自会发现众多资料的出处。这本书还参考了许多历史学家的著作，其中一些人已经故世，但另外一些人却仍在盛年。我们经常会深深被那些我们并不同意其意见的人影响。

土著居民关于这片土地的历史与欧洲人关于这片土地的历史是彼此冲突的，如何平衡这两者并将其结合起来，是一个难题。许多历史学家和评论家渴望着对白人的澳大利亚史进行秋风扫落叶般的批判，从而实现推崇土著居民的历史和强调当今土著居民的各种要求的目的。我并没有这种打算。而与之相对应的那种极端贬低土著居民历史、视其为野蛮粗俗的看法，我也不觉得有什么高明之处。两段历史都有其独特的价值。我自己的态度和偏好当然是存在的，但在一些重要的话题上，我试着给另外的一些观点提供讨论空间，尽管我并不一定接受这些观点。

在一本简短的书中，人物的角色塑造显然会受到损失。我很少会对一位重要人物给予形象刻画：篇幅实在不允许。

当一位著名澳大利亚人物的风格、家庭背景和影响被详细地提及时——比如石油大亨达西或联邦总理奇夫利、孟席斯和惠特拉姆——这固然是因为他们的确特别有影响力，同样也因为他们被当成了模特儿，用以勾勒那个时代的人的形象，反映部分时代的特征。

毫无疑问，我的观点部分来自我早年间的老师们。许多在学校里教过我的人惠我良多：巴拉腊特高中的 A. L. Moore，卫斯理学院的 A. A. Phillips、A. E. Gwillim 和 R. R. Belshaw，还有 Kathleen Fitzpatrick、John O'Brien、Manning Clark 和 R. M. Crawford 这些历史学家，在我就读于墨尔本大学和毕业之后，他们都给了我很多帮助。有些历史学家是我很年轻时就十分崇敬的，其中包括澳大利亚的 E. O. G. Shann 和 Brian Fitzpatrick，以及英国的 T. B. Macaulay（麦考莱）、Thomas Carlyle（卡莱尔）、J. M. Keynes（凯恩斯）和 Arnold Toynbee（汤因比）。

我们都从我们同时代的人身上学习，而我从那些和我差不多大——上下年龄差大约有 7 岁——的人身上学到了很多东西：他们的人数实在太多，就不一一列举了。从我少年时生活过的那些城镇中，我在不知不觉之间学到了历史。那之后，在我 20 世纪 50 年代工作于塔斯马尼亚的昆斯敦和昆士兰的芒特艾萨之时，在我稍后旅经众多澳大利亚地方时，在我于 1967 年到 1984 年担任不同联邦委员会和理事会成员时，我也领略到了澳大利亚生活的众多细节。因此，对于我见过的那些人，听过的那些想法，读过的那些书，教过的那些学生，我都受益良深。当我神智清明的时候，我深知自己不知道什么。

我还要特别感谢我的妻子 Ann。

杰弗里 · 布莱内于墨尔本，1994 年 5 月

在 2009 年和 2014 年的增补版中，我重写或扩增了许多故事和主题，几乎每一页都做出了修改。我还描述了发生在 21 世纪早期的一些重要事件和流行趋势。本书的最后一章总结了曾经塑造过并将继续塑造这个国家历史的关键因素。加起来，这本书如今有了 20 章的内容，而不再是 17 章。对于本书的第四版，大多数修改都是在第 18 章到第 20 章中。同样地，历史年表和参考书目也做了修订和扩充。在进行这些修订工作的过程中，我受惠于许多人和许多本书。我尤其要感谢旺加拉塔的 John Day 和墨尔本的 Peter Yule，以及兰登书屋的编辑 Brandon VanOver。

杰弗里 · 布莱内，2014 年 1 月

目 录

第一部分

黑色澳大利亚的兴起与衰落

第一章

当沧海仍为陆原

大约六万年以前，整个世界要比现在凉爽得多。如今以艳阳海滩和煦暖冬日著称的地方，其时或有雪花飘落。地球表面的四分之一曾被冰雪覆盖，而今天，地表冰封面积不过才占全球的十分之一。那时的海平面比现在更低，如今船只往来穿行的航线，曾是干旱少雨的山丘和广袤无垠的平原。徒步走在今天的北海之上，可以毫无湿脚之虞。而此刻的波罗的海，曾是一片旱地和坐落其上的几个大型淡水湖。如今，将亚洲与北美分隔开来的那 60 公里的距离，当年仍不曾被白令海淹没。

当最早的澳大利亚土著居民来到这块大陆时，海平面或许要比今天低上 120 米。在那个时代，隔开亚洲与澳大利亚的海域，还不是很宽阔。苏门答腊岛和爪哇岛与亚洲大陆之间有陆地相连。甚至连巴厘岛都是亚洲大陆的一部分，只不过位于深海之侧而已。帝汶岛与澳大利亚大陆之间的距离，甚至比塔斯马尼亚岛与今日澳洲的距离还近。

就目前所知而言，最早的土著居民来自亚洲。他们或许进行过一系列短途航行和路上迁徙，历经了几代人的时间，才最终抵达。他们缓慢地跳过狭窄的海面和群岛，有些人可能就落脚于印度尼西亚群岛，而另外一些人则终于踏上了澳大利亚。必定发生过不止一拨移民。第一批移民或许在五万年前就已到达，而最后一批的登陆时间不超过五千年前。每一批移民都只有很少的一伙人，乘着小筏子或独木舟漂洋而来的他们，涉过浅海，登上大陆。那些先驱者，本应在世界史上留下鼎鼎大名，但他们的姓氏与登陆时间，却均遭遗忘。作为克里斯托弗·哥伦布和詹姆斯·库克的先导，他们发现了一块与众不同、适合人居的大陆。在此前的人类历史中，还从未有过这样的发现，因为到那时为止，人类各种族均生活在彼此相连的亚非欧陆块上。当这些最早的冒险家登上澳洲时，甚至连美洲都还无人居住。

新几内亚和澳大利亚形成了一块连续大陆，事实上，这些发现者更可能是从今天新几内亚的西部沿海登陆的，而非现时的澳大利亚。这片巨大、绵延的陆地，当它最早为澳大利亚土著居民所占据之时，假如绘成一幅地图，可能无法被今天的我们所辨识。在澳大利亚人类历史的大部分时间，海岸线远不止于今天的那些海滩和海角。斯旺河、亚拉河、布里斯班河和伯德金河，所有这些河流仍在它们今日所在河谷之间穿流而过，但流经路线却要长得多，远远超过了今天的入海口。在那个遥远的时代，今天距海岸 60 公里以内的几乎所有岛屿，都与大陆相连。前往塔斯马尼亚根本无须借助舟楫。

我们如今所熟知的那些港口，当时离海很远。去到今天悉尼歌剧院所在的那处陆岬的原住民，所看到的，会是一条蜿蜒曲折于河谷之间、穿过一座座砂岩山头中的豁口、向着远方的大海汤汤而去的大河。珀斯、阿德莱德和布里斯班的城址，离最近的海滩都需步行数日方可到达。从达尔文走到海边，更是得跋涉一个多星期。早期土著居民的数百名后代，曾生活在离今天的达尔文不远之处，他们或许对海的存在一无所知。从如今的墨尔本港那里，一个打算出海航行的人，将不得不驾独木舟沿着弯弯曲曲的亚拉河顺流而下。而这条河，是如今被菲利普港湾所淹没的那片地域上的降水汇流而成的。当他的独木舟行驶到如今距离墨尔本约 80 公里的河口海角之时，那时候，还看不见海。在他一路向西南划去的路上，随着巴旺河和由塔斯马尼亚冰封高原融化雪水汇成、湍急澎湃的泰马河的相继并流，河面变得宽阔起来。最后，由亚拉河、巴旺河和泰马河汇集而成的这条大河，在后来成为金岛的那个地方的西边入海，而此时，从启程之处算起，这段旅行已经持续了约 3 个星期。某个土著探险家可以从如今的澳大利亚大陆走到塔斯马尼亚，尽管途中必须越过几条宽广的河流。他甚至可以一直向北进发，直抵今天的新几内亚岛。他的旅程，不会为托雷斯海峡所阻隔。

当最早的人类迁移到澳洲东南角，来到这片少有险峰的大陆海拔最高的山脉之上时，他们看到，即便是在炎炎夏日，峰顶的山坡仍为积雪所覆盖。起源自大分水岭的众多河流，载着夏日融雪流向内陆，而内陆的湖水与河水，因为夏天相对凉爽之故，蒸发速度也很缓慢。在澳大利亚中部，冬日的夜晚十分寒冷，夏日却没有我们如今已习以为常的炙人高温。澳大利亚中部地区的湖泊那时要比现在更有魅力，因为湖水是清凉的淡水，而它们所出产的鱼类、贝类、水鸟和可食用植物，必定曾经养活了许多人。

大约三万年前，当最早的土著居民经由陆路来到塔斯马尼亚时，那里还有冰川存在。他们脚下的塔斯马尼亚半岛，是适宜人类居住的整个地球的最远端。这里的居民，是当时世界上住在最南边的人类，因为南美洲较为寒冷的那些部分——甚至还包括较为温暖的那些部分——都还没有人定居。当时的新西兰也没有人住，毛利人是在耶稣基督诞生几个世纪后才乘着长独木舟去到那里的。

* * *

对这些最早的探险家来说，这片大陆必定充满惊奇。与他们离开的印度尼西亚群岛相比，它要干燥得多。许多谷物、薯蓣（山药）和水果都需要被小心翼翼地尝过，因为它们十分陌生。许多本地生物此前从来未被人类见过：其中一些将再也不会被见到。土著居民看到了 3 米多高的巨型袋鼠。他们也看到了双门齿兽，一种和犀牛个头差不多大的草食性动物，却与毛鼻袋熊有着更近的亲缘关系。他们发现了 5 米长的巨蟒，以及我们已不复能见的庞然巨蜥。他们见到过的一些鸟类和个头较小的有袋动物，如今也已消失。人类进入新的地区，通常都伴随着物种的灭绝。气候变化也助长了这些最早的土著居民经常碰到的物种的加速灭绝。

近年来，考古学家调查了许多洞穴，发现了这些早已消失的物种的部分残骸。位于澳洲大陆西南角、玛格丽特河旁边的猛犸洞内，有长吻针鼹、巨袋鼠和亦称袋狼的斑纹塔斯马尼亚虎的骨骼。近来发现于附近的工具，以及对那些带有切割痕迹的碳化骨骼的观察结果，表明大多数动物均是被土著居民杀死后带到那里切割、烹饪并食用的。曾经在澳洲大陆上繁衍生息的塔斯马尼亚虎和俗称塔斯马尼亚恶魔的袋獾，在漫长的土著居民时代灭绝得相对较晚。尽管袋獾仍在塔斯马尼亚岛上欣欣向荣地生存着，塔斯马尼亚虎或许却已经灭绝。在 20 世纪 30 年代，仍存活着少数塔斯马尼亚虎——一只被关在动物园里，还有几只生活在野外——但近年来所有目击到塔斯马尼亚虎的报告，都不太经得起推敲。

土著居民有时候会被描述为活在一个一成不变的世界里的一群一成不变的人，但他们的生活方式的确发生过变化。

在西澳大利亚的热带地区，一个神秘的文化留下了令人惊叹的遗迹。北金伯利的黄砂岩洞穴中和悬崖峭壁上，展示着数千幅土著居民岩画作品，其精美和优雅程度，可能是在其诞生之时世界上任何其他地方的岩画所无法匹敌的。画中的人物长着鹰钩鼻，戴着带流苏的包头巾。一些身材纤长、盛装打扮的人，颇带有几分悉尼同性恋狂欢节上的气韵。一些评论家从中察觉到了埃及文化的影响。这一践行于至少两万年前的艺术，看起来与现存至今的土著居民的艺术并无关联。作为一项迟来的研究的焦点，这数千个藏身洞穴的画廊，或许能向我们揭示出这片早有人居的沿海地带的大量历史。

土著居民所置身其中的物理世界，并不是静止不变的。早期的土著居民曾经见过熔化的岩浆流过他们的狩猎场和宿营地。在北昆士兰，阿瑟顿高地之上，那时的火山依然活跃。在西维多利亚，离海不远的地方，发生过数起火山喷发。南澳大利亚的甘比尔山附近，就有一座相当晚近的火山，直到五千年前还处于活跃状态。而在东部，一把土著居民的石斧曾被发现埋藏于陶尔希尔喷发出的火山灰之下。

如今关于全球气候即将变暖、海平面由此上升的诸多预测，无非是对天下大变的种种恐惧。但这种变化同土著居民曾经经历过的变化相比，量级要小得多了。正如我们将在后文中看到的，在 50 个世代的时间里，他们顽强地熬过了一段气候急剧变暖、海平面以惊人幅度上升的时期。但他们依然令人敬佩地幸存了下来。

与他们在两万年前的生活方式相比，我们对他们在两百年前是如何生活的所知更多，尽管许多习惯和活动必定延续了下来。基本上，这些人过着游牧生活，迁徙的广度和频次每个地区各有不同。在整个澳洲大陆上，或许没有任何一群人会在某一个地方停留 6 个月以上。通常来说，他们并不囤积食物，只不过保有少量余存。他们并不放牧牲畜，也不种植庄稼。他们总是轻装出行，几乎不携带任何财物。他们能够织出令人赞叹的网和兜袋，但当移动营地时，除了火之外，他们却通常很少随身携带物品。他们有时候会把婴幼儿放在袋鼠皮制成的背篓里。在那些寒冷地区，人们会用几十张袋貂皮精巧地缝制成毛皮外套。

尽管他们的技术很简单，这些人却拥有一样威力强大的工具：火。移动营地时，他们通常会带着一根取火棍——有时是熊熊燃烧着的，有时则余烬未熄——而不愿费事钻木或击石取火。他们用火来完成几乎任何一种任务。冬季取暖时，他们睡在小火堆之间，到了夏天，他们又会用篝火冒出的烟驱赶蚊虫。在平原上，他们熟练地用烟向远方的朋友发送信号，报告自己的具体移动位置。此外，他们还会纵火驱赶野兽，让它们奔向守候在那里的猎人。他们在热灰里烹制肉类、鱼鲜和蔬果。他们会在一年中的特定时间点燃灌木丛和干草，或是为了让自己的迁徙移动更为便利，或是为了鼓励降雨后的新草萌生。在某些地区，他们经常性的烧荒活动改变了地表。许多草原或许都是土著居民一手打造出来的。

他们最宏伟的居所，也不过是一些简单的小棚子。在西维多利亚起伏平原之上的康达湖边，散布着一些房屋群落，它们以石头砌成，都是单间，墙壁或许只有 1 米高，屋顶由灯芯草或灌木枝铺就，留有出入的门口，但却没有门。人们必须弯腰钻进这些栖身之所。一些热带地区也有了比较结实的房子，虽然它们并不会被永久占据。在干旱的内陆地区，一家人通常会露天席地而眠，只有低矮的灌木丛和繁枝茂叶帮他们抵御冬夜的寒风。

在这片国土的大部分区域，土著居民基本上都是赤身露体的。他们不戴帽子，也不穿鞋，但在内陆沙漠炽热的沙地上行走时，有时会趿拉着凉鞋。在寒冷的塔斯马尼亚，他们会在身上涂抹动物油脂，帮助抵御冬季严寒。为了庆祝仪式而在赤裸的身体上绘画，是他们的艺术形式之一。有些人会使用红色和白色的黏土，以及从铁矿石矿藏上部收集到的赭石，再加上鸟的羽毛和动物牙齿制成的项链作为装饰。他们的石雕、木雕和绘画在 20 世纪受到的赞誉远比在 19 世纪时为多。如果说印象派符号艺术是衡量一种文明的标准的话，许多澳大利亚部落的得分都会颇高。

有计划地在自己的领地上为搜寻食物而移动的他们，并不是严格意义上的搜寻者。他们对这片土地所知甚深，通常轻而易举便能获得食物。他们知道大量可食用植物的打籽和结果时间，以及数百种鸟类和动物筑巢繁殖的季节，所以可以根据一年中的节令有针对性地寻找自己的食物。与生活在

1800 年时的典型欧洲人相比，他们吃到的食物种类更丰富，或许也更少会面对饥荒。在比较贫瘠的地区，土著居民或许一年之中会食用一百种不同的绿色菜蔬、干果、籽实、薯蓣和块茎。他们的生活方式虽然看起来十分原始，但却建立在日常的随机应变和大量知识储备的基础上。

采集可食用植物的任务，落在女性头上。因为植物类食物在大多数内陆居民的饮食中占有主导地位，女性是真正的养家糊口之人。在海边，也是由她们担负起捡拾贝壳的重任，那是饮食极其重要的一部分。因此，在 1829 年冬天，乔治 · 鲁滨逊观察到，塔斯马尼亚的女性肩上斜挎着用灯芯草编的篮子，手持尖锐的长竿，潜入水下从岩礁上撬取贝壳："她们是出色的潜水员，可以在水下停留相当长的时间。浮上水面待个一秒多钟，她们便又潜回水中，周而复始，直到篮子装满为止。"

在沿海和内陆河流地区，水产是至关重要的食物。热带沿海地区偶尔可见的高高堆起如金字塔般的海贝山，就是证据。在约克角的韦帕附近，不计其数的海贝山是由几百万顿美餐留下的厨余垃圾构成的，据估算，那里面共有 90 亿枚贝壳。在塔斯马尼亚，这些古老的垃圾堆表明，或许是因为施行了某种禁忌之故，土著居民在大约三千年前不再食用普通的带鳍鱼类。当欧洲人到来时，塔斯马尼亚人仍对带鱼骨的鱼肉敬而远之。

大多数土著居民都以小群落的形式居住和迁移，或许成员只有一两个家庭。男人拥有两个以上的妻子并不罕见。婚姻是在女孩还很小时便订下的，有时甚至还没到青春期，女性初婚的年龄要比男性小得多。通常，年长的男性在选择女性方面享有优先权。

尽管生活中的规矩和礼仪十分复杂，技术却很简单。没有铁来制作武器的锋刃。事实上，石斧既要靠自身重量也要靠斧刃的锋锐程度才能管用。但另一方面，一些机巧的武器也在澳大利亚被发明出来。飞去来器是在这儿诞生的，可能在一万多年前就已经存在。更令人惊叹的是投枪器，这是一种简单的木制装置，可以有效地延长猎人的臂力所及，从而让他能够将木标枪掷出很远的距离。除了离巴布亚最近的地区，弓箭并不在土著居民所用的武器之列。

在所有那些富有地方奇趣的物件中，北昆士兰热带雨林居民所使用的弯曲木剑是其一。剑以硬木制成，装有剑柄，长度可能与一个成年男性的身高相当。用来防御这种剑的，是一种彩绘大盾，用本地无花果树的树桩制成。

勇气和恐惧，是织就日常生活的两股最强壮的线索。如今，大家都说暴力是并不常见的，但证据却指向了凶残的存在。在争斗中殒身或许经常发生，足以抑制人口的增长。而报仇雪恨、杀人偿命也是家常便饭，甚至因为自然原因而导致的死亡，都可以被归因于替敌对一方效力的邪灵作祟，因此，对方很可能要不了多久便会成为突袭的目标。女性，有时还有儿童，经常会在那些更接近屠杀而非争斗的情况下成为牺牲品。1875 年，在中澳大利亚，死于阿兰达之战的土著居民可能有 80 人到 100 人之多，婴儿的四肢则被故意折断。报复自然会随之而来。在人口规模较小的情况下，因为战争而导致的死亡从统计学意义上看，可能要比在长达一个世纪的欧洲战争中整个国家遭受的损失还要巨大。这些冤冤相报的复仇之战，或许是土著居民在英国人到来后难以与邻近部落团结一心、同仇敌忾的原因之一。通常被他们当成共同敌人的，依然是深色皮肤的土著人自己。

那些在战斗中负伤的人，并不一定会死。对于外伤和疾病，疗效确切的治疗手段由长及幼代代传承。大多数疗法都会用到叶、根、草和香草。有些要靠撞大运，但有些却很有科学依据，还有一些更是精妙绝伦。从林中采集来的麻醉剂——包括一种本地嚼烟——被频繁交易于广袤的内陆地区。某种植物的叶片会被晾干后加以咀嚼，然后在金合欢木烧成的碱性灰烬的帮助下释放其中的尼古丁。制成小块的这种药剂可以被掖在耳后。在那个敏感位置放置药剂，可以帮助皮肤吸收药物，再经毛细血管将其送至大脑。现代的耳后给药式晕船药，就是以同样方式作用于大脑的。

那些上了年纪的男性把药块放入口中嚼上一阵，然后再将其递给坐在旁边的同伴，诚为一件赏心乐事。借助这种药力轻微的止痛剂，土著居民可以承受身心的疲惫。据说，曾有人两天两夜步行了 200 公里，全靠“一块皮特尤里树嚼烟（pituri）”撑着。1861 年，当英国探险队“伯克和威尔斯”

成员在中澳大利亚地区一个接一个地慢慢倒下死去时，皮特尤里树嚼烟是他们唯一的慰藉。

* * *

土著居民有着自己的信仰，他们相信世界是一群神秘造物者的作品，在创造了每一座山谷、每一处岩石露头、每一种飞禽走兽很久很久之后，这些造物者依然保持着灵力。扮演那些古老的仪式，可以确保这些神圣的祖先继续赐予福祉。土著居民所知的世界已然固化成形，但他们相信，这个世界也曾极其柔软可塑。因此，在居住于默里河河口附近的一群部落人眼中，这条河一度不过一条狭窄笔直的溪流。后来，法力强大的纳兰迪里为了追逐一条巨大的默里鲟而驾独木舟顺流而下，大鱼甩动尾巴，为河道平添了许多弯曲之处。当纳兰迪里终于在亚历山德里娜湖抓到这条鱼时，他用石刃将其切成几块，并把一块块鱼肉扔回湖中。如此一来，他就把这些鱼块变成了鲷鱼、鲈鱼、泥鱼和鲱鱼等新的物种。

土著居民所栖居的这个世界，很可能并不安稳。邪恶的力量永远都无法被一劳永逸地击败，但那些能够驾驭魔力的人，却有着行善或作恶的巨大力量。人们相信，凡夫俗子也可以在距离地面一米多高的半空中疾行。奇迹经常发生。许多土著居民都相信，他们能够让雨停歇或降下，让热天变凉快，让冷天变暖和。

他们的语言能力颇为惊人。初来乍到的欧洲人经常会在初听到他们讲话的时候被迷住。在西澳大利亚对土著居民传教的本笃会教士萨尔瓦多主教认为，他们的声音要比亚洲人和太平洋岛群居民的声音更富有吸引力。许多甜美悦耳的语音让他联想起意大利语，而那些“铿锵有力、圆润洪亮的语音”则与他所操的西班牙语中的某些语句遥相呼应。在他学习本地语言的过程中，他发现，土著居民只需寥寥数语，便能表达复杂的意思。晚上，他坐在篝火旁边，听着土著居民简单而回环往复的歌声，分享他们在诗歌中表达出的喜悦与悲伤，心中充满快乐：“他们会一直反复地唱上一两个小时，每一次重复，我都会从中得到更多的喜悦——那些或许会被欧洲人认为乏味至极的东西，却帮助他们直抵极乐境界。”

在 1800 年时，存活于澳大利亚的语言数量要比在欧洲多得多。人们说着大约 250 种不同的语言，但其中大多数如今都已归于沉寂。一个普通成年人或许通晓两种到三种语言和数种方言。这种精通语言的能力很容易被低估——如果以为这些语言很快就能学会的话。但它们在语法上十分复杂，更像是拉丁文和梵文而不是现代英语。因此，在一度广泛使用于北昆士兰大片热带雨林中的迪尔巴尔语中，阳性的“他”、阴性的“她”和中性的“它”有着清晰的划分，此外，还存在着第四种词性，使用者会很小心地以其指代数百种可食用植物的具体名称。大多数的土著居民语言还会变得更加复杂。当与现实中或未来的姻亲和堂表兄弟交谈时，他们会刻意选择一种拐弯抹角的说话方式。这样一来，名词、形容词和动词都与普通对话时有异。一本介绍现存的几种土著居民语言之一的语法书，厚达 500 页。

在少数后来被语言学家细致研究过的土著居民语言中，词汇量要比现代欧洲语言的词汇量小得多。一种典型的土著居民语言拥有约 1 万个单词——与一般欧洲语言使用者的词汇量差不多，但显然不能和能说会道之人相媲美。不知为何，认为只有一种土著居民语言的看法一度变得十分流行，因此，boomerang 这个词会被当成土著人对飞去来器的统一称呼。但实际上，在这片大陆的不同地域，飞去来器有着不同的名字，而在塔斯马尼亚，无论是这种武器本身还是它的名字，都无人知晓。许多如今成为英语的一部分的土著居民词汇，来自悉尼周边地区所操的语言，初来乍到的欧洲人是在那里第一次看到本地动物和土著居民的武器。koala（树袋熊）、wombat（毛鼻袋熊）、wallaby（沙袋鼠）和 boomerang 这些词，都来自悉尼周边地区土著居民说的德哈鲁克语。dingo（澳洲野犬）或许是另外一例。与在悉尼南边不远处的肖尔黑文被称为 mirigang 的本地犬不同，在某些地区，它会被叫作 warrigal——这个名字被早期英国殖民者广泛使用。

kangaroo（袋鼠）这个词，是从北昆士兰库克敦周边地区使用的语言引入英语的。1770 年，第一位英国探险家库克船长在座船撞上珊瑚礁后，曾在当地上岸停留了几个星期。他在那里听到土著居民以 kangaroo 称呼袋鼠，但这个词或许专门指的是那种个头较大的黑袋鼠，而不是整个袋鼠这一物种。决定如何拼写这个单词并不容易，库克和他的随队科学家约瑟夫 · 班克斯将其写作 kanguru 或 kangooroo。令人好奇的是，荷兰人在更早的时候探访西澳大利亚沿海时，并没有留下袋鼠存在的记录，因此，库克这帮人就成了做出这一惊人发现的功臣，而相关的新闻震惊了整个动物学界。

少数土著居民词汇是在 20 世纪才进入英语的。因此，didgeridoo（迪吉里杜管）这个词并不为那些背井离乡参加第一次世界大战的普通大兵们所知。事实上，在澳大利亚远北地区——这种长长的木制乐器可能的起源地——并没有用到这个词。不仅是在语言领域，在风俗习惯、仪式礼仪、食物偏好和宗教信仰上，都存在着强烈的地方色彩和由之而来的多样性。

甚至连时间的计量方式，都有许多不同。一个生活在中澳大利亚的阿兰达女孩，很快便会学到形容日落的某个专有词汇，但还有另外一个词，用来描述太阳刚刚落下的那一刹那。傍晚天空瞬间染上红黄相间之色，被称作 alknara，而接踵而至的黄昏，被形容为不复能分辨出草丛与草丛之间空隙的时间。有一个词专门形容午夜，还有一个习语特指银河在夜空中熠熠生辉之时。如此一来，具体描述夜晚的每一阶段的词语，便形成了一个长长的序列，直到黎明将近，袋狸急匆匆地赶回它们栖身的地洞。基本上，阿兰达人将日出日落之间的时间，分成了18个各有其名的时段。

* * *

对于土著居民的相对身心健康，存在着很大的争议。他们的生活方式，和我们所知的世界上每一种生活方式一样，有着众多缺陷和不足，但他们自己完全可以为取得的种种成就而自豪：比如筚路蓝缕，深入艰难险阻，比如对大自然中丰富食材与药材的善用，比如在日常生活的方方面面所展示出的灵巧机变，以及能够在今天的那些不毛之地顽强地生存下来。近来，一些学者得出结论，土著居民的人口或许曾经高达100万，但他们的这个预测，是在对这片土地大面积干旱的持续时间和严重程度所知甚少的基础上做出的。另一种更早期的观点认为，在土著居民独占澳大利亚的那段时间，人口最多不会超过50万，甚至很可能只有25万，因此能够获取的食物对于数目较小的那些人来说，可谓富富有余，除非碰上连年大旱。我基于现有证据所倾向的推论是，在大多数时间，土著居民的人数都不足50万，因此食物相对而言总是充裕的。我们仍不知道，在殃及整个大陆大部分地区的长期干旱期间，情形会是如何，但只能推测，人口或许会减半。

即便是在水草丰美、欣欣向荣的时候，人口或许也会因为部落文化所施加的压力而保持在较低水平。因此，儿童直到三岁之时，仍通常以母乳为食，从而降低了母亲怀孕的概率。此外，在一些地区，男性不会与正在哺育婴儿的女性发生性关系。限于这些情况，女性不会接二连三地生育。人口数量受到限制的另一种可能性，是很少有人能够活到 50 岁。争斗也会导致英年早逝。

关于土著居民令人惊叹的生活方式，只有很少一部分知识流传了下来。它们中的许多都是在过去五十年中重现于世的，而在未来的五十年里，还有许多史海遗珍有待寻回。只不过是在过去半个世纪，关于澳大利亚人类历史中最重要的一个事件的许多关键知识碎片，才被慢慢拼起。这一事件，便是海平面的上升。

第二章

即将到来的冲撞

在澳大利亚人类历史的绝大部分时间，新几内亚群岛和澳大利亚是连在一起的。直到大约 1.8 万年前，人们才开始注意到变化的出现，而这个变化如今回头看起来，要比任何人在一生之中所目睹过的变化都要惊人。整个世界的气候变得温暖起来，随着大块的冰体接连融化，海平面开始上升。生活在缓缓倾斜着延伸向大海的那些辽阔平原上的土著居民，是最早看到海浪侵袭而来的人，尤其是在涨潮的时候。一个世纪接着另一个世纪，海面一直在持续升高。土著居民世世代代于其上采集贝壳的礁石，如今已遥不可及，因为大海此时变得如此深阔无际。他们曾经在狩猎季节到来时前去捕捉鸟类的盐碱沼泽，也已变成了大海的一部分。那些他们曾一年一度长途跋涉前往参拜的圣地——或许是某座石丘，也可能是某个洞穴——都被淹没在水下。海浪截断了袋鼠觅食的草原。海面升高时，新的岛屿形成了，而当海面继续提升时，它们又会被淹没。成群的土著居民被大海驱赶到了邻近部落的领地，而这或许导致了血腥的争斗和杀戮。

在至少1.2万年的时间里，海面一直在上涨，其速度相当缓慢，在某几个世纪里甚至还会稍稍下落一点。有些曾经离海边300公里远的内陆地区，如今举目便能望到大海。大约在一万年前，塔斯马尼亚与澳洲大陆分开了，但在接下来的几个世纪，在风平浪静的时候，跨海往来依然是可行的。在大陆最北边，一大片海湾开始形成，并最终成为今天的卡奔塔利亚湾。它淹没了数百代土著居民曾经日出狩猎、日落而息的那片土地，那个他们在其上时而翩翩起舞、时而争执不休的故土，那个他们曾经在夜晚遥望星河的地方。大约八千年前，澳大利亚被与新几内亚彻底分开了。初具雏形的托雷斯海峡一开始时极其狭窄，可以将一支标枪从一个岸边掷到对岸，但它慢慢变得宽阔起来。

加在一起，约有七分之一的澳洲大陆和新几内亚群岛的陆地面积渐次被海洋淹没。相当于今天意大利国土面积8倍的这么一大块土地，就这样被海水吞噬。在这个被洪水围困的时期，很可能没有任何一个有人居住的大陆像澳大利亚这样，损失了如此高比例的领土。

对于这样一个惊心动魄的漫长历史时期，必定有关于这场令人迷惑不解的大洪水的部落回忆零星散落于各地。我们知道，在1857年的墨尔本，一本名为《事实与数字》的小册子的编辑，曾经从一位白人殖民者那里听到一则有趣的逸闻："大约三年前，一个马西登山部落的土著人跟我说，根据他祖父的回忆，可以沿着亚拉河顺流而下，直抵其入海口处的海角。"一个世纪后，新的地质调查技术证实，几千年前，亚拉河的确会像如今从天上飞过的乌鸦一样，直抵南边40公里开外的菲利普港海角，然而大海终于慢慢地漫过了海角，远远地侵入了内陆，淹没了古老的亚拉河河床。记住那条古老河流的，并不是那位土著居民的祖父，而是或许生活在几百个世代之前的某位老祖父。因此，这场远古大洪水的故事的确被一代一代地传下来了。

更温暖的气候也改变了内陆地区。在塔斯马尼亚的高山地带，土著居民目睹着冰川缓缓融化，终于消失不见。在西海岸，一代又一代的人看着植被慢慢地从贫瘠的苔原变为热带雨林。在澳洲主陆上，他们见到曾经在整个夏季被融化的雪水注满的河流，开始在12月或更早的时间干涸。在某个地区的平原之上，一度长期出产丰富的谷物、干果和绿色植物，但它们在新的气候条件下濒临灭绝，被其他物种取代。中澳大利亚的草原慢慢变成了半沙漠地带。作为补偿，一些曾经过于寒冷的地区，如今植物生长的季节延长了。被我们现在称为热带气候的天气，开始占据了大片地区。年深月久，在每个地区，这些发生于可食用动物、鱼类和昆虫的栖息地中的微小却影响深远的变化，改变了栖居其上者的生活方式、季节性迁徙和日常饮食。

高涨的海面将东南亚的海岸线推向远方。传统上曾与亚洲大陆浑然一体的西印度尼西亚，如今变成了包括爪哇和苏门答腊在内的一连串岛屿。海面的缓慢上升拉远了澳大利亚与外部世界的距离。它变得越来越孤立，远离了一度近在咫尺的帝汶和西新几内亚。

当大海最终停止上涨、不再侵蚀海岸线和岛屿时，土著居民已大多生活于隔绝状态之下。但他们并没有完全与印度尼西亚群岛和新几内亚断了联系。沟通如今变得很困难，甚至危险重重，但并非没有可能。

联系存在的一个迹象，是半驯化的澳洲野犬的出现。当最早的英国人来到澳洲时，在土著居民营地周围，可以见到这种体形硕大、威猛有力的犬类。事实上，土著妇女有抚育澳洲野犬幼崽、用自己的乳汁喂养它们的习惯。澳洲野犬大约是在这之前四千多年的时候来到澳大利亚的，与人类一道乘着小筏子或小船而来。它很快在这块大陆上繁衍开来。登陆澳大利亚的澳洲野犬，或许只有两到四只而已，但它们的数量不断扩张，直到成千上万。

澳洲野犬所来自的那个外面的世界，一系列动物和植物刚刚被驯化或驱使成群，从而令其能够为人类所用。一个惊人的事实是，除了澳洲野犬之外，没有其他驯化的动物或植物登上过澳洲大陆。在很长的一段时间里，澳大利亚躲过了这个世界上的人们所经历过的最激烈的变革。

* * *

在这种全球性的海水上涨即将结束时，整个经济史中最重要的一连串事件开始发生。在一万年前发生于北半球许多地区的这一变革，要比两百多年前开端于英格兰的工业革命更重要。在这场也被称为新石器革命的古老变革中，种子被种下，庄稼被收割，山羊、绵羊和其他动物被成群放牧，食物被囤积。一类不再四处迁移、定居下来的人群由此诞生，随之出现的还有乡村城镇、金属加工、陶器制作和灌溉沟渠的挖掘。它带来了税收的征集，手握大权的统治者和祭司的兴起，以及规模远超以往的军队的建立。事实上，在新的生活方式中，生产食物所需的人占全部人口的比例变小了，由此便释放出了许多从事其他活动的人力。这是迈向专业分工的关键一步，我们如今的这个世界，便基于这种专业分工而来。

基于对被选中的几种植物和牲畜的驯化，这种全新的生活方式的不同版本，最早见于土耳其的南部海岸、中东地区几条大河的冲积平原，以及其他一些零星分布的地方。新的生产和囤积食物的方式，使得世界人口成倍增加。新的生活方式可以更高效地利用土地。它跳过岛屿，在几个大陆之间不断扩张。这是真正意义上的第一次绿色革命。巴黎和伦敦如今所处的山谷，在采用第一次农业革命的技术方面相对缓慢。它们在经济发展上，要比尼罗河谷和底格里斯河谷落后几个世纪。作为第三世界一部分的它们，沉睡了三四千年，而东地中海和波斯湾的腹地却在此期间欣欣向荣。最终，欧洲采用了这种新生活的一个版本。美洲也因势利导，与时俱进。早在欧洲接受新的生活与劳作方式之前，东亚的部分地区已经开始了精耕细作和畜群牧养。

这些影响力深远的变化，大约在六千年以前便渗透到了新几内亚的高原地区。它们来到并征服了托雷斯海峡群岛，改变了生活在那里的每一个人的生活方式。在那些岛屿上，其中一些划独木舟到澳大利亚海岸只需一天，出现了由美拉尼西亚人精耕细作的农田。但就我们所知而言，精耕细作这个概念，却没有扩展到澳洲大陆之上，直到英国人将其引入。

整个世界上，只有少数大面积的与外界隔绝的地方，有能力抵抗或逃过这种变革。到 1788 年时，南部非洲的干旱地区、南美内陆的大片地带、整个北极地区和澳大利亚全境，构成了仅有的仍可见到技艺娴熟却人丁稀少的古老狩猎采集经济体的地区。澳大利亚无疑是在这个地球上此种终究宿命难逃的生活方式得以苟延残喘的最大的一片乐土。为什么基于精耕细作和畜群牧养的新经济并没有来到澳大利亚？这个问题无法轻易揣测。可以确定的是，澳大利亚北部海岸的土壤不够有吸引力，直到今天仍少有人居。还有另外一种解释：新的生活方式很可能部分借助了军事征服才得以传开，而海平面的上升使得澳大利亚比较不容易受到小规模入侵者的进犯。

澳大利亚并不是完全与世隔绝的。早在英国人到访的两个世纪前，它的热带沿海便经常有来自外部世界的访客。这些人每年从印度尼西亚群岛驾着小小的草帆木筏而来。被称为望加锡人的他们，来自苏拉威西岛的南端。他们会利用季风，在西北季风的帮助下驶向澳大利亚，通常只要一两周的时间便能完成这段2000公里的航程。在通常有土著居民聚居于近处的蜿蜒海岸线上，这些渔民在浅水中捕捞海参，在岸上将其煮熟，然后再在炎阳之下进行熏制。当干燥无雨的东南季风刮起时，他们便会升起船帆，掌着沉重的双舵，驶回位于望加锡港的老家。这些海参被贩卖到中国的广东和其他南方地区，成了富人餐桌上滋阴壮阳的美味佳肴：事实上，许多船只的东家，都是中国的中间商。

在生意繁忙的年头，乘着海参船远道而来、投身于海参捕捞和炮制过程中的印度尼西亚人，至少有1200人之多。他们与土著居民之间的关系通常颇为融洽，尽管偶尔也会有流血冲突事件。土著居民甚至会随船航行到印度尼西亚，然后再返回故土。在菲律宾，1676年时，一位意大利教士里乔神父就曾经见到过可能是澳洲土著居民的来访者。他记录道：“这些人可以在其国土内陆走上两年，依然不会见到大海。”

在阿纳姆地和这条地势低平的绵长海岸上的其他地方，这些一年一度的来访者没有留下太多印记。土著居民的劳作、思维与看待这个世界的方式，自成逻辑，严丝合缝，没那么容易被初来乍到的不同理念和新生事物所改变或压倒。

然而，土著居民的确会对这些新来者偶尔能提供给他们的先进材料惊叹不已：铁和碎玻璃远比土著居民的骨制和石制工具更尖锐，因此大受青睐，广为使用。但这些铁和玻璃的数量太少，不足以改变那时生活在这片大陆上的数千土著居民的生活方式。一些土著居民的确学会了使用铁斧制作独木舟。有些人还学会了吸烟筒和喝酒以自娱，但这样的“奢侈享受”极为稀有。

假如印度尼西亚人真的定居在北澳大利亚的土地上，他们或许会开始一场缓慢的革命。但没有证据显示，他们试图在这里长住下去。土壤的肥沃程度几乎无法与他们的故土相媲美。或许，在他们自己的岛屿上，当时还并没有出现人口过多的问题。或许，在一年中的绝大部分月份，北澳大利亚的气候都过于干燥，让他们不喜。此外，他们想要得到的海参，只需短短待上一阵就能获取。每年来上一次，足以让他们享受两个世界的精华。

* * *

欧洲人很快就要进入澳大利亚了。不列颠群岛上的生活方式，与澳洲土著居民的生活方式，无疑构成了世界上最鲜明的反差。英国人带来了如此之多的想法和物品，土著居民几乎无法开始想象。他们不只带来了一万年中新石器革命的所有成果，还带来了方兴未艾的工业与科学革命的最初产物。他们带来了绵羊和羊毛剪，马和鞍辔缰绳，还有牛和猪，以及各种各样的猫猫狗狗。他们带来了土著居民闻所未闻的果树和热带及温带蔬菜。他们带来了篱笆墙和马车牛车，大型的永久住宅和能够漂洋过海的船只。他们还带来了蒸馏烈酒、酿造啤酒和葡萄酒的技艺——对一个此前事实上对酒精一无所知的大陆来说，这些都是极其危险的液体。他们带来了纺织羊毛、制造织物和加工皮革的技术。他们带来了书写和印刷的艺术，知道如何登记账目，以书籍方式汇集信息，用大大小小的木桶、钢桶和麻袋存储食物和饮料。他们带来了成千上万条法规，其中所有条文都是为了满足他们在地球的那一端的需要、解决他们在地球的那一端的问题而制定的。他们还带来了火器，虽然准头不足，但足以让第一次看见和感受到它们威力的人心惊胆战。

英国人比此前世界历史上的任何其他种族都更擅长以其制造的实物展示其最先进的技术：在他们的住宅里、街道上、工厂中、矿井下和码头旁，可以见到种类无穷无尽的新鲜物事和新型机器。与之相对应，土著居民却最多不过擅长展示自己的心灵手巧，而不是制造物品。这加大了两种人之间的理解鸿沟。从土著居民的船只、房屋和其他物件来判断，他们最初并没有给这些能够建造足以漂洋过海的船只的外国人留下深刻印象。

是英国人——而不是印度尼西亚人——最终成为入侵者，这一事实意味着这场冲突更加令人迷惑难解，因为英国在工业革命和蒸汽时代这两个当时全世界最新的经济进步中居于领先地位。而在澳大利亚，他们面对的土著居民，却是一群尚未经历第一次经济革命的人。在这里，来自一个刚刚发明了蒸汽机的国度的一群人，遇上了不会制作陶器和使用金属、不知道如何把水烧开的另一群人。在这里，发生了两个人群之间的激烈冲撞，因为他们说着截然不同的语言，拥有相差悬殊的历史，各自恪守着自己独特的习俗、仪式和宗教信仰，对财产、植物和牲畜有着天差地别的态度。在各自使用土地及其技术的方式方法上，两者之间隔了好几个时代。从一开始，即便双方都怀有善意，却依然水火难容。

第三章

贫瘠的天堂

一艘从南非启航、漂洋过海的小船，宣告了澳大利亚土著居民所拥有的那个安稳世界的终结之始。1486 年，第一艘葡萄牙船只绕过好望角，沿着一条通往印度——那个时代的商业圣地——的新航线前进。在途经的每一个港口和每一座山谷，她向这片对欧洲人仍所知无几的世界宣告了他们的到来。越来越多的船只——葡萄牙的，荷兰的，然后是英国和法国的——驶过南非，前往印度、日本、中国、爪哇、苏门答腊和帝汶，满载着胡椒、东方棉布、茶叶、瓷器、檀香和其他货物。一部分船只最终驶近了澳大利亚沿海，在海滩附近走动的澳大利亚土著居民，毫无疑问见到过他们的身影。

* * *

葡萄牙人或许是最早见到澳大利亚的欧洲人。1516 年，葡萄牙在帝汶岛设立了一个要塞，偶尔从帝汶驶入驶出的船只，必定曾被西北季风吹到澳大利亚西北部群岛或海岸线的视野范围之内。或许，他们没发现任何值得寻求之物。大约一个世纪后，许多站在桅杆高处的荷兰水手看到了同样的部分海岸，惴惴不安地打量着半隐半现的礁石上激起的翻腾白浪。这是一条新开辟的航线，借助了荷兰与爪哇之间几道盛行风的力量，他们从开普敦一直向东航行，直到抵达西澳大利亚海岸附近，然后再转舵向北。在这条航线上，无数荷兰船只和少数英国船只折桅于澳大利亚海岸。许多深海潜水员都曾发现过它们的货物遗骸。

澳大利亚的地图上，留下了这些驾着一叶轻舟漂洋过海的勇敢水手们所起的名字。澳大利亚大陆东北角的那条海峡，被冠上了托雷斯这个西班牙名字。护卫西北海岸的波拿巴群岛，是一系列以法国名字命名的地点之一。而地处西南一隅、常年海风吹袭的卢因角，则得名于荷兰人名。这些欧洲人本有机会殖民澳大利亚，但却认为远远驶离才是上策。他们擦身而过的那道海岸，砂砾遍布，干旱贫瘠。赤身裸体的澳大利亚土著居民，不是真正的生意人，与其他那些奇装异服的外邦人士相比，他们没有什么可以贩卖的稀罕物品。

早期的葡萄牙、西班牙和荷兰水手，的确曾经见过那条漫长海岸线附近埋藏着的矿石。但在1700年，就埋在离海步行可及之处的那些黄金、铁矿石、铀、铝土岩、铜、石油和银铅锌矿，几乎一文不值。那里还有钻石——足以令阿姆斯特丹的宝石商人大喜过望——但直到1979年，第一处有利可图的钻石矿脉才在西澳大利亚发掘出来。欧洲航海家来得太早了。在新技术释放其潜能之前，这些巨大的矿藏毫无用处。在过去的一百五十年中，澳大利亚人对于新技术兴起的仰仗，丝毫不亚于对其饶沃国土、辽阔草原、丰富矿藏和其他资源的依赖。

正对太平洋的澳大利亚的东海岸，要比其西海岸更加友好。英国航海家詹姆斯·库克船长或许是沿着整个东海岸航行的第一人。他于1768年从英格兰启航，所奉的命令从其宗旨上看，基本上相当于两个世纪之后的载人登月。他的任务，是在1769年6月3日星期六的那个早上登上热带岛屿塔希提，使用当时最精确的测绘仪器观测金星凌日。人们寄希望于借助这种罕见的天文现象首次计算出天文学中至为关键的日地距离。从塔希提那里，他驶向了已经被荷兰人发现但却并未登陆其上的新西兰，探索了新西兰的全部海岸，然后才在1770年4月发现了邻近的澳大利亚海岸。他第一眼看到的石灰岩海角，离如今的维多利亚和新南威尔士边界很近。在晴好的天气里沿着海岸一路航行，他看到了大火燃烧升起的浓烟，知道在那些白沙滩另一边的国土上有人居住。

驶进离今天悉尼机场所在地不远的植物学湾时，他对自己所看到的一切很满意：天气“有益身心”；港湾看起来很安全；鱼——尤其是魟鱼——可以食用；有那么几块田地也很肥沃，或者至少他是那么想的；为数不多的土著居民最多“表示出某些敌意”，但却没有发生武装袭击。那里的人数如此稀少，以致由此产生了这样一大片土地的内陆地区或许无人居住的想法。广袤无垠的草原令库克深感震撼，使他写道：“这里出产的粮草，足够可能被引进这个国家的所有牛群一年四季食用。”但一年四季？他可只在那里待了一个星期，显而易见地做出了一个代价巨大的错误判断。他以为当时是旱季，但事实上，那时候却是一年中降雨量偏多的季节。在这特定的一周里，几道溪流欢快地流过那些“草场”，但当下一批英国远征队在一年中的另一个季节到达的时候，同样的一片土地看上去却是饥荒贫瘠。那些草场早已枯萎殆尽。

只是在北美殖民地发起反抗并建立了美利坚合众国之后，植物学湾才成为大不列颠的应许之地。英国之前曾经输送了许多犯人到北美的种植园和城镇中服刑。如今，他们在美国已经不受欢迎了，那还能去哪儿呢？1786年，将犯人从人满为患的英国监狱遣送到植物学湾的辩论，开始活跃起来。他们还能在英法两国海上争霸日益激烈的时候，在一个前景光明的世界角落建起一个英国的战略基地。这些流放犯还能开发两种战略物资——砍伐诺福克岛上高耸笔直的松树而制成的桅杆，以及用同样生长于该岛上的某个特异品种的亚麻制成的帆布和绳索。强壮的桅杆和船帆对于占据海上霸权至关重要，英格兰已经在刚刚发生于北美独立战争期间的海战和海上封锁中再度学到了这一点。

距离英格兰万里迢遥的植物学湾，要是使用雇用船只来运载流放犯、警卫和初始供应物资的话，将是一个太过昂贵的目的地。但一个优势在于，船只可以随即向北驶往中国，装上成箱的茶叶，返航时运回英格兰。在这样一片肥沃的土壤上，享受着如此宜人气候的恩赐，流放犯们肯定可以种出足够喂饱他们的口粮。简而言之，作为海外流放计划之焦点的植物学湾，被认为是一个天堂般的存在。

后来，植物学湾这个名字在英语中，成了荒无人烟、孤独寂寞和残酷无情的象征，但最开始的时候，它却是一个代表着大自然的神奇与丰足的名字。人们最初相信，植物学湾殖民点很快便会长出糖、咖啡、棉花和其他热带植物，此外，食物将会如此充足，以至于流放犯们在每日的耕作结束之后，将会有太多的闲暇时间可供打发。1789 年 10 月，即将随担任军官的丈夫前往这片遥远的国土之前，伊丽莎白·麦克阿瑟在英格兰写信安慰自己的母亲，其中流露出了当时人们对澳大利亚自然条件更加优越的信心："在你头顶照耀着的太阳，也会用它明媚的阳光赐予我恩惠，这一切也会发生在那个大自然一直在慷慨地带来丰盛祝福的国度。"她还补充说，在植物学湾，"到处都是繁花似锦"，只要把种子种下，小心呵护，便会长出累累果实。

载着士兵、流放犯和供应物资的第一舰队，于1787年5月13日驶离英格兰。这支由11艘船七拼八凑而成的船队，在加那利群岛停靠了一星期，然后又在里约热内卢和开普敦各驻泊了一个月。所有这些都是外国港口，大英帝国当时在南大西洋、印度洋和太平洋的势力很弱。当这支舰队最终载着1000多名男女老少和500头牲畜及家禽从开普敦启航时，它让其指挥官阿瑟·菲利普船长联想起了诺亚方舟。而他自己的房舱之中，装满了用于在殖民地种植的植物，“简直像个小花房”。

在离开怀特岛8个月后，菲利普来到了植物学湾，立即开始寻找库克口中的绿色草场。毫无所获之后，再加上觉得这座港湾在某些特定的海上风暴袭来时并不安全，菲利普将落脚点向北移动了几英里，改到了风景壮美的悉尼港湾。在他看来，被两座砂岩海角护卫着的悉尼港湾，堪称地球上最优良的港湾，内部空间足以容纳1000艘大型战船躲避风暴。更重要的是，深水直抵岩石岸边，可以用绳索把船系在树上，而船上的货物只需很短一段距离便能安全地运送上岸。1788年1月26日，他在悉尼湾升起了英国国旗。很不幸地，那一天——而不是更具戏剧性的1月18日，菲利普驶入植物学湾、从而结束这次人类历史上最有纪念意义的殖民航行的那一天——后来被定为澳大利亚的国庆日“澳大利亚日”。

* * *

在早期悉尼的棚屋和帐篷中，没有什么可以庆祝的。树木和灌木丛必须被清理干净，土壤并不肥沃，最初的收成大多数情况下少得可怜。每个人吃的都是那种早期版本的“罐头餐”，因为每个星期定量配给的面粉、米和腌牛肉都是从一个个大桶中舀出来的。因为缺乏新鲜食物，数十名流放犯和水手的脸色变得“苍白蜡黄”：他们的呼吸变得十分沉重，牙龈开始出血发痒，腿上出现了黑色或黄色的瘀青。他们正在经受着海员的致命诅咒——坏血病——的折磨。当土著居民食用的绿色蔬菜、莓子和爬藤植物被添加到日常饮食中之后，情况终于得到缓解。对于许多从事着挥锄耕地、抡斧拉锯伐木等重体力活的流放犯来说，每星期的配给食物远远不够。一个名叫布莱克·西泽的犯人只用一天就把自己所有的口粮吃光了。188 名女性每人只能得到相当于男性三分之二的配给食物，必定有人尝到过饥饿难耐的滋味。

大多数流放犯知道怎么去偷：这就是他们的人生。对那些试图从殖民地政府仓库窃取食物的人，菲利普报之以正式的审判和惩罚。在头一年，就有 5 个人被处绞刑，另外一些人经常被脱光衣服露出后背处以鞭刑。犯人们试图逃脱。因为大多数将他们送到悉尼的船只，都准备接下来驶向中国广东的港口，一些流放犯觉得，中国必定就在群山的那一边。他们开启了这段注定无望的步行逃脱之旅，最终消失于峡谷和高原中。很快，那些留下来的人，就有了盼头。服满刑期的流放犯经常会被授予一小块农场。很少有人知道如何耕种，但一些人却愿意学习。

一艘船不得不开往最近的港口开普敦寻求紧急供给。越来越多的流放犯被送到诺福克岛，那里更加肥沃的土壤能长出更让人满意的庄稼。到 1793 年时，生活在这个小岛上的人，要比生活在悉尼城中的人还多。与此同时，对另一支英国舰队即将带着供给物资而来的期望也相当高——这个期望在接下来的两年半时间里不断被打消。

在最开始的那几年，这个流放地前景黯淡，令人失望。要不是实施起来过于复杂，它很可能就会被放弃了。但撤离首先需要从英格兰派出一支庞大而耗费昂贵的海军远征队。这样的一场远征，就算是决定了，也没那么容易组织起来，部分原因在于，当这个流放殖民地进入第四年的时候，法国大革命爆发了。英国舰队分身乏术。从悉尼撤走，甚至要比当初在那里殖民更加耗资巨大。

与土著居民的关系带来了某种安慰。灾难性的冲突本来是可能发生的，但却并没有成为现实。许多日子里，菲利普总督、水手和流放犯们都曾与土著居民发生邂逅，后者或是正在捕鱼狩猎、采集食物，或是在用黏土和赭石进行身体彩绘。许多日子里，新的殖民者或许被藏身于丛林和乱石之后的土著居民偷偷窥探过。无论是黑皮肤的土著人，还是白皮肤的殖民者，都无法理解彼此。双方领袖的角色、社会组织、所使用的语言、对待土地的态度和宗教信仰，所有这些在对方看来都不可理喻。对于土著居民来说，英国人在1788年的到来，以及他们的停留，必定是极其奇怪的事件。本地的土著居民从未见过可以在深海航行的船只，他们以树皮制成的小划子相形见绌。他们从未听过长笛的鸣奏和深沉浑厚的鼓声，从未见过牛、猪或猫，也从未见过帽子、靴子或衣冠齐整的人。他们从未见过烟草在烟斗里燃烧，更没见过任何工具能像一把铁刀那样既尖锐又耐久。英格兰的铁锅和铁壶对这些人而言闻所未闻，他们传统上一直是在明火或热灰中烹饪食物。在地里播种对这些并非农夫的人而言充满了神秘色彩，而看到英国流放犯被绑缚起来处以鞭刑，会让他们惊叹不已，或是为之哭泣。

希望自己治下的民众能够和平共处的菲利普总督，承诺“会对任何恶意侵害土著居民的人加以惩罚”。只有在英国人的性命受到威胁时，他才会向土著居民开枪。一群曾经短时间登陆于植物学湾的法国探险家，或许是第一批向土著居民开火射击的人。但即便双方都怀着良好的意愿——当然，并不总是如此——结果却常以恐惧和困惑告终。割灯芯草为自己的棚屋铺设屋顶的流放犯会被木棒或标枪袭击。土著居民则遭到了犯人们的枪击或虐待。这些不计其数的孤立事件，指向了被某位海军军官形容为“无穷无尽的不确定性”的一种状态。

在试图与土著居民对话方面，菲利普总督有一个非同寻常的优势。他右边的上牙缺了一颗，和几乎所有黑皮肤的土著居民一样，他会向他们指出这一点。或许在他们眼中，他看来几乎就是自己人。他也努力地待他们以耐心、善意和尊重。或许曾有土著居民也是这样对待他的。不过，菲利普也无法免于误解或敌意。1790 年 9 月，他被一支 3 米多长的标枪所伤。当他一路逃走时，那支枪从他的右肩处垂下来，一直拖到地面。他很幸运地活了下来，伤口没有感染，外科医生也医术高超。值得一提的是，菲利普没有打算复仇，而宁愿认为，用标枪刺伤他的那些人，要么自身受过伤害，要么有充分的理由出于恐惧而出手自保。

菲利普希望吸引一些土著居民定居悉尼，成为实质上的欧洲人。最终，他俘获了阿巴卢，后者与他同桌吃饭，得到了他的许多善意相待。当天花在土著居民中暴发时，阿巴卢也未能幸免于难。历史记录告诉我们，他接受了“一切可能的医学技术干预和一刻也不间断的细心照料”。尽管一些土著居民会抛下自己患上天花病倒的亲属，菲利普却努力去挽救一些生了病的人。阿巴卢还是去世了，他被给予了葬在菲利普自家花园里的殊荣，如今，悉尼的一座摩天大楼就耸立在那里。

在接下来的十年里，更多的流放犯乘着拥挤不堪的船只离开不列颠群岛。船上有时候会恶臭扑鼻，因为寝具并不是总能得到晾晒。在经常风雨大作的海上，卧舱会进水。有些囚犯之前在停泊于英国河流港湾、充当囚船的陈旧船只中已经生活了几年时间，在登上深海大船时身体状况不佳。另外一些破布裹身、衣衫褴褛的人，除了船只缓慢驶入温暖的赤道海洋的那些时候，都要挨冻受罪。在航行即将结束时，面粉——他们最主要的食物——中或许生满了象鼻虫。与此同时，饮用水的味道也很奇怪，腌过的肉煮熟后闻起来像是一大锅热气腾腾的臭下水。在几艘早期的流放船中，死亡率很高。从 1801 年到 1815 年，每 24 名流放犯中，就有一人在驶往澳大利亚的途中死亡。在那些载着前往印度的英国士兵或是前往智利的西班牙开拓者的船只中，死亡事件也频频发生，因为日常饮食缺乏营养，任何一种传染病都会很快在拥挤的居住舱中蔓延开来。

被遣送到澳大利亚的典型流放犯，会是一个年轻的英国小偷。许多人是初犯，另外一些人虽是惯犯，但也不过是小偷小摸。在整个流放制度的存续期间，到达澳大利亚的流放犯中，每 20 个人里面有 13 个来自英格兰，6 个来自爱尔兰，还有一个来自苏格兰。与爱尔兰的总人口相比，爱尔兰流放犯的人数算是非常多了。

只有很少一部分流放犯被判处终身流放。超过半数以上的人都被法庭判决流放七年，但一个典型的流放犯在被送上流放船时，已经服完了部分刑期。根据法律，他们在刑期服满后，便可以自由返回家乡，但很少有人付得起返程的船票。一些人靠充当水手抵付船费，或者作为一个小有身家的殖民者衣锦还乡。那些想方设法回到故乡的人中，有一些很快又犯下了新的罪行，再度被送到澳大利亚。

他们到底偷了些什么？民间流传的说法以往一直坚持，他们偷窃的不过是一些无关紧要之物，比如几条面包、一卷布料或是一对兔子什么的，但却被处以严厉的刑罚。但大多数情况下，他们偷的物品都是值得一偷的东西。在 1803 年乘坐“加尔各答号”驶离朴次茅斯的那些流放犯中，大多数人所偷之物，都是想拿来重新售卖的。根据记载，一名有着棕色头发、黝黑皮肤、灰色眼睛、身高 5 英尺 3 英寸[1]的肯特郡苦役犯詹姆斯·科沃德，曾经偷了两头黑色公牛。而另一个有着棕色头发和深榛色眼睛的瘦高裁缝丹尼尔·克劳利，之前曾经逃过了伪造罪的指控，但却因为偷盗了一码（相当于 3 英尺）红色毛料而被定罪，部分赃物就藏在他的马甲之下。这块布料当时价值 10 先令，或许相当于一个星期的工资。绰号“麦圭尔”的迈克尔·克瑞纳，被指控袭击了一名男士，抢走了后者的刀子、一副手套、一方手帕和 6 枚半便士硬币，在坎特伯雷法庭被 17 名治安法官定罪。罗伯特·库珀——可能是来自多塞特郡的一名吉卜赛人——被指控的罪行是偷盗 9 头公驴和 4 套笼头。他当时已经 57 岁了，在流放犯中算是年纪大的。他的妻子和许多已婚流放犯的配偶不同，

1　本书多采用英制单位，换算为公制单位多有不便。在此附上大致换算关系（保留到小数点后两位），供读者参考：1 英尺 =0.30 米；1 英寸 =2.54 厘米；1 英里 =1.61 公里；1 磅 =0.45 千克；1 加仑 =3.79 升；1 英亩 =0.40 公顷。（本书注释皆为译注）

没有陪他一道登上“加尔各答号”流放船。库珀在南塔斯马尼亚度过了余生，在自己的小农场里放牧牛群，90 多岁才去世。澳大利亚最富有的几个家族的创始人，都是乘坐着同一艘流放船灰头土脸来到这里的，但却靠着羊毛发了大财。

一个落脚于澳大利亚土地上的流放犯，很少会超过 50 岁。偶尔会有还不过是一个小男孩的小偷来到这里，在新的国土上度过自己的 10 岁或 11 岁生日。在这些盗窃犯中，也混着少部分的政治犯，他们通常来自爱尔兰：每 100 个爱尔兰流放犯中，只有不超过两个可以被真正称为政治犯。后来的流放犯中还会包括一些年轻的英国人，在抗议失业的过程中破坏了英国北方纺织厂中的昂贵机器，或是英国南方农场中的蒸汽驱动的脱粒机。他们是一群叛逆者，反对对其就业造成威胁的新技术。来到澳大利亚的这一少部分人是工会运动的先驱，他们的罪行是“密谋”组建工会，从而妨害了其雇主的生意。

一个典型的女流放犯，是那种小偷小摸时被当场抓住的家务女仆。在澳大利亚，她通常会被某个男人挑上，而且经常在婚姻大事中没什么发言权。有证据表明，大多数女流放犯都是教养有方的母亲，她们的子女在富有程度上一点儿都不逊色于他们留在不列颠群岛上的那些堂表兄弟姐妹。许多流放犯的儿子得以从事技术工种，或者得到了 60 英亩的农场。大多数流放犯的女儿很年轻就嫁人了，而且丝毫不会为嫁给一名前流放犯而迟疑——只要他有钱。

* * *

到 1813 年新南威尔士成立二十五周年时，四分之一的白人人口年龄小于 12 岁。他们大多数是流放犯的子女，因为气候宜人、饮食得当、人口也不过于稠密，他们得以茁壮成长。他们令人惊讶地没有受到百日咳、猩红热和麻疹这些杀死过许多英国婴儿的疾病的威胁，但这也意味着，他们缺乏免疫力，假如日后疫情暴发的话，很容易被感染。当许多在新南威尔士军团服役的士兵退伍后带着他们出生于澳大利亚的子女返回英格兰时，等待着他们的是同样的悲剧。来到一片陌生的国土上，这些孩子不得不第一次面对那些常见的儿童传染病。在 1811 年那个冷酷无情的冬天，在英国，"麻疹泛滥犹如瘟疫"，不过两个星期的时间，就有 60 名来自殖民地的儿童死亡，他们的母亲也有许多人病逝。

渐渐地，这些本地出生的孩子被以"土生小子和闺女"（currency lads and lasses）相称。currency 这个英文词，指的是本地货币，而不是在英格兰流通的硬币和钞票。因为本地货币的 10 先令要比英镑的 10 先令便宜一些，"土生闺女"这种说法隐含的含义，是她也没那么矜贵。但身为土生闺女的她自己可不这么认为。与许多带有贬义的词语一样，这一称呼成了一种骄傲。1827 年，外科医生和牧场主彼得·坎宁安在他写的《在新南威尔士的两年时光》中，便大力称赞了那些土生小子和土生闺女。他指出，这些孩子小时候金发碧眼、面色红润，长大后通常比同龄的英国移民个子更高，身材更苗条。

在澳大利亚本地出生的这些孩子，一眼就能分辨出来——至少坎宁安是这么认为的。他们不会酗酒，生性诚实，有时候被不公正地强行安在他们头上的那些坏名声，主要来自“三个桀骜不驯、特别能生养的家庭”的子女的荒唐行径。他观察到，土生闺女们喜欢精心装饰自己的鬈发，用玳瑁制成的发梳加以固定。总的来说，她们朴素正派、性情温和，是打理家务的一把好手。不幸的是，她们的牙齿很早就会脱落。

到 19 世纪 20 年代时，澳大利亚的轮廓已经为人所知，因为每一道蜿蜒的海岸和几乎每一个海湾和出海口，都已经被英国或法国的船只探索过了。一个重大的发现是一条海峡，它证明了澳洲大陆的最南角实际上为一座大岛。这座被正式命名为范迪门地，但后来以塔斯马尼亚相称的岛，在 1803 年首次被英国人进驻。被选中的城址，是坐落于德文特宽广而迷人的港湾之上的霍巴特。在这座小城上方，是威灵顿山隆起的山峰，二十年后，爬上较低的那些山坡的人，会看到流放犯们辛劳工作的成果：小规模的农场占据了林间的空地，道路、码头、仓库和军营鳞次栉比。大型建筑所使用的黄砂岩在阳光下反射着柔光。1825 年，塔斯马尼亚从新南威尔士独立出来，但它依然在很大程度上依赖着那些流放犯，无论是直接从不列颠群岛前来的，还是从悉尼转运至此、接受进一步惩罚的。

塔斯马尼亚此时已经成为海员们的一个避风港。大大小小的船只使用本地木材建造了起来。在那些犬牙交错的离岸岛屿上，成千上万只海豹被用棒子打死，剥下的海豹皮被送到远方，为那些富有的中国北方人提供温暖、抵御严寒。鲸鱼遭到猎捕——有些是在它们躲避风暴的海湾中，有些是在开阔的海面上——炼取的鲸油被用来燃亮欧洲办公室里的灯盏，或是为工业时代的新蒸汽机提供润滑。在塔斯马尼亚沿海和漫长的澳大利亚海岸线上进行的捕鲸活动，成为这个国家最早的重要出口物资来源。

新南威尔士是这一片位于东澳大利亚的面积巨大的英国领地的正式名称。为了描述这一整块大陆，“新荷兰”和拉丁文的“南方大陆”这两个词常常会被用到。而为了描述这些白皮肤的居民，一个新词汇开始出现在对话中。一些人开始自称为“澳大利亚人”。第一个驾船环绕澳洲大陆航行的海军军官马修·弗林德斯，大约从1814年起便开始公开表示自己更青睐“澳大利亚”这个名字，尽管他知道，欧洲的地理学家或伦敦和悉尼的高级官员仍在使用“新荷兰”和拉丁语的“南方大陆”这两个旧名字。他认为，“澳大利亚”要比那个冗长的拉丁名字“听起来更悦耳”。1817年，早期殖民地总督中任职时间最长的拉克伦·麦夸里——他在这个职位上从1810年一直待到1821年——首次在官方文书往来中使用了“澳大利亚”这个词。

本地人很可能早在“澳大利亚”被官方认可之前便已经在日常对话中用到这个词，很快，它就变得众口流传。许多本地出生的人特别喜欢这个词，悉尼的 E. S. 霍尔就在 1829 年的一封正式书信中提到了这一点：

> 尊敬的先生，我以 8 名生于澳大利亚的子女之父亲的身份，向你进言。尽管我自己深以作为一个英国人为荣，并将以此名义光荣地死去，我的孩子却将视另外一个名字为荣耀。“澳大利亚人”，而不是“外来移民”，才是标志他们身份的那个词。

霍尔在信中描述道，那些围坐在晚餐桌边或是参与一年一度的作物收割——他自己在萨里山拥有一个小农场——的澳大利亚土生青年，喜欢打趣英国移民。他的孩子中，至少有 6 个是女儿，她们和男孩子一样热爱澳大利亚，这片他们唯一知道的土地。

他们的澳大利亚，这时候还不是一个国家：它只是一条海岸线而已。对于内陆到底有些什么，人们几乎一无所知。人们相信，其中的大部分地区会很干旱，但是不是所有地方都那么干燥呢？有种广为流传的揣测，在大陆中部的某个地方，有着绿色的草场和水面宽广的内海或大湖，湖水或许会沿着一条澳大利亚的尼罗河外流，流到西北部某个尚未被绘入地图的港湾。一些澳大利亚人，如今开始视这片遥远的内陆为自己的未来之地。

第四章

草原上的阿拉伯人

在世界历史上，很难找到另外一个被某种新动物的到来改变得如此迅速的大陆。

1788 年，装载于第一舰队船只之中的绵羊，来到了澳大利亚。它们主要来自南非和孟加拉，按照今天的标准来看，个头颇小，而且瘦骨伶仃。人们更看重它们提供的羊肉，而不是羊毛。18 世纪 90 年代时，引进了一些西班牙美利奴绵羊，它们出产的羊毛偶尔会被成批装船运往英格兰，但其品质却很可疑：生产优质织物的制造商们没人愿意染指。第一个把羊当回事的，是麦克阿瑟一家，他们在 1806 年拥有大约 5000 只绵羊。家中的男主人约翰花了很大力气在英格兰推广澳大利亚羊毛——这发生在极少一部分绵羊出产的精品羊毛得入方家之眼后——而他的妻子伊丽莎白则留下来照料家中的羊群，由此成为澳大利亚第一位绵羊育种大师。另外一位羊毛的有力支持者，是身为殖民地牧师的塞缪尔·马斯登。他到过约克郡，在那里用自家出产的澳大利亚羊毛织成了甚至可以用来为英国国王乔治三世裁制衣服的精美布料。他在布道坛上对那些流放犯们宣讲的基督教义，在影响力上完全比不过他在英格兰鼓吹的世俗道理：澳大利亚羊毛可以和最好的德国和西班牙羊毛相媲美。

越来越多的殖民者开始在新南威尔士和塔斯马尼亚牧养羊群。到 19 世纪 20 年代，羊毛出口已经十分重要。到 19 世纪 30 年代，绵羊数量激增，几乎每年都有相当于爱尔兰国土面积的草场被羊群所占据，牧羊人不断涌进这片新的疆土，身处悉尼的殖民地总督对控制这些人几乎无能为力。

几乎澳大利亚的一切，似乎都为羊的到来做好了准备。走向沿太平洋海岸线延伸的大分水岭山脉，其低平山脊一侧的干燥内陆在 1813 年被初次发现时，被认为可以喂养比欧洲现存羊群数量更多的绵羊。即便是在高山的草坡之上，冬季也不甚寒冷，羊群不用被赶入羊圈、以干草饲养。因此，早期的澳大利亚牧场主和德国、英格兰的同行不一样，不用在夏季花很多时间收割牧草，也不用担心其装运和储存。澳大利亚的大多数气候类型——除了热带地区——都适合养羊。另外一个优势在于，只有一种本地动物有能力杀死成羊，那就是澳洲野犬，而只要悉心照料，这个威胁最终也被解决了。幸运的是，澳大利亚适合美利奴羊这种品种最优秀的绵羊生长，它起源于拥有同样干燥气候的摩洛哥和西北非洲。

到1820年时，工业革命已经在英格兰北部加快步伐，聪明的机器改良了毛料和羊毛服装、法兰绒和毛毯的制造工艺，降低了生产成本，而与此同时，迅猛增长的人口也带来了更大的需求。在约克郡以石头砌成的高大毛纺厂中，水轮由高速蒸汽带动，对精品羊毛的需求也由此激增。正因为羊毛是现代世界价格最高的大宗产品之一，羊毛生产者由此便可以承担将羊毛用牛车运到澳大利亚港口、再将其漂洋过海运到世界另一端的高昂成本，而仍有利润可图。与之相对应，在早期澳大利亚很快便数量倍增的进口牛群，可用于出口的出产物只有牛皮，而牛皮很难卖出高价。在冷藏时代到来前，牛的主产品——牛肉——一直无法被出口供应给欧洲数量巨大的人口。

* * *

如今远离沿海地区、漫山遍野啃食青草的羊群，需要成千上万的牧羊人加以照料。想要招募自由移民远离灯火通明的港口和那里的酒馆店铺，过上一种孤独甚至有时十分危险的生活，想必并非易举。他们的妻子应该也没那么情愿跟从他们。然而，流放犯和前流放犯却可以被强迫从事看管羊群的工作。这项任务并不是很难。因为绵羊喜欢扎堆儿，流放犯牧羊人通常在一天中的部分时间只需要坐在树下，任凭羊群自行吃草，而在太阳快下山时，他可以慢悠悠地将羊群驱赶回牧羊棚附近，他看守牧羊棚的同伴自然会在那里立起木头围栏。这种可以移动的预制围栏可以将羊群圈起，让它们聚集其中，从而保护它们免受在夜里出没觅食的澳洲野犬的袭击。如果牧羊棚要移动，羊圈和围栏也可以随之移动。

那些在欧洲购买以澳大利亚羊毛制成的衣服的消费者，倘若能够看到日落之前的羊群，或许会惊讶地直眨眼。临时搭成、在晚上将羊群聚集在一起的羊圈，通常会尘土飞扬，油腻腻的羊毛和羊粪的味道十分强烈。天黑之后，羊圈的每个角上都会拴一条狗，用来吓跑野犬。看守牧羊棚的人在晚上负责守夜，睡在离羊栏不远处的一个可移动的木头岗亭里。早上，牧羊人喝完热乎乎的红茶，吃过煮羊肉和无酵面饼，便要将羊群赶出去吃草。在绿意盎然的早春，米白色的羊群点缀在草地之上，看起来一片田园风光。在许多地区，初夏时的羊群难得一见，因为袋鼠草长得实在太高了，它们的棕色籽粒像麦穗一样，随着微风如波浪般摇摆起伏。

成群的牛羊被驱赶放牧到极其遥远的远方，人工修建的道路和带有玻璃窗的房屋，都已经远不可及。到 1840 年时，畜群一直从南昆士兰的草丘陵地延伸到阿德莱德北部的干旱地区，进而扩展到塔斯马尼亚的寒温带牧场。新南威尔士总督乔治·吉普斯爵士知道，因为人们过于分散，他的领地几乎处于无法管控的状态，但却找不到任何可以阻止这种大规模人员流动的办法。在悉尼，离1840年圣诞节只有6天的时候，他提笔给伦敦当局写了一封私信，倾诉他的无能为力。他说：

> 想要把沙漠里的阿拉伯人圈在一个圈子里，循着他们在沙子上留下的足迹加以跟踪，就像想要把新南威尔士的牧羊人或羊毛商人圈在一个指定的范围里一样，注定徒劳无功。而且，正如被圈禁起来的阿拉伯人肯定会饿死，新南威尔士的羊群也将面对如此命运，而整个国家的繁荣都将随之告终。

作为一种临时举措，吉普斯宣布这些新的牧羊人或“擅占者”的行为合法，并授予了允许他们在其“擅占”的大片土地上经营的租约。

很少有女人会住到那些遥远的绵羊牧场中。1839年，凯瑟琳·柯克兰带着年幼的孩子，动身从刚刚建城的墨尔本前往城西150公里处的她丈夫的牧场。经过了12天两轮板车上的颠簸劳累，她才最终到达，但马上就在被羊群围绕的有3间屋子的牧羊棚里过起了心满意足的小日子。她注意到，男人们几乎很少洗澡和换洗衣服。她吃惊地看到，那么多的羊肉被白白浪费，或是索性被扔掉，因为价格极其便宜。她对土著居民的生活方式惊叹不已，他们中的许多人会透过窗户偷偷打量她的牧羊棚的内部摆设。在 3 个月的时间里，她的牧羊棚只有门框却没有大门。当她决定返回墨尔本迎接第二个孩子的降生时，她所乘坐的交通工具，还是一辆两轮板车，不过改装成了带篷马车的样子。她已经相当习惯于乡下的生活，对那些整天绕着羊和马打转的男人们的对话耳熟能详，以至短暂地重新回到墨尔本的上层女性社交圈后，几乎不知道该跟她们聊些什么话题。

她的新生儿很娇嫩，但在穿林踏草的漫长回家路上却一直活泼健旺。漫山遍野的绵羊和羔羊，点缀在公园般的风景上，让她想起了那句圣经经文："神为刚遭修剪过的羔羊，平息了风暴"[1]，她感到，自己正领受着神的眷顾。当四五只袋鼠犬跑过来，半带恶作剧性质地几乎将她的裙子扯成碎片时，她便知道快到家了。

在每年一度的修剪羊毛、洗去占羊毛粗重四分之一的羊毛脂之后，一辆辆不大的牛拉两轮板车上，高高地堆起了大捆羊毛。它们随即向着最近的港口出发，满载的货物略显头重脚轻，在风中轻轻晃荡。作为全世界最大的羊毛进口商

1　此处应为作者笔误。根据学者 Mogens Klitgaard 的考证，这句话并非出自圣经原文，其英文最早的出处是英国圣公会牧师和小说作家 Laurence Sterne 出版于 1768 年的小说 *A Sentimental Journey Through France and Italy*，而法国印书商和学者 Henri Estienne 在 1594 年出版的一本名言集中也收入了类似的一句话。

和制造商，英国在19世纪40年代末期从澳大利亚买入的羊毛，超过了从德国、西班牙和欧洲其余国家购入的羊毛的总和。然而，澳大利亚的羊毛产业虽然已经覆盖了大片地区，却依然处于婴儿期。除了那些极度干旱的年份，被装上航船、缓慢驶向英国港口的沉甸甸的、打成方捆的羊毛，数量每年都在增加。从1850年到1890年，羊毛年出口量增加了超过10倍。大多数增长都来自更适合澳大利亚气候条件的良种绵羊的迅速繁殖。

与今天那些圆滚滚、慢悠悠、一身厚毛的绵羊相比，最早的绵羊更像是个头大一点儿的狗。和狗一样，屡获大奖的绵羊也会戴上领圈。数十位绵羊育种专家在繁育个头更大、产毛更多的良种羊时，更多运用的是他们的观察力而不是科学理论。到19世纪60年代时，在里弗赖纳滨藜丛生的干旱地区，佩平美利奴羊已经独立成形，而在南澳大利亚的干旱地区，霍克家族及其天分非凡、眼神总是恍恍惚惚的牧羊人约翰·诺布尔一道，繁育出了一种仅具美利奴之名的新品种绵羊。这些羊个头硕大，羊毛丰厚，远远超过了流放犯时期悉尼沿海的那些美利奴绵羊。两者之间的差别，几乎和高大威猛的德国牧羊犬与小巧温驯的可卡猎之差一样悬殊。假如伊丽莎白·麦克阿瑟可以活得更长一点，亲眼看到1900年时羊栏中的这些羊，她或许会意识到，与自己当初养的那些羊相比，后来者的体重已经高达其祖先的7倍。事实上，她或许会自问：“它们真的是绵羊吗？”

羊毛产业的惊人发展改变了澳大利亚人的生活。它将澳大利亚的经济与遥远的欧洲联系起来，因为羊毛主要在北半球进行纺织加工。与之相对应，在头半个世纪里，澳大利亚与距离较近的亚洲建立了众多关联。孤立无援的悉尼曾经从英属印度购进了绝大部分紧急物资供应和大多数最早的绵羊。朗姆酒是早期澳大利亚人常喝的烈酒，它们并非来自西印度群岛，而是来自孟加拉。英国船只在其装载的流放犯和物资从悉尼和霍巴特上岸后，大多数都会驶向中国，在那里载上茶叶运往英格兰。到后来，这些船还越来越多地将茶叶运回到澳大利亚，因为没过多久，按人头而计，澳大利亚人便成了世界上最饥渴的茶叶消费者。在建筑上，澳大利亚房屋中的游廊似乎是从印度借鉴而来的。事实上，在早期澳大利亚占有支配地位的圣公会教会，最初隶属加尔各答教区，尽管该教区的主教从来不曾抽空前来探访一下他的这些万里之遥的教徒。

澳大利亚最早的一些出口物资——巴斯海峡的海豹皮、纽卡斯尔的煤、西澳大利亚的檀香木和澳大利亚热带浅海地区的海参——曾被运往印度和中国。但与此同时，羊毛却很少会被输送到东方。新近占据主导地位的羊毛，是令经济转向欧洲的最重要原因。从 1835 年到 1975 年的这一百四十年里，除了屈指可数的几年，羊毛都是澳大利亚最主要的出口物资。

* * *

在羊群不断向内陆移动的过程中，土著居民成了沉默的牺牲品。从来不曾见过白人、更不知羊马为何物的他们，突然之间在这片他们自古以来——远比摩西时代更早，甚至按照英国人自己编订的圣经纪年，还要早于亚当和夏娃的时代——便栖居其上的土地上，与这些令人费解的侵入者正面相接。当绵羊被一路驱赶进入新的地区，与土著居民的新冲突便会爆发。即便带着善意，冲突也难以避免。从一方面来看，故事简单明了：土著居民会杀死牛和羊，从牧羊人的棚子里偷东西，杀害牧羊人和羊棚看守，偶尔还会吃某些受害者的肉。而从另一方面来看，一切也同样清清楚楚。白人蓄意侵占了黑皮肤土著居民的土地和水泉，无意中放任他们的牛羊践踏圣地。有些人强抢土著女性，强奸她们，或是以其他方式虐待她们。少数成群结队、骑在马背上的白人，手持崭新的双管猎枪，追赶着土著居民，将他们逼到走投无路时再开枪射击。

混乱之中，一些土著居民转向了他们的部落老对头们。报复行为延长了流血事件。在一场又一场的屠杀和争斗中，少数初来乍到的欧洲人或大量土著居民遭到杀戮。在西维多利亚盛产绵羊的地区，不到十二年的时间里，至少 34 名欧洲男性和一个 3 岁的孩童被土著居民杀死，但丧生的土著居民或许有 10 倍之多，其中包括至少 27 名女性和 10 个孩子。

在北新南威尔士，许多土著居民在1838年澳大利亚日的一场屠杀中遭到杀害。那一年稍晚一些时候，在同一地区，28名土著居民被屠杀于迈奥尔溪，而作为惩罚，7名欧洲人被定罪并处以绞刑：那时候，因为导致土著居民死亡而被审判的欧洲人微乎其微。

在一些地区，小规模的流血事件发生后，和谐的关系会随之产生。在另外一些地区，血却会继续流淌。1838年，J. H. 韦奇从谢迪坎普写信给远在英格兰的格莱内尔格勋爵。他下结论说，即便新南威尔士所有的士兵和警察都被派往内地，试图阻止“牧场经营者一方的频频挑衅，以及土著人一方的武力还击”，他们也没办法成功地令两边和谐共处。

典型的澳洲内地殖民者，或许从不曾杀害或伤害土著居民。但另一方面，在19世纪30年代和40年代，光是在新南威尔士，无法无天的殖民者却可能高达数百人。许多殖民者看不起土著居民，但更多的人对后者心怀恐惧。尽管许多人将深色皮肤的人视作人类种族阶梯上最低一级的人种，也有许多人尊重他们的技能。乔治·格雷船长在探索西澳大利亚时，曾观察了数百名土著居民，他在1840年总结说，他们是一种野蛮文化的囚徒，但仍是一个富有天分的人种：“他们和我见过的其他人种一样聪明机智，他们有着和其他人一样的情感、爱好和激情，然而在许多性格特征上，他们又与那些人全然不同。”

良好的意愿和行动，化作了试图驯服土著居民或培养其能力的方案——当时使用的原话，是“让他们变得文明起来”。而就在这同时，也有零星的屠杀土著居民的事件发生。尽管边远地区的殖民者在动手杀戮，但坐在悉尼、霍巴特、珀斯或伦敦的办公桌前的那些政府官员，却在寻求人道的解决办法。一些人认为，为了土著居民的自身利益，他们应当被隔离起来，还有一些人认为，他们应当被吸纳入新殖民者的社会中。人们希望，如果土著居民可以停止四处迁移，成为农民和体力工人而不是狩猎和采集者，一切都能好起来。或许他们能够听从劝告，穿上衣服，读书写字，接受基督教。人们还没有意识到，无论是在态度、价值观和生活方式上，土著居民与英国人都存在着大到无法想象的鸿沟。

时不时地，就会兴起一阵希望，觉得土著居民终将抛弃他们旧有的生活方式。1820 年时，一位殖民地牧师罗伯特 · 卡特赖特希望，保不准在什么地方，会有某一个成年土著居民“彻底戒掉他那些变化无常的习惯”，从而为其他人树立一个榜样。他相信，可以首先对孩子们进行教育，然后这些孩子就能教给他们的父母那些更加文明的生活方式的好处。麦夸里总督于 1814 年认定，他所遇见过的那些本地土著居民尽管懒散，但却很有前途。诚实且坦率的他们，没有那些“偷奸耍滑和背信弃义”的坏毛病，也不像在他眼中的新西兰毛利人那样，残忍而嗜血成性。如果一些人能够被说服，在城市中定居下来，当个半熟练工种的技术工人，他们或许很快就会更倾向于靠着自己的劳动所得过日子，而不是“置身荒野，朝不保夕地逐林木而度日”。许多观察者都讶异地看到，黑色皮肤的孩子学习速度快得惊人。卡特赖特认为，终有一日，在殖民地最优秀学生的年度颁奖典礼上，“这些深色皮肤的澳大利亚人”会胜过那些被他称为“阿尔比恩后裔”[1]的英国孩子们。

一些奖励机制被提供给了年幼的黑色皮肤儿童。有时候，会将一块土地分给成年土著居民，寄希望于他们可以在上面栽种庄稼。面积多达数千公顷的大片保留地被划出来用作实验。一片只有土著居民可以居住其上的保留地的一个优点在于，他们将不会受到那些品德败坏的流放犯的影响。因此，1820年，麦夸里总督将悉尼外围的边远土地设为保留地，让土著居民可以在其中慢慢适应新的生活方式。这个实验失败了，土著居民更喜欢他们自己的古老生活方式。

传教士们从欧洲远道而来，建立了他们的定居点。他们承诺每周提供定量的面粉和糖，用以吸引那些残存的部落成员，他们还教一些成年人和孩子读书和祷告。随后，某个星期日，一位牧师会出现在他通常传道的木头教堂或林间空地中，徒然发现他那些看似虔诚皈依的教众中的大多数人，又恢复了他们“四处流浪”的老习惯。在学习算术和《旧约》上表现卓异的土著儿童，当着总督和其他来访者的面一字不差地背诵完他们功课后，会被当成其种族的未来拯救者而大

1 Albion，源自希腊和罗马人对英格兰的称呼。

加称赞，但他们常常过早夭亡，要么便突然就从课堂里消失不见。这对他们的老师来说简直无法置信，更令人伤心。

假如出于巧合，19 世纪 40 年代的澳大利亚白人被强迫着完全接纳土著居民的文化，他们最终也会奋起反抗或只是照抄个皮毛而已。同样地，土著居民也几乎没有可能迅速改变自己的生活方式。在对待家庭、亲属、魔鬼、神灵、土地、私有财产和个人装饰品的态度上存在着如此巨大的差异，土著居民看不到英国人的生活方式有何优点可言。他们或许会短时间地改弦更张一下，但通常只不过是为了尝个新鲜，或是图些眼前利益。此外，他们面对的，是两种截然相反的行为——来自某些白人的善意，以及来自另外一些白人的凶残或冷漠。

如果土著居民当初迅速采纳了英国人的生活方式，他们或许会赢得信任和尊重。一些人或许能够得到大面积的农田，甚至是绵羊牧场。认为土著居民从一开始就被普遍瞧不起，是一个现代的流言：库克船长和菲利普总督就是两个十分尊重他们的人。而土著居民直到 20 世纪 60 年代都没有选举权，是另外一个流言。在维多利亚和新南威尔士这两个大殖民地，大多数土著居民都根据 19 世纪 50 年代的民主宪法法案获得了选举权，但很少有人对投票箱感兴趣。当许多土著居民后来被剥夺了关键的公民权利时，这主要是因为他们没有早一点接受从态度上和生活方式上成为欧洲人的机会，而这是很可以理解的。

少数在 1788 年来到悉尼的英国人，看到了土著居民身上的高贵与尊严。那些五十年后来到这些殖民地区的人，却看见他们正处于衰落中，有些人伸手乞求衣物和金钱，有些人整日烂醉如泥，还有另外一些人只愿意偶尔接受为期数日的雇佣工作，因此仅构成持续性劳动力的一小部分。理论上，他们仍保留着自由，但实际上，这种自由业已丧失，因为在大面积的乡村地带，他们古老的食物采集场如今已经被数量倍增的牛和羊所占据。

在那些最遥远的大型牧羊场之外的地方，生活几乎一如既往，但疾病却比白人殖民者提前一步到来。新的疾病是夺去生活在城镇和绵羊牧区的土著居民性命的主要原因，即便在那些未曾被白人履及的地方也是如此。流感、麻疹、天花、性病和其他疾病成为远比手枪和步枪更致命的杀手。酒精进一步加剧了对土著居民健康的打击。内陆地区流行的酒精饮料是朗姆酒和其他烈酒，而不是啤酒，那些喜欢从酒精中寻求慰藉的土著居民，饮下的是酒劲儿最大的那一种。在一些土著居民中，酒精的致命程度不亚于疾病。随着土著居民安稳的旧世界土崩瓦解，甚至连求生的愿望都已烟消云散。

人们认为，土著居民很可能会全部灭绝。尽管那些欧洲人与土著居民生下的混血儿童人数倍增，“纯血土著居民”的数量却在加速下降。在 19 世纪，人们急着赶在土著人的语言从他们口中消亡之前将其记载下来，急着为他们的言行举止、技艺和信仰留下永久的文字记录，而对时不我待的担心，进一步加剧了这种紧迫感。此外，许多土著居民即便有饭吃、有衣服穿、有人照顾，依然大量死去，这一证据更是强化了那种认为土著居民会早早灭绝的看法。

这种悲观主义的看法，被许多声誉卓著的学者广为宣扬。查尔斯·达尔文或许是19世纪最著名的科学家了，他就曾做出结论，与混血土著居民截然不同的纯血土著人或许会全部灭绝。这是他的生物进化理论的一部分，无论是人类还是植物，都是适者生存。然而，达尔文并不只是一个理论家。作为少数有机会观察土著居民的欧洲科学家之一，他在1836年骑马跨越蓝山山脉时对他们进行了描述。他对他们能够从30米开外投掷标枪刺穿对方头颅的技艺惊叹不已。但他很遗憾地表示，土著居民如今已经变得人丁稀少。他正确地猜到，疾病、酒精和狩猎地的损失是令他们人口骤减的主要原因——他并不知道火枪的推波助澜——但他认为，必定存在另外的“神秘运作机制”加速了他们的衰落，对于这一因素，他承认自己并不完全了解。他总结道，毛利人和澳洲土著居民一样，最终都会消失：“不同人种彼此之间的相互作用，正如不同种类的动物——强者永远消灭弱者”。大多数学者都接受了他的这种预测，直到20世纪20年代前后，才有证据表明，生活在澳洲内地的部落土著居民人数并没有减少。

少数早期开拓者并不确定土著居民一定会灭绝。一位年轻的维多利亚擅占者爱德华·柯尔就对他们心怀同情，他争辩说，土著居民不过是那些不明智的政策和态度以及偶尔过度关爱的牺牲品而已。“说他们一定会灭绝，在我看来，是一个预设的结论。”他在1877年对一位维多利亚的皇家调查委员会成员说。但他也表示，如果土著居民“像短角牛或美利奴羊那样有商业价值的话”，他们是不太可能灭绝的。总能找出办法拯救他们，他说。

* * *

土著居民的消亡是一个悲剧。有可能将其逆转吗？如果不是英国殖民者登上了这块大陆，或许这个悲剧能免于一时，但最终，其他欧洲或亚洲国家的人，还是会来到这里，占据大片土地。土著居民的消亡或许可以部分避免，如果羊群的扩张在1835年时得到了抑制，而且澳大利亚的其余地区被划作保护区的话。然而，政府要制定政策划分新的边界，必定要付出巨大代价，而他们发布的政策通常也都会以失败告终。这样的政策，还将打击呈上升趋势的羊毛出口，而羊毛正是当时欧洲迫切需要的。在那里，养羊的牧场正在被大量转为农田，用以养活日益激增的人口。基本上，这时候的羊毛，牵涉的经济利益太过重大了，是不可能被加以阻挠的。

另外一个今天很少会被提到的事实或观点，当时也曾被广为接受。整个世界的经济在迅猛前进，人口在急速增长，按照最新的标准和目标，土著居民必须被视作他们所拥有的巨大资源的无能的守护者。他们占着一个资源的金饭碗，但却在白白浪费着它，或是无法物尽其用。今天为土著居民争取权利的那些人会解释说，他们的祖先是伟大且负责任的自然守护者。但硬币的另一面，是他们确实垄断着一块如今可以为几倍于当初的人口提供食物、衣服和居所的土地。

英国人一点都不曾怀疑，他们的文明从一切意义上讲都要比土著居民的更先进。从物质上来看，它远远超前，许多土著居民事实上会吵闹着索要英国人的商品，比如铁、面粉、糖、烟草和朗姆酒。然而，如果英国文明主要依照那些看守羊群和牛群、与土著居民正面接触的英国人的举止行为来判断的话，它可真说不上有什么先进之处。有时候，它显然是更低级落后的。

回过头来看，对于这种一个现代社会与另一个长期与世隔绝、在漫长历史中坚强地幸存下来的族群的正面相遇，以及由这种历史时代错误而导致的种种混乱与苦难，或许可以应用另外的一些解决方案。但任何解决方案都将会无功而返。疾病导致的大规模死亡无法避免。1992 年，曾经提出过一个事后诸葛亮式的解决办法。澳大利亚最高法院做出裁定，许多澳大利亚内陆地区的土地——尽管不是城市——或许仍属于土著居民，而他们曾经遭受了极其严重的不公正待遇。然而，如何在现实中纠正这些错误，却仍令法官和立法者们止步不前。

尽管对于这项法庭决议，强有力的支持和反对意见都能举出一大堆，但一个结论是清晰明了的。即便曾经在19世纪30年代向每一个失去土地的土著部落支付赔偿，这些钱也会在一开始便转交到白人托管者手上，按照他们认为有利于每个土著居民部落的方式花掉。通常而言，这些托管者会把钱花在促使土著居民抛弃其流浪迁移的生活方式，以及他们极为看重的信仰和文化观点上。这笔补偿金将只不过是在剥夺了他们的土地之外又剥夺其文化的另一种方式。至于另一种并行的观点，即在19世纪30年代为土著居民单独设立大面积的永久保留地，从而令他们可以不受外界干扰或监管地继续寻求自己古老的生活方式，但即便是那个梦想也不可能长期实现。太多的土著居民还是会离开这些保留地。外部世界的美食华服和五光十色，将会构成无可抵挡的诱惑。

这个日益缩小的世界，小到不允许一整支人种被单独放置在一个面积巨大的人类学博物馆中，任凭他们在那里努力将一种在其他地方早已消失的生活方式的所有优点和缺点永久地保留下去，而这种生活方式——只要它继续保留下去——将会剥夺数百万澳大利亚人的生计，剥夺那些可以用来生产食物、纺织品和矿产品的土地的潜能。话虽如此，土著居民的悲伤愤懑，却也是深重而合情合理的。

第五章

渐渐消失的黄法兰绒

在 1824 年的冬天，澳大利亚的港口还寥寥无几。漂泊无定的船员们必须沿着海岸划上几星期的船，可能要航行 5000 公里，才能到达最近的港口，途中连一个灯塔或栈桥都看不到。最主要的港湾是悉尼和霍巴特，接下来是朗塞斯顿和纽卡斯尔这样小一点的河港。澳大利亚热带地区的漫长海岸线上，一个码头和栈桥都没有。

那些偶尔停靠在这少数几个港口的海船船长，在接下来的几十年中目睹了巨大的变化。澳大利亚最大的 5 座城市中，有 4 个建在辽阔绵延的海岸上。作为第一座新城的布里斯班，本是一个终年炎阳高照的安置流放犯的小港口。直到成为新殖民地昆士兰的首府，它才开始迅猛扩张。1829 年建城之初时，珀斯是一个自由移民落脚的城镇，在其宁静祥和的港湾中沉睡了六十多年后，才被西方的淘金潮所唤醒。始建于1835年的墨尔本，当初不过是栖身于河口岩滩沙洲脚下的一个自由移民定居的村落，靠羊毛为生。生来自由——或是几乎自由——的这座城市，很快便大获成功，迅速对悉尼的地位发起了挑战。

* * *

阿德莱德是这4座未来城市的老幺，它也是一座自由移民定居的城市，将兴旺繁荣的希望寄托在市民的才智之上。最早的殖民者直接来自英格兰，这所城市拥有当时任何一座澳大利亚城市所能聚集的最多才多艺、受教育程度最高的人口。从其建城宗旨和宗教信仰的浓厚程度上来看，它和两个世纪前清教徒在北美建立的那些定居点有着某些相似之处。阿德莱德深以未曾被流放犯们污染而自豪，然而，略带讽刺意味的是，这座城市的那些来自英国的奠基者们深受经济学家爱德华·吉本·韦克菲尔德理论的影响。而后者却曾因为绑架和强娶未满16岁的少女被判有罪，正是在纽盖特监狱服刑期间，他写了一本关于殖民扩张的书。

在最开始的几十年中，阿德莱德和南澳殖民地享尽了地理优势。这里的麦田离海很近，颇得地利。此外，为了收割谷物，他们发明了世界上最早的机械收割机之一。由牛牵引的里德利脱粒机，可以极其迅速地从麦秆上脱掉麦粒，以至于农场中的工人发出悲叹，觉得这个怪物可能会抢走他们的工作。从 1853 年到 1896 年，几乎每一年，南澳播下的小麦数量都凌驾于其他殖民地之上。同样重要的是，阿德莱德也是最早的一座毗邻矿藏相对丰富的前寒武纪岩的澳大利亚城市。1842 年，就在离阿德莱德不远的地方，发现了丰富的铜矿。它是被一个采摘野花的小男孩和搜寻因暴风雨而走失的羊群的养羊人同时发现的。被命名为卡潘达的这座铜矿，是澳大利亚第一批被开采的富金属矿之一。它极大地振奋了原本昏昏欲睡的经济，以至于一位观察家在 1845 年预测说，南澳将成为“大不列颠帝国王冠上最闪亮的一颗宝石”。在更北一点的布拉富铜矿被发现后，这个殖民地开始取代英国的康沃尔，成为铜矿重镇。事实上，许多康沃尔以采矿为生的家庭都被吸引到了这里，令其成为澳大利亚的康沃尔人聚集点。

阿德莱德还拥有所有首府城市中最中心的地理位置。位于澳大利亚绵长的南部海岸向内凹进的海湾深处，它成为那些探索内陆者的一块跳板，而且是第一个使用骆驼助力探索干旱地区的城市。阿德莱德也离这块最干燥的大陆之上的瘦版密西西比河——默里河——的河口很近。19 世纪 50 年代，一艘艘明轮船正是从那里起航，沿着狭窄蜿蜒的水路呼哧呼哧地向遥远的内地进发。从 19 世纪 60 年代起，阿德莱德便管辖着遥远的北领地，而在没有陆上道路的情况下，它不得不借道悉尼和托雷斯海峡，用汽船将警察、测量员、海关官员和教师运到达尔文。19 世纪后期，南澳大利亚的投资者开始赢得对那个时代规模最大的两座采矿场——布罗肯希尔和卡尔古利——的控制权。所有这一切都归功于这些殖民者的创业精神，以及他们立志克服肥沃农田相对供应不足这一问题的决心。

1836 年时，没有任何迹象表明，这些矿产会成为被争夺的对象。最早的那一批殖民者固守着阿德莱德棋盘式的宽阔街道，在最开始的几年，许多阿德莱德的先驱者甚至不愿意旅行到离自家门口超过 15 公里远的地方。南澳大利亚的殖民者比任何早期殖民地上的居民都体现出了更多的恋乡情节。这种顽固的城市化传统实际上在澳大利亚要比在北美更加严重。南澳大利亚人是最早一批深以居家生活为傲的人，因为他们的成年男性和女性的人数比例差异不大。他们的宗教信仰也很虔诚：星期日静悄悄的街道便是证明。在那个其他殖民地的教会还依赖政府救济的时代，南澳大利亚就已经可以不再伸手求援。

将阿德莱德建设为一座英国城市，是澳大利亚历史上具有深远意义的事件之一，尽管当时还没有人意识到这一点。从此，另一个欧洲势力建立殖民地的最后一次机会，基本上可以说是消失了。

第一眼看来，这样一整块大陆居然会成为一个国家的囊中之物，是件奇怪的事。毕竟，澳大利亚有着一条漫长得异乎寻常的海岸线，要用一整年才能完成环绕航行。因此，其他的欧洲或亚洲势力有充分机会在这条海岸线上占据部分地盘。

与之相对照，非洲和美洲的海岸上有着众多欧洲的殖民地，尤其是在北美大陆临大西洋沿海一带。到 1750 年时，从圣劳伦斯湾到墨西哥湾之间，并排飘扬着好几个殖民国家的旗帜。法国占领着加拿大，英国据有新英格兰，而荷兰则对哈得孙河捷足先登，并第一个定居于纽约。瑞典人曾经短暂地占领过特拉华，英国人把弗吉尼亚和如今被称作南部各州的大部分地区握在手中。西班牙拿下了佛罗里达，法国则建立了新奥尔良。然而，尽管欧洲的殖民列强为了北美的一隅之地而你争我抢互不相让，他们却并没有出手争夺在澳大利亚的势力范围。

为什么他们在很大程度上对澳大利亚置若罔闻，即便航海家已经指明，少数地区极具发展前景，而英国人也通过在悉尼设立殖民点指明了路径？旧的殖民列强和海上霸权——西班牙、葡萄牙、荷兰和俄国——之所以不感兴趣，是因为他们已经占据了太多的殖民地，已经无力应付。还处于婴儿期的美国，此时还对在北美之外扩张势力不感兴趣。

作为一个可能的澳大利亚殖民宗主国，法国是英国的主要竞争对手。它已经是第一阵营的殖民强国和海上霸权。比库克还早 5 个月的时候，法国人让 · 德 · 叙维尔便已经几乎驶入了悉尼海湾的可见范围。另外一些法国人曾在新西兰和塔斯马尼亚的海岸上登陆。两艘拉 · 彼鲁兹麾下的法国海军舰船，实际上在英国第一舰队 1788 年 1 月抵达植物学湾几天之后便造访过这里。这是法国有意殖民的强有力信号。但第二年开始的法国大革命和欧洲的连年战乱，使得法国建立新殖民地的欲念变弱或推迟了。然而，1815 年战争结束后，法国的确曾有意在太平洋或印度洋上建立新的殖民地，从而弥补因输给英国而丧失的那些重要领地，尤其是毛里求斯群岛和留尼旺岛。

在澳大利亚，即便到了 19 世纪 20 年代中期，一些重要的海港仍然处于无人占领的状态。迟至 1825 年时，一支法国探险队仍可能到达西澳大利亚，在奥尔巴尼或珀斯周边地区建立殖民地。一支法国舰队可以一直向东航行，占领阿德莱德和墨尔本这些富有吸引力的地方。在国际法惯例中，“占有者诉诸法律时胜算九成”，而当时英国实际占领或积极占有的地盘，不过是澳大利亚海岸线上一连串富有吸引力的港湾中的少数几个。当然，英国或许会抗议法国的进犯，但很可能不会率先出手。那个时候的澳大利亚几乎不值得为之打上一仗。到 1840 年时，法国急着要在西南太平洋地区建立殖民地，但时机已经太晚了。因此，法国不得不满足于在这个世纪中叶时对新喀里多尼亚和塔希提的兼并，以及其后对新赫布里底的占有。而在另外一方面，澳大利亚的整个海岸线和内陆，则完全落在英国人手中。有史以来，一块完整的大陆第一次成为一个国家的囊中之物。

* * *

阿德莱德和墨尔本的兴起，以及悉尼、霍巴特和一些年代更久远的澳大利亚城镇的成长，很大程度上要归功于自由移民。在 1831 年以前，只有总计约 7000 名自由移民从不列颠群岛来到澳大利亚。然而现在，载着自由移民的船只已经从数目上超过了流放船。澳大利亚的白人人口增长迅速，在 19 世纪 30 年代几乎增加了两倍，而在 19 世纪 40 年代又增加了一倍。到 1850 年时，白人数量已经超过 40 万，近半数生活在现今的新南威尔士界内，而另外一半则几乎平均分成三股，分别居住在维多利亚、塔斯马尼亚和南澳大利亚。初来乍到的开拓者聚集在澳大利亚的东南角。与之相对照，占据了整个大陆三分之一面积的西澳大利亚却停滞不前，只有 6000 名白人居民和大量人数未经统计的土著居民。

大多数背井离乡的自由移民，最开始是被美国所诱惑。横跨大西洋的船票很便宜，航程仅需不到四分之一的时间，天气也更接近英国本地气候。但一个简单的诱饵就令他们转念投奔澳大利亚。面对大西洋对面的竞争，澳大利亚殖民地为大多数移民支付了船票，并在整个航行期间为他们提供餐食。

花在补贴船票上的钱，来自卖地所得。澳大利亚处女地的价格飞速跳涨，变得比北美绝大部分新区的处女地更炙手可热。在许多年里，一半的卖地收入都花在引入移民上。一直到 20 世纪 60 年代，超过半数启程前往澳大利亚和新西兰的移民，都几乎不用在路费上花费分文，或是只需付一点点钱。因此，到 19 世纪 30 年代早期时，这成为澳大利亚和北美之间最主要的社会差异之一。

一名身在不列颠群岛的官方中介通常会对移民进行筛选，他们的大部分甚至全部费用都由公款支付，而在他们上岸后，经常会在最初几个星期里得到政府分配的住房或照料，尤其是在新工作比较稀缺时。因为大多数移民都会得到补贴，他们会更倾向于依赖最初照拂过他们的政府。自力救济主导了美国人的态度，但对福利国家的偏好，却是一种十分常见的澳大利亚观点。北美移民大多数是自己做出移民选择的，而澳大利亚的移民，一定程度上却是被挑选出来、服务于他们所移居国家之需要的。因此，年轻人比老年人更受欢迎，身体健壮的胜过健康状况不佳，有技术的熟练工人胜过普通劳动力，英国人胜过外国人。此外，为了弥补女性人数的不足，女性经常要比男性更受欢迎。

女人们并不太愿意移居澳大利亚：这地方又远又陌生，日常生活经常很艰辛，而且还带着流放地的污点。因为澳大利亚的女性人数远远低于男性，英国官员于是千方百计地出面寻找适婚年龄的女性。许多父母双亡的女孩被从爱尔兰的济贫院中挑选出来，在 19 世纪 40 年代晚期，至少 4000 名这种孤女登陆于悉尼。有些女孩十分风流放荡，性情懒散，但另外一些则迫切地想要取悦家中的女主人或酒店的老板。

1850年2月，由105名爱尔兰女孩组成的一行人等刚刚下船，便坐上牛拉的两轮板车，动身前往内陆城镇亚斯。她们在酷热难耐、尘土飞扬的路上走了13天。星期六傍晚抵达亚斯后，除了一个人之外，她们全都参加了第二天早上的弥撒。她们干干净净的双手和衣服，加上得体的言行举止，在无声中赢得了那些信赖这些品质的人的崇敬。当地报纸写道，到了下午，寻找女仆的女人们和寻找老婆的男人们来到公共游戏场，“当她们挽着手散步嬉戏时”，一群人在那里“对着这些尤物大饱眼福”。

在这个世纪的绝大部分时期——除了淘金潮那段时间——澳大利亚所吸引的移民与那些前往美国的人相比，通常都是一些不太愿意全靠自己奋斗而立足的人。澳大利亚接收了许多来自城市的移民，他们希望继续生活在城市中。此外，对于同北美争夺边远农村地区移民这一目标，高昂的地价和捉摸不定的降雨也帮不上澳大利亚的忙。一个未来的农夫不太可能驶往悉尼而非纽约。以澳大利亚为目的地的移民越来越多地来自伦敦、曼彻斯特和其他城镇。

几乎不曾有过补贴外国人作为移民前往澳大利亚的尝试。19世纪40年代来到南澳大利亚的德国人和在接下来的十年中进入维多利亚的中国人，都是自掏腰包或借钱支付旅费。因此，就在德国移民和接下来的意大利人、斯堪的纳维亚人和东欧人涌入纽约和波士顿的同时，澳大利亚依然基本上保持着英国移民者避风港的地位。在赋予澳大利亚人种团结一致性这一点上，没什么比筛选和补贴移民这一实践更有效的了。这种团结一致感将鼓励接下来的几代澳大利亚人在世界遥远的另一边为英国而战。与之相对照，在美国，人种的不一致阻止了这个国家参与外国战争。因此，澳大利亚与英国的距离，以及随之而来的对招揽移民的需求，塑造了澳大利亚人的另一个特征。

一张不断扩大的监管法规之网，使得长途航行更为安全。乘客必须接种天花疫苗——当然，许多人可能因为患过这种疾病而早已获得自然免疫，他们坑坑洼洼的麻脸就是证据。在 1850 年，每个即将起航前往澳大利亚的受资助移民，都会收到一份特别列出的衣物清单。因此，一名女性在自己的床单被罩、洗漱毛巾和两磅肥皂之外，还要在行李中带上至少 2 件长裙、2 双鞋、6 双长袜、2 件法兰绒或羊毛衬裙和 6 件换洗衬衣。除非她们带着足以应付旅途中之高温和严寒的衣物来到准备启程出发的英国港口，否则将不被允许登船。船上当然会提供食物、烹饪器具、刀叉杯碟和医疗服务。甚至也会提供床垫和毯子，而且那些“在航程中表现良好”的移民旅行结束时可以申请将其带上岸，无须支付任何费用。

得到免费旅行待遇的移民，必须健康、愿意在开始阶段接受付薪工作，而且最好有一技之长。可能会成为澳大利亚政府负担的那些人不会被选中。在 19 世纪 50 年代早期，带着孩子的寡妇或鳏夫会被拒绝发给补贴，因为如果身为单亲父母的他们去世了，“孩子就会孤苦无依地置身于异国土地”。拥有超过 4 个年幼孩童的家庭，也不符合获得免费旅行的标准，因为过多儿童乘同一艘船旅行会增加“疾病和死亡风险”。那时候的移民船是比今天的游轮更严重的疾病渊薮。

参加葬礼仪式是乘客日常经验的一部分。从初生的婴儿，到蹒跚学步的幼童，乃至 7 岁左右的小孩，都很容易患上传染病。19 世纪 50 年代，一艘典型的船上载有 300 多个移民，在海上，会有 6 到 7 个新生儿出生，而他们也极易染病。船上提供的食物被认为对婴儿的死亡负有部分责任。最终出台了法令，要求必须向 4 个月到 2 岁大的婴幼儿供应包括罐头汤和鸡蛋在内的特殊食物和液体。不过在漫长的航行中，婴儿们吃到的鸡蛋并不总是新鲜的。此外，在海上，还必须为每个婴儿单独提供每日定量饮用水和四分之一品脱牛奶。到这时，每艘移民船上都会至少圈养着一头奶牛。

* * *

随着自由移民大量涌入，一个自由社会的各项权利和自由也被授予新的殖民者们。早在 1823 年，民事诉讼中便已引入了陪审团审判制，但对于刑事案件，还要再等上十六年。到 19 世纪 30 年代中期，新闻媒体已经相对自由，报社老板享有邮递特权，可以无须支付邮资便将报纸寄送给远郊的订户。事实上，悉尼的媒体甚至比英格兰的媒体更自由，因为在英格兰，仍会向印刷出来的每一份报纸征收重税。

一种自治政府的雏形开始缓慢浮现，一点点地蚕食着殖民地总督和远在伦敦的英国政府的权力。到 19 世纪 40 年代早期，几个主要的大城市都有了自己的市议会。1843 年，新南威尔士拥有了自己的议会上院，其中 24 名成员由选举产生，另外 12 名成员由总督指定。尽管议会上院通过的所有法律都必须经过总督批准，但议会上院也拥有自己的否决权。这是向自治政府迈出的犹犹豫豫的小半步。在那些更繁荣、人口更多的殖民地，步子会迈得更积极主动一些。想要对自己的未来拥有更多话语权的澳大利亚人，吵闹着要求自治政府，但实际的胜利，却是加拿大人替他们赢得的。1837 年的加拿大叛乱最终为加拿大的绝大部分地区赢得了自治政府。人口接近于新南威尔士的新斯科舍于 1848 年成为第一个在绝大部分事务上实现自治的英国殖民地。两年后，几个主要的澳大利亚殖民也被邀请采取同样的道路，通过向伦敦提交待批准的宪法草案的方式，决定每个殖民地的管辖方式。人们常说——说的时候偶尔会带着不加掩饰的遗憾——澳大利亚人无须在自己的土地上进行革命，便在很大程度上赢得了独立。但少为人知的是，加拿大人——主要是法裔加拿大人——却替澳大利亚开展斗争并赢得了这场革命。

在赋予澳大利亚人力量去塑造自己的未来这一点上，新的技术和新的自由同等重要。越来越多的船加入了这场以英格兰为起点、澳大利亚为终点的赛跑，航行时间缩短到 4 到 5 个月，从而加速了新想法和新产品涌入澳大利亚。世界历史上最伟大的发明之一——用麻醉剂缓解疼痛——在 1847 年几乎以飞速进入了塔斯马尼亚。在朗塞斯顿，一位医生受最新一期《伦敦新闻画报》上某篇文章的启发，制造了一台将乙醚传送给病患的装置，并迅速拔掉了“一名已经被下颌疼痛折磨了长达两年的年轻女性”的两颗阻生双重牙。她随即走回了家——成为这一奇迹的活见证。

朗塞斯顿是当时澳大利亚第五大城市，它成了这种迅速改变的一面镜子。仍能在街道上和工作场所里见到流放犯们的身影，但城市建起了自己的储蓄银行，鼓励工作者节俭度日，此外，一支铜管乐队——或许是澳大利亚的第一支铜管乐队——也在禁酒倡议者的资助下成立起来，希望以此提供给市民某些节制有度的娱乐方式。

澳大利亚开始在组织机构和福利设施方面赶上不列颠群岛。宗教和教育曾经一度遭到忽视。一位圣公会教徒理查德·约翰逊作为第一舰队的随船牧师来到悉尼，在登陆后的第二个星期日向聚集在一起的海员和流放犯进行了第一次布道，但随即发现，自己说的那些话几乎全都如石沉大海。詹姆斯·狄克逊神父因犯煽动叛逆罪而被流放，他成为澳大利亚的第一位天主教神父。对宗教的忽视一度十分严重，到 1809 年时，东澳大利亚拥有 9000 名英国人，却只有一位接受过按立的神职人员。六年后，第一位永久定居的卫理公会牧师来到澳大利亚，又过了八年，一位长老会神职人员也随之而来。在神职人员缺席的情况下，殖民地的总督会继续履行教会领袖的某些功能。干旱来临时，他或许会公开地拨出一天时间，要求所有殖民地居民祷告求雨。总督理查德·伯克爵士有过很快就求雨成功的经历，9 天后雨就降下来了。

越来越多的教堂被建造起来，越来越多的神职人员——甚至包括一位主教——也接踵而来。1835 年，约翰·珀尔德前来就任天主教会主教，一年后，威廉·布劳顿作为圣公会主教也走马上任，令东部澳大利亚的神职人员总数达到了 58 名。1836 年，伯克总督宣布，所有教派享有同等地位，这令英格兰教会（圣公会）甚为失望。他投入大量资金，用于兴建圣公会教堂和几乎所有其他基督教派的教堂，因为圣公会的信众人数最多，他们成了最大的赢家。在塔斯马尼亚，当地总督也决定用公款支付新建教堂的费用和神职人员的薪资。到 1850 年时，出现了一个宗教复兴的迹象：神职人员占人口的相对比例，已经超过了一个世纪后的数字。设在教堂旁边的小学也纷纷出现，这是新的宗教热忱的另一个迹象。

尽管兴建于近郊和乡村市镇的许多新教堂相对于其现有信众而言都有点儿太大了，在丛林密布的未开垦地区或内陆地区，教堂建筑还很少见——除了那些苏格兰移民聚居的地方。19 世纪 40 年代，一位新南威尔士的擅占者抱怨道，他一年之中只被一位新教神职人员拜访过，而这种“蜻蜓点水式的拜访”根本没有时间举行圣餐仪式。他的仆人和牧羊人甚至没机会见到那个马不停蹄地四处走访的人“匆匆而过的身影”。同样是在这个边远地区，有着6家酒馆，却连一座教堂都没有。

在19世纪40年代晚期的政治和智识生活中，许多神职人员都扮演着带头人的角色。在新南威尔士，两位圣公会牧师——R. L. 金和W. B. 克拉克——是澳大利亚昆虫和地质学方面的专家，而在塔斯马尼亚，公理会的约翰·韦斯特牧师则开始动笔撰写一部旁征博引的鸿篇巨制《塔斯马尼亚史》。这部充分显示了他的文笔与学识的大作，至今仍在被许多历史学家研读。在许多政治改革和社会运动中，神职人员也会积极发声，而韦斯特本人便是众多谴责继续遣送流放犯的人之一。

* * *

自由移民如洪水般涌入，威胁到了旧的流放体系。两者已经无法继续并存。流放制度的污点，加上大多数暴力犯罪皆出自逃脱的流放犯或前流放犯之手这一众人皆知的事实，令许多塔斯马尼亚的自由移民深信，流放制度是一个诅咒。在新南威尔士，绵羊业如今已经富得足以为殖民地提供收入和经济推动力，而以前，这两者只能靠每年运来的数千名流放犯和英国政府汇来的用以为他们提供支持的拨款。许多擅占者仍希望雇用这些流放犯作为廉价劳动力，但他们不太确信，一个社会可以在容纳一个大型露天监狱运行于其中并从经济上获益的同时，仍作为一个自由社会而存在。

在英国议会里，有批评意见指出，“流放”的威胁并不一定足以威慑其公民不去犯罪。在澳大利亚，它也并不总是一个令人满意的体系，在这里，流放犯们可能会进一步走上歧途而不是洗心革面。此外，这种惩罚就像是在抽彩票。罪犯或许会成为某个和善的澳大利亚人家的仆人，得到比在英格兰时更多的食物和闲暇时间，一些流放犯甚至可能会成为富有的商人，高高坐在鞍辔鲜明的骏马拉着的马车上，俯视着一身盛装的总督，庆幸自己赚到的钱是后者收入的十倍。或许在我们眼中，流放制度——尤其是鞭刑——似乎是一种严厉的惩罚，但流放犯们的待遇与那个时代欧洲士兵、水手和学童所受到的标准待遇没有太大差别，他们也会遭到鞭打，其严厉程度与澳大利亚流放犯所承受的并无二致。

在另一方面，一位英国议会的委员会委员于 1838 年写道，流放犯可能成为某个生性严苛的主人实际上的奴隶：“被鞭子驱赶着去工作、被逼至绝望之际的他，选择逃进丛林，然后像一头野兽一样被开枪打死。”在伦敦，人道主义者认为这件事十分荒谬——就在他们投票废除大英帝国遥远殖民地中奴隶制的同时，另一种极为残酷的奴役形式却在遥远的流放犯殖民地被实施于自己人的身上。反对流放体系的那些证词，就算是最激烈时也是相当有节制的。一位来自约克郡的年轻天主教神父 W. B. 乌拉索恩于 1833 年来到悉尼就任教区代理主教。交游广泛的他，亲眼见过流放犯所受的凌辱，其中许多人就是他所辖教区的信众。他指出，许多因为在殖民地继续犯罪而将被处以绞刑的囚犯“屈膝跪下，感谢上帝，因为他们即将获得拯救”，而不用再忍受苦难。

在诺福克岛上，建起了一个和美国的恶魔岛类似、专门用来关押因继续犯罪而被判入狱者的戒备森严的监狱。19 世纪 40 年代早期时，约有 1200 名囚徒住在那里，他们不仅受到官方狱警的监管，还要听从一群由狱中大佬组成的黑帮的指令，而这些人手段之凶残不亚于最恶劣的警卫。他们会将一名不服管的流放犯的鼻子或耳朵咬掉。1840 年，麦科诺基船长来到岛上，担任总指挥。第一次召集所有囚犯发表讲话时，他端详着这些望向他的脑袋，意识到自己此前竟从未见过如此这般桀骜不驯、癫狂如魔的脸庞。

决心终止流放体系的英国改革者，在新南威尔士赢得了第一场胜利。最后一艘流放船——或者说是当时人们所期望的最后一艘——于 1840 年 11 月在悉尼港湾抛锚靠岸。在新南威尔士，随着流放犯接二连三地服满刑期，他们的人数迅速下降。1845 年，仍有 16800 名流放犯的存量，但到了一年后，这个数字就下降到了 11200 名。并不是所有人都高兴看到这种下降。许多擅占者哀叹着廉价劳动力的丧失，希望可以采用一种新形式的流放制度。这之后，很快，就到了 19 世纪 40 年代晚期。

淘金潮最终促使了将英国流放犯遣送至塔斯马尼亚这一实践的寿终正寝。为什么要将他们送到一个岛上来作为惩罚？反正刑期一服满，他们就会跨过那条狭窄的海峡，前往金矿，不是在那里靠劳动发家致富，就是去抢夺其他人的劳动果实。于是，1853 年 5 月，当“圣文森特号”船抵达霍巴特时，塔斯马尼亚接收了最后一批来自英国的流放犯。对于初来乍到者，流放犯仍是这个拥有 2 万多名市民的城市中的奇特一景，在威廉 · 豪伊特的笔下，他们“穿着黄法兰绒的紧身服，头戴皮制小帽，在街道上的不同地点工作。其中一些人身上还带有镣铐，而另外一些人则拉着车”。1855 年，最后一批流放犯被从诺福克岛转运至塔斯马尼亚，在这里，他们继续在警卫看守下服满自己漫长的刑期。

西澳大利亚是最后一个从不列颠群岛直接接收流放犯的殖民地。无力吸引自由移民的这个殖民地，在绝望之下于 1850 年成为一个流放点，希望可以在获得廉价劳动力的同时得到来自英国政府的补贴。1868 年 1 月，最后一批英国流放犯登陆西澳大利亚。毫无疑问，这些流放犯中的少数人在刑期早已服满之后，一直隐姓埋名地生活到了第一次世界大战之时。从统计数据来看，很有可能至少一名前流放犯在第二次世界大战期间依然存活，那时候他可能已经 90 岁出头了。很可能无法在报纸上找到他的死亡记录，因为大多数流放犯都会对自己的过去讳莫如深。

自从第一舰队到来之后，总计有 16.3 万名流放犯来到澳大利亚。一些人变成了守法公民，小心翼翼地藏起他们的过往，不让喜欢打听隐私的邻居知道。一名前流放犯甚至在1901年被选进了首届联邦议会。一些人成为他们所在的偏远地区教会中的顶梁柱，庄重肃穆地在礼拜仪式上传递着奉献盘[1]，而另外一些人则靠着新一轮的巧取豪夺为生。在流放制度结束多年之后，自由殖民地中的严重犯罪里，依然有相当高比例出自前流放犯之手。

整个国家，都深以自己作为流放地的过去为耻。在民间说法中，经常都会夸大警卫们的残酷，强调这些流放犯们从一开始就清白无辜。在几十年的时间里，普通澳大利亚人对流放时代最栩栩如生的印象，都来自马库斯·克拉克在19世纪70年代最早连载于报纸上的小说《无期徒刑》。他是一个文字流畅且极富画面感的作家，但在偏爱流放犯且敌视管束他们的那些人这一点上，却从一开始就犯下了错误。书中的主角鲁弗斯·道斯，因为一桩自己并没有犯下的罪行而被流放到塔斯马尼亚；在位于塔斯马尼亚西海岸麦夸里湾的一座阴森恐怖的岛上监狱中，他成了一名囚徒。马库斯·克拉克在这本大受好评的小说中夸大了岛上监狱里的死亡事件。书中称，一年中就有85人死去，而实际上这却发生在十一

---

1 在基督教礼拜仪式中，会众中的执事在圣餐礼之前会手持奉献盘向参加礼拜者收集自愿奉献，之后加以清点汇总，再转交给神职人员或存入教会账户。因为需要经手现金，通常都由被推选出的深得会众信任的人担任此职。

年的跨度里。在小说里，鞭打100下是家常便饭，但在监狱的档案记录中，却只有25下。这部戏剧感十足的小说里写道，被关在离阿瑟港不远的普尔角少年监狱中的两名囚犯，宁愿跳崖自杀，也不愿继续忍受无以复加的痛苦。但在这座监狱的档案中，并没有此类自杀事件的记录。

超过一个世纪后，罗伯特·休斯撰写的关于流放犯历史的精彩大作《致命的海滩》，成为吸引了最多读者的一本澳大利亚历史著作，但当他将流放体系与古拉格群岛联系起来的时候，也犯了错误。古拉格的流放犯们可不曾从那里全身而退，并在后来发迹为其所在国家最富有的一群公民。休斯还在结论中错误地指出，一个有流放犯定居的殖民地或地区，即便在最后一个流放犯到来很久之后，也注定陷入经济停滞。从一开始直到1851年，占据了从巴斯海峡到托雷斯海峡之间大片区域的新南威尔士殖民地便是最主要的流放犯收容地。它在作为流放殖民地时就已经十分繁荣，在不再作为流放殖民地后，依然十分繁荣。而一开始即作为边远地区流放点的昆士兰，在成为自由移民之乡之后，立即便迎来了蓬勃发展。

第二部分

我热爱的土地

第六章

第一波淘金潮

爱德华·哈格雷夫，一个骑在一匹驽马上的懒洋洋的年轻人，成了 1851 年的澳大利亚英雄。在悉尼西边蜿蜒盘绕的山路尽头，他发现了金子——或者说，他成功地说服了其他人去寻找金子。或许没有任何一个现代世界中的国家，曾以一桩如此纯属意外的事件开启了全新的半个世纪。

在加入 1849 年的淘金潮、涌向加利福尼亚的金矿之前，他曾在悉尼附近的戈斯福德工作，过着一种为生计四处奔走的生活。那时候，成千上万名澳大利亚人跨过了太平洋，其中一些是前流放犯，后来在加利福尼亚成为臭名昭著的小偷、恶棍和所谓的“悉尼鸭”黑帮。哈格雷夫带着不多的几盎司砂金回到了悉尼，一道带回的，还有一种可能在澳大利亚内陆的某个地方找到利润可观的金矿的预感。

此前，牧羊人看守羊群时已经在许多地方的白石英岩突起处发现过黄金。一些牧羊人曾经挖出过小块金子，将它们卖给城里的珠宝商人。哈格雷夫意识到，大片的冲积砂金矿必定就埋藏在这些岩石附近。这些是在漫长的岁月中因磨损和风化而从白石英岩中分离而出的黄金。它很容易采，如果有人知道加利福尼亚的黄金提取或淘洗技术的话。运用此种技术，人们将含有黄金的砾石放入木制摇篮中摇晃，从而将比重较重的黄金从比重较轻的砾石中分离出来。1851 年初，在蓝山山脉的西侧，他鼓动了 3 个村里的小伙子出发寻找砂金露头。最终，在陡峭的山岗脚下，他们在一条小溪——事实上更接近于一连串小池塘——里发现了所寻找之物。具有超凡宣传动员能力的哈格雷夫，将此处命名为俄斐。读过《圣经 · 旧约》的澳大利亚人都对很久以前的另一个俄斐耳熟能详，曾向所罗门王进贡大量黄金和宝石的，正是那块宝地。

1851 年的冬天和春天[1]，在离墨尔本骑马不过几天路程的地方，相继发现了一系列富金矿。在接下来的十年中，维多利亚出产了远超所罗门王平生所见的黄金。在维多利亚和加利福尼亚开采出的黄金数量是如此巨大，以至于伦敦的银行家预测，所有大宗商品的价格都将普遍上涨。他们说对了：在这期间，整个世界经历了从拿破仑战争结束到第一次

1 南半球的四季与北半球相反，冬季为 6 月到 8 月，春季为 9 月到 11 月。

世界大战开始的一百年中通货膨胀速度最快的一段时期。在澳大利亚，物价飞涨的速度比几乎所有地方都更迅速。

* * *

大多数金矿距离最近的港口都超过了120公里。没有足够多的小旅馆或帐篷为那些蜂拥而来的人提供容身之地，而大多数淘金者也负担不起。早上天光一亮，一个骑着马匆匆向内地进发的人，可能会从数十座临时搭起的小帐篷旁边经过，那里“火烧得旺旺的，肉排和肋骨在锅里吱吱作响，茶缸子叮当乱撞，烧开的茶壶呼啸有声”。少数淘金者会骑着马，但大多数人都是步行。那些漂洋过海前来淘金的人，在路上走完第一天，手脚和肩膀就都会疼起来，因为他们已经在海上无所事事了三四个月——这恐怕是他们劳碌一生中最长的一段无所事事的时间。从一开始出发时，这些男人累赘地背在背上的行李，就远超其脊背和双腿所能负担的重量。在1851年以巴宁扬为目的地的第一次淘金潮中，一个人“推着装有一袋面粉”的独轮车就来了。很快，成千上万辆马车和牛车就颠簸着行进在通往一座座淘金镇的崎岖路面上。搞运输的和开店铺的人——那些并非淘金者的物资供应商——赚到了第一笔小钱。

少数女性也参与到了淘金中来，或者在长方形的帐篷里开起小店。在那些没有街道门牌的荒僻小镇中，她们在高旗杆上张起帜子宣示自己的所在之处。一个英国女人说，她通常都能分辨出某座帐篷或棚屋是否有女人在打理：马口铁的盘子和茶缸子都干净锃亮，床铺上床单被罩俱全，光秃秃的泥地上也会铺上一条地毯或干麻袋片——里面可能曾经装过麸子或面粉。在矿区，当丈夫出门工作时，一只拴在鸟架上的凤头鹦鹉会作为宠物给妻子做伴。

第一次淘金潮让许多老一代殖民者充满了恐惧。法纪是否会从此败坏？看到如此多的金子被人带着奔波上路，会不会让那些前流放犯们又重拾恶习、强取豪夺？被淘金热所左右的加利福尼亚，已经是出了名的无法无天之地，而新南威尔士可能无法指望幸免于此。此外，擅占者们又将到哪里寻找可以替代那些突然消失、前去淘金的牧羊人的人选呢？突然之间，一切都天翻地覆。一名悉尼的绅士在 1852 年偷偷跟人说，马尔伯勒公爵夫人的一个兄弟，曾被人见到身穿蓝色法兰绒衬衫出现在金矿上，和一个前流放犯一道干着粗重的体力活。他悲伤地补充道，“所有那些生活的舒适安逸与体面精致，全都被弃置不顾了”。

淘金潮是资源分配上的一次大洗牌。澳大利亚最早的大块资源——草原——经政府许可被暂时分配给了大约不到 1000 个擅占者。这之后，立法者的任务成了如何切割这些属地并将其大部分转到小农户手上。与之相对应，1851 年，那些可能藏有黄金的土地被切割成了小块。因此，每个来到金矿的人都有机会找到金子，不那么容易在诱惑之下聚众闹事或出手盗窃。一个淘金人通常会被允许用界桩标出一块地方，其表面积不大于今天澳大利亚住家中一间卧室的平均大小。这意味着，黄金被平均分配到了上万双手中，而不会仅有一人独享财富。尽管第一波羊毛热潮更利于财富在少数人手中聚集，第一波淘金潮却将金砂分发给了一大群人。事实上，淘金潮的民主程度是令人吃惊的。

当一种新的资源——无论是土地还是黄金——突然对外敞开，又或是权利归属的规则骤然发生变化，一个新的国家通常都会面临一场危机。即便是睿智的统治者，也很少能够应付这些出乎意料的事件，比如擅占者及其羊群的动态分布、黄金的大发现和对土地充满觊觎之心但晚来一步的小农场主，以及近年来要求将大片土地归还给土著居民的呼声。然而，1851 年的这场危机，却被位于悉尼的政府处理得既巧妙又得体。所有愿意扛起镐头铁锹大干一场的人，只要支付一大笔月费，就会被赋予在一小块期许之地上淘金的权利。如果他们无力负担这笔月费，就得打道回府。不过，到 1854 年，这些三年前的解决方案已经严重不适应巴拉腊特那些埋藏较深的金矿。许多采矿人为了搜寻黄金，要花上 8 个月的时间才能将矿井打到 50 米深的地方，在这段时间里，他们没有任何收入。既然如此，为什么还要支付如此高昂的以月为周期的执照费用呢。那些管理维多利亚的官员，并没能了解这些新的采矿状况。

采矿人对这些他们不得不支付的高昂且带有歧视性的税

金心怀愤恨，他们也不满警察和其他官员专横跋扈的做派。1854年，在巴拉腊特金矿，在日益加剧的紧张气氛中，数千名抗议者聚集于一面象征革命的深蓝色与白色相间的旗帜之下。被称为“南十字星”的这面旗帜，直至今日依然是一个激进的共和派符号。如今，它是一个世俗符号，尽管看起来更接近于凯尔特式的基督教十字架，而非南半球夜空中常见的南十字星座。爱尔兰的采矿人在这场起义中发挥了非常突出的作用。作为领头者的彼得·莱勒刚从爱尔兰来澳不久，武装叛乱者占据的地盘被挤压到了一小块空地中，周围便是主要由爱尔兰矿头们带的队伍挖出的深矿井。

躲在这些临时的围垒之后，抗议分子中较为狂热的那些人开始囤积火器，制造铁矛。他们宣称自己为叛乱者，对着南十字星旗而不是英国国旗宣誓效忠，并且烧毁了自己的采金执照，也即事实上的身份证件。维多利亚政府不得不加以回应。12月3日星期日，黎明拂晓时，步兵和骑兵突袭了战垒。至少30名采矿人和5名士兵死亡。彼得·莱勒失去了自己的左臂。一部分叛乱者被遣送到墨尔本，面对叛国罪的严厉指控，但陪审团却拒绝为他们定罪。

这场尤里卡围垒起义，如今仍在激起许多澳大利亚人的想象力火花。直到第二次世界大战时，它经常被演说家和诗人称为在澳大利亚本土上进行的唯一一场战斗，尽管这种说法无视了此前发生于土著居民之间的和后来发生于土著居民与欧洲殖民者之间的纷争。尤里卡事件直接推动了维多利亚的民主议程。它被描述为澳大利亚民主的诞生之地，在那些相信革命能创造奇迹的学者口中得到狂热的赞誉。但对于澳大利亚历史而言，这种说法并不足以服人。澳大利亚民主既诞生于泰晤士河岸边的英国议会，也诞生于巴拉腊特的围垒之中。此外，在阿德莱德、悉尼、墨尔本和朗塞斯顿，推动民主的力量与在维多利亚的金矿中的一样强大。事实上，一个早期的民主堡垒，乃是恭敬有礼、遵纪守法的南澳大利亚，而它当时还未经历过淘金潮的洗礼。

尤里卡起义的一个结果，是巴拉腊特的每一个采金人和采金团都分得了一块面积更大的含金地块。采金人越来越多地联合在一起，组成合作社和公司，开凿深矿井，建起巨大的捣矿机，捣碎含有黄金的岩石。这场叛乱为金矿上的资本主义铺平了道路。

在最开始的那几年里，上千人靠着用镐头铁锹挖掘浅层金矿，便赚到了一笔小钱。那些幸运儿成群结队地搭乘快帆船取道合恩角返回欧洲，他们挖到的金子就堆在船上的保险库中。他们炫耀着自己的金子，把他们的英国朋友吓得目瞪口呆。但采金生活的艰辛却并不总是会被如实相告：在水没过靴子的洞穴中日复一日的劳作，披着湿哒哒的毯子入睡，经常性的痢疾发作，眼睛在漫长且尘土飞扬的夏日里疼痛发炎。许多前去淘金的人被塌方压死，被不明身份的路人谋杀，或是被马车撞倒碾过——这是那些喝得酩酊大醉、睡倒在路上的人的常见死因。政府偶尔会发布一份长长的死者名单，他们留下了金子和其他物品，但在维多利亚却没有亲朋故旧。那些规模较大的邮局中保存着数千封信，大多数寄自英格兰，但直到6个月后仍无人认领。那些收信人或许并没有死去，只不过是去了其他地方。这片土地上，到处都有下落不明者。

* * *

黄金被发现于绿草茵茵的绵羊牧场，也被发现于密林深谷。有时候，多达3万名维多利亚人会涌向一个新发现的地点，一个由帐篷组成的城市或满是树皮棚子的村庄随之拔地而起，但如果矿藏被证明很浅的话，它们又会迅速消失。到19世纪50年代中期，成千上万的男人忙着搜寻新的金矿。他们暗中工作，用树枝盖住新掘开的矿洞，担心路过的人碰巧发现他们的搜寻所得，在他们确定哪个地块储量最丰富之前获得旁边地块的采金权。安德鲁·桑德在博福特的经历和际遇，便说明了这种神神秘秘的原因。在这个如今位于连接阿德莱德和墨尔本的高速公路上的小镇，作为淘金者的他在外面转悠的时候，听到了一阵“咚咚当当”的响声，显然是淘金者上下摇动淘金篮里含有黄金的砂土砾石时发出来的。他随即见到一个男人和三个小伙子，他们正在摇动淘金篮，用桶从附近的一条溪流中取水。当安德鲁·桑德突然出现，问出那个在19世纪50年代必定曾被问过几百万次的问题时，这帮人的心脏想来都不跳了：“喂，哥们儿！运气咋样？”回答这个问题的，是一片沉默。桑德立即知道，他们找到了金子。于是他拿下了附近地块的采金权，开始在那里开凿矿洞。

一旦发现为人所知，消息就会像林火一样迅速蔓延。卖肉的，烤面包的，经营杂货的，打铁的，收黄金的，贩卖私酒的，全都为蜂拥而至的淘金者开起了店铺。在又名火焰溪的博福特，据说一度竟聚集了 1.5 万人。

那些大型金矿天黑之后的景象令人难忘。许多棚子外头燃烧着小规模的篝火，或坐或立的男人们，身影便投射其上。那里能听到狗的叫声，长斧劈开木柴发出的脆生生的木裂声，或许还有人喝高了情绪激动之下掏出猎枪和左轮手枪开火的声音——通常这都不是什么好事。星期六的晚上，夜深时，还能听到那些外出寻欢作乐的人在一片被挖得像蜂巢的地里摸索着回到各自帐篷中时发出的喊叫声。然后，终于，一切归于寂静。

在一处金矿被开采 3 个月后，那里便会变得满目疮痍。地面被整个挖起，树木被砍倒，溪流被洗金设备废弃的泥沙淤塞。淘金者像蝗虫一样吞食着森林。他们烧木头，用木头盖棚子，在不断加深的矿井中用木头当内衬的支架，在冬天，还会将细长的小树并排放在泥泞的地面上搭成一条路。很快，几百个砍柴的和赶大车的人就开始靠着这维生。在一个金矿上，起初九成男人都是淘金者，但慢慢到最后，他们的数量就会被那些提供服务和供应物资的人所超过。

对于淘金者所需要的食物和其他商品，维多利亚所能生产的，不过是九牛一毛。面粉可能会从智利远道运来。喂马的干草，是用船从南澳大利亚拉来的，建造栅栏的板条和木桩来自塔斯马尼亚，啤酒、白兰地、靴子、毡帽和糖果，则来自英格兰。铁艺装饰建筑——住宅、教堂、学校甚至是剧院——以预制件的形式从英国运来，在墨尔本完成组装。在那里，毒日头打在铁金属上，直接把房间变成蒸汽浴房。从波士顿驶来了整艘满载冰块的帆船，其中许多都在驶过热带地区时融化了。这些冰块被快马加鞭地从墨尔本运往当地酒店和内陆地区的餐厅，作为奢侈品奉上。随着黄金源源不绝地从新的采金点涌入，墨尔本的人均收入或许是当时世界各个城市中最高的。

在这个一度与世隔绝的国度，看到如此多的船只从遥远的港口驶来，实在令人震惊。在整个 1853 年，平均每个星期有 5 艘英国帆船启程前往墨尔本。这段旅程开始后，一旦英国或爱尔兰的海岸消失于地平线下，两到三个月便都看不到任何陆地。漫漫长途里，乘客们很少能够见到从旁经过的船只。在南印度洋南纬 40 度到 50 度之间咆哮西风带的狂野海域中，有些客船被巨浪吞噬，还有一些撞上了冰山。更多的船只，在已经可以远远望见澳大利亚海岸时，不幸失事沉没。

另外一些塞满了华人的船只，也随之而来。1855 年，

30 多艘这种船抵达墨尔本，上面的广东乘客一下船便步行前往金矿。在吉尔福德狭长的玄武岩高原脚下，一座或许是当时规模最大的中国城建立起来，大约 6000 名移民——几乎所有人都是华人，几乎全部为男性——可以花钱买到一系列服务：中式店铺、鞋匠、剃头匠、草药郎中、饭馆、戏院、寺庙乃至算命先生。无论是穿衣打扮、饮食习惯和言谈举止，还是宗教礼仪，这些华人在大多数淘金者眼中都太过怪异，难以结交。1858 年，他们的人数超过了 4 万，几近维多利亚人口的十分之一，这时候，公众开始普遍担心，汹涌而进的人潮或许永远都不会停止。

维多利亚开始向进入的华人征收税金，后者随即开了个后门，他们从当时还没有开征落地税的南澳大利亚登陆，错错落落形成一列长队，从陆路穿越平原。淘金潮的先头部队，一路沿逆时针方向绕着澳洲大陆的边缘挺进，1867 年，第一波激动人心的昆士兰淘金潮在金皮开始，这里离今天的阳光海岸很近。一个接一个的，其他殖民地也开始向华人征税，西澳大利亚甚至于 1886 年事实上禁止了华人在新的金矿上工作。

黄金启动了一场经济和社会革命。1850 年还只有 40.5 万的人口，到 1858 年便超过了 100 万。以淘金为目的涌入澳大利亚的移民，在仅仅两年时间里，人数便超过了此前流放制度下八十年中来澳的流放犯总数。澳大利亚破天荒第一次能够与美国比个高下。在 19 世纪 50 年代，来到澳大利亚的移民人数，相当于1800年到1830年这三十年里前往美国之人数的两倍。

金光闪闪的维多利亚，是这些移民的主要目的地，它的人口在十年中从7.6万跃升至惊人的54万，从而使其成为1860年最大的殖民地。有那么一两年的时间，维多利亚容纳了澳大利亚半数以上的人口。在超过四分之一世纪的时间里，墨尔本加上巴拉腊特和本迪戈这两座淘金小城，在全国五大城市中雄踞三席。墨尔本自身的增长速度也超过了悉尼。到19世纪60年代，几座哥特式尖塔和教堂尖顶高耸于这座城市的天际线上，各家银行的总行办公大楼庄严气派，新成立的大学开设了这个国家第一座医学院，一座宏伟的公共图书馆也令大多数北美城市望之生羡。淡水沿着水道滚滚流入这座城市，它们来自密林覆盖的大山脚下的一座水库，繁忙的街道则被煤气灯照得锃明瓦亮。几乎每一个晚上，提供现场演出的剧院都敞开着大门，歌剧也开始整季演出。富有煽动力的传道人在教堂里得到了听众的热情回应，如今，这些教堂已经足以容纳三分之一的维多利亚居民。

在带头的几个殖民地中，通常需要超过三十年时间才能广泛实现的进展，如今借助黄金的影响力，只需十年即可完成。在19世纪50年代，最早的几条铁路被建造起来，一条电报线将阿德莱德、墨尔本和悉尼连接起来，第一条明轮船从南澳大利亚沿着默里河一路远上，科布公司经营的快速客运马车可以在很短的时间里将乘客和邮件送到内陆城镇。世界上航行速度最快的帆船——“闪电号”和“四海之冠号”也包括在内——将利物浦和墨尔本之间的平均行程缩短了几个星期，第一批由帆提供辅助动力的远洋汽船在英格兰和澳大利亚之间穿梭往来。

经济得到了增强，因为如今有了两种强大的出口产品——黄金和羊毛，而不再倚重单一的某一样。黄金的出产量或许在1856年达到了巅峰，慢慢地，浅矿挖掘让位给了以公司形式作业的深矿开采，这些公司的股票可以在数十个股票交易所买进卖出，而几乎每一座大型采矿城镇都有一座这样的股票交易所。羊毛产业从第一波淘金潮那几年的劳动力短缺中恢复过来，但直到19世纪70年代，它才再度对黄金的主要出口物地位发起了挑战。

澳大利亚的人口分布图呈现一面倒的不均衡状态，这是因为几乎所有人口都集中在较为凉爽的东南角。这就像是一个几乎所有城市和财富都被斯堪的纳维亚地区据为己有的欧洲。然而，期待这片巨大的大陆上的其他部分也一样具有吸引力，是一种合乎逻辑的想象。鉴于遥远的内陆尚未被探索，或许还能找到其他肥沃的地区，也未可知。于是，几乎每一年，都有至少一支探险队从沿海地区出发。肯定会有一座被肥沃的土壤所环绕的内陆湖泊，肯定会有一条神秘的尼罗河式的河流存在。从19世纪20年代起，这些探险队就开始在欢送者的三声响亮欢呼之后动身出发，他们驾着牛车，骑着大马，经常还会有土著居民为其担任助手、向导和翻译。这些探险者包括约翰·奥克斯利、艾伦·坎宁安、查尔斯·斯特尔特、休姆和霍维尔、爱德华·艾尔、托马斯·米切尔上校、路德维希·莱卡特和奥古斯塔斯·格雷戈里。他们骑着马，招摇地穿过土著居民数千年前便已定居其上的土地。有时候，他们会随行带上木船，做好万一发现内陆湖的准备。许多探险家都失望而归。在理想的季节，他们能看到水流湍急的小溪和草浪起伏的草原，但等下一批欧洲人到来时，它们通常都已消失不见。

* * *

为牲畜寻找新牧场的欲望，对发现金矿或银矿的希望，以及探明一条贯穿澳大利亚南北的陆上路线的期望，所有这些无休无止、难以抑制的野心，在 1860 年掀起了另一波探险热。同时也存在着一种纯粹的好奇心，想要破解被维多利亚总督巴克利称为“地球上最出人意料、异乎寻常的一部分”的自然之谜。从阿德莱德出发，胆大无畏的约翰·麦克道尔·斯图尔特三次试图进行从南到北穿越澳洲的旅行。他的右眼受到了严重的伤害，以至于他留下了这样读之令人生怜的记录 :“我现在能看到两个太阳，而不是一个。”进行第三次尝试时，他到达了如今达尔文东边的温暖北部沿海地区，不过十年之后，达尔文就会从旁拔地而起。1872 年，沿着他开辟的这条路线，连接阿德莱德和达尔文的电报线被铺设起来，将电报经由陆上和海底传送到遥远的印度和欧洲城市。

由伯克和威尔斯率领的那一次不幸的远征，既是这场穿越澳洲大陆竞赛的赢家，也是失败者。1860 年底，从墨尔本启程后，远征队到达了昆士兰西南的库珀河。和其他两个男人一道，伯克和威尔斯将辎重装在骆驼背上，决定轻装前进，快速赶到卡奔塔利亚湾，然后再折返回来。另外 4 个人被留下来看守物资，等待伯克和威尔斯返回。他们用树杈和树枝搭起了一个小围垒，在里面扎起帐篷，存放枪支弹药。他们在接下来的 4 个月里一直待在那儿，心惊胆战地防备着附近的土著居民，经受着一度高达 47 摄氏度——还是在帐篷的荫庇之下——的高温炙烤。最终，这些负责保管物资的人决定，他们已经在围垒里等得足够久了。将大部分物品打包后，他们点齐马匹和骆驼，向着南面的文明世界扬长而去。

伯克和威尔斯在到达卡奔塔利亚湾之后，开始返程。正午时分的酷热让他们深感胆怯气馁。而当月色明朗之时，他们才趁着夜里的凉爽前行。很可能，以前从来没有任何一个探险家曾这样被迫频繁地在月光下“探险”。最后，1861 年 4 月 21 日星期日，寄希望于迅速赶到他们在内地搭起的围垒，幸存下来的 3 名探险者丢掉了多余的物资，以便骑行而不是步行。那一天，两匹已经十分虚弱的骆驼，走了令人吃惊的 50 公里。然而，骑在骆驼背上的那些人却并没意识到，就在同一个上午，保管物资的那些人已经弃围垒而去，向南方撤回。

月光下，伯克骑着一匹骆驼，威尔斯和金合骑着另一匹。他们确信，在围垒，一场欢迎仪式正等待着他们。从高高的骆驼背上，伯克几乎可以看到远处的围垒。他在森冷诡异的月光中大声喊道，他已经可以看见等着他的那些人的帐篷了。然而，那里并没有帐篷。

在伯克和威尔斯孤立无援地死去后，人们普遍认为，澳大利亚内陆可能永远都会这样令人失望。但这并非全部事实。牧养绵羊的人很快便占据了探险家曾经履及的土地，在草木葱茏的年份，他们的绵羊甚至会在库珀河边围垒遗址附近吃草。在他们死去一个世纪后，一块大型天然气田在距离围垒遗址不远的地方被发现，今天，这里的天然气会被用管道输送到阿德莱德和悉尼。这块大陆令人惊喜的潜力，与它带来毁灭的能力一样，与众不同，个性分明。

有些人更热衷于追求天上的荣耀，而不是地上的浮华。这个世纪中最优秀的天文学家之一——约翰·特巴特——隐居在霍克斯伯里河的河谷中，他的父亲是那里的一位农场主。约翰没有上过大学，也从来没出过澳大利亚一步。他对天文学的热爱，源自一位乡村教师。他自学了法语和德语，程度足以阅读外文学术期刊，而在一台望远镜和其他仪器设备的帮助下，他做出了一项又一项令这些期刊的读者大喜过望的发现。他一直活到了第一次世界大战之时，但早在半个世纪以前，刚刚要满 27 岁的约翰做出了每一位欧洲天文学家都为之神魂颠倒的一个发现。

在 19 世纪，人们在天空中发现了 6 颗异常明亮绚烂的彗星，但特巴特所发现的这颗彗星，却令一些学者叹为观止。1861 年 5 月 13 日，他第一次在夜空中看到这颗彗星——很可能，伯克和威尔斯在他们最后的那些日子里，也看到了它。开始时，这颗彗星几乎不值得注目，但它逐渐变长，在最灿烂炫目时，其彗尾划过天际，留下了一道超过 80 度的稀薄光晕。6 月 30 日这天，它在欧洲第一次被观察到，立即掀起了一场轰动。在几十年的时间里，特巴特在夜空中发现了众多没有其他人曾经见过的奇观。在他去世多年之后，特巴特被给予了出现于一百澳元纸币上的特殊待遇，享受到比他在世时更大的声名荣耀。

生活在首府城市中的澳大利亚人——绝大多数是新移民——做出的发明和发现没那么戏剧化，但难度上却丝毫不逊色。19 世纪 50 年代中期，他们找到了组织大规模自由选举和召集议会的办法。几年前，他们曾被承诺了自决权——除了在外交政策上——但谁才有资格成为领导者？是所有男性，还是其中的一小部分人？

1850 年，英国政府初步决定，此后新组成的澳大利亚议会，可以按照各自意愿进行改组。在一个引人注目的决议中，英方宣布，任何拥有一小块地产的澳大利亚男性，或是任何能支付起每年 10 镑租金的一家之主，都有权投票选举。一年后，当黄金发现于澳大利亚后，物价和租金都开始暴涨，很快，几乎所有居住在城镇中的人，都能付得起每年至少10镑的租金，从而获得了选举权。到1856年时，95%的悉尼男性拥有投票权，尽管在边远地区和金矿，获得选举人资格的男性还相对较少，因为人们通常都住在帐篷和棚子里，租金与房屋价值很低。在新南威尔士，1858年组成的新议会更进一步，在理论上赋予了每一位男性投票权。历史学家约翰·赫斯特将其称为“澳大利亚历史上最迅速的政治变革”。

维多利亚和南澳大利亚的新议会在赋予所有男性选举权上行动更快，至少在下议院是这样的。虽然没有受到那些视选举权为苦难解决之道的大批淘金者施加的压力，南澳大利亚依然选择这样做了。作为一个最排外的殖民地，南澳大利亚所拥有的人口，或许是受教育程度最高的，同时也是信仰最虔诚、最遵纪守法的。主要由英国人构成，加上少数爱尔兰人和苏格兰人，这里的人很可能也是最团结一致的，许多公民或许深信——比今天更笃定——民主既要求其选民具有强烈的公民责任感，也要求有一定的自私自利。他们并不担心民主会赋予那些不负责任的人过多权力。在他们看来，这些人出现在南澳大利亚的可能性，要比出现在其他殖民地乃至不列颠群岛上的可能性低得多。

每个殖民地都有一些颇有影响力的公民，不想将民主扩大到所有人头上。他们愿意比英格兰的民主更进一步——在那里，只有不到五分之一的男性拥有选举权——但他们对于在一条完全由民意铺成的路上走得太远却心怀警惕。他们知道，少数潜在的澳大利亚选民可能没有读写能力，许多人还是前流放犯。此外，在1848年这年，欧洲已经发生了太多起革命：暴民政府是一种真实存在的恐惧。

一位经验丰富的塔斯马尼亚政客理查德·德里，明确表露出了对殖民地民主政治究竟应该何去何从的矛盾观点。下议院应当代表“人民大众”的观点。在下议院中，每个奉公守法的男性都有权参加选举。毕竟，这已经在苏格兰成为法律，虽然在英国还没能实现。此外，几乎每个人都有权在这类选举中投票，除了“那些绝对有必要排除在外的人，比如浪荡成性、挥霍无度者”。与之相对应，规模较小的上议院则将由年长者组成，他们由那些在塔斯马尼亚拥有财产的人选举产生，一旦当选任期会很长。下议院是产生“奇思妙想”的地方，而上议院则是一个展示审慎、经验和中庸之道的小型论坛。在每个殖民地，上议院最开始都是被如此看待的。

如今的澳大利亚，或许是世界上三个历史最悠久、持续时间最长的民主政体之一。早在1860年，它便可以自称为世所罕见的民主堡垒。九成澳大利亚人生活在每一名男性都拥有选举权的殖民地中，下议院里的政客至少每三年便要接受重新选举的考验，而且选举时采取了革命性的秘密投票形式，这种投票方法后来在美国被称为维多利亚式投票法或澳大利亚投票法。即便是生活在人口较为稠密的殖民地中的土著居民，也拥有选举权，尽管很少有人会光顾投票站。这个时候，澳大利亚要比美国更加民主，后者直到 1865 年仍存在数以百万计的奴隶，而他们都没有选举权。当然，必须承认，法国有时候在民主上要比澳大利亚更胜一筹，这一时期的每一名法国男性都可以投票选举下议院成员。但是，两次选举之间的间隔长达六年，法国的媒体会遭到新闻审查，而许多反对派的中坚分子都会被迫流亡海外。

与此同时，澳大利亚的民主也有其制约因素。在每个殖民地，经选举产生的上议院都主要由有产者构成，他们可以阻挠下议院的诉求，因为每项法案都必须经两院通过。偶尔，在两级议会都通过了的法案，也会被伦敦当局拖延或拒绝，尤其当这些法案涉及外交政策时。严格地讲，这一领域仍是英国政府的保留地。然而，每个殖民地很快便拥有了完全的经济自主。从 19 世纪 60 年代起，维多利亚便可以向英国进口商品征税，而它也欣欣然地这么干了。就其本质而言，经济独立很快便在澳大利亚实行开来——除了西澳大利亚的流放殖民地。但全面的政治独立——假设这种状态确实存在的话——却要等到下一个世纪才姗姗而来。

主要通过和平方式，澳大利亚人便已取得了相当高的民主形式。它来得轻而易举。然而，对于新选出的议会和内阁来说，如何应对快速的人口增长，如何控制搜索黄金者的四处流动，如何满足急速增加的对免费社会公共机构的需求，如何抑制19世纪50年代令殖民地财政左支右绌、无以为继的急剧通货膨胀，针对这些问题的立法和行政管理均非易事。即便是自由世界中最才智卓越的前两百名政治家，都很难应对自如，而澳大利亚最多也就有一两个这样的人。

在英格兰的村舍与城堡中，人们怀着喜悦、敬畏和警惕交织的心情，打量着这项勇敢的民主试验。它真的能成功吗？成为内阁部长的大多数澳大利亚政治家，此前都没有管理一方的经验：大多数人在移民澳大利亚以前甚至连选举权都没有。在最初的几年里，贿赂收买政客可能相当普遍，尽管这种行为逐渐变得有悖常规——至少就我们所知的确如此。基督教一位论派的神职人员约翰·马蒂诺在19世纪60年代晚期听说，任何一个法案想要在墨尔本的议会通过，都要有总计15000镑的钱“明智地花在贿赂上”。他私下将这个观点透露给了一位资深政客，后者立即回复说，远远用不了15000镑那么多。诞生于这样一个动荡喧嚣年代的民主制度，居然还能运行良好，简直就是奇迹。

第七章

奇迹时代

到 19 世纪 70 年代的时候，几乎每一个澳大利亚人都意识到一场重大的变革正在发生，但却很少有人预见到了这场变革的影响之深远。它将重塑澳大利亚，在有些地方动作迅速，而在另外一些地方脚步缓慢，因为它令工作、闲暇和旅行都发生了革命性的变化。它最开始时被称为蒸汽动力，尽管在措辞上使用了马力来作为度量单位——这是对被它取代的那种动物的一个致敬。

澳大利亚迄今为止都重度依赖着牲畜们的耐心和力道。牛可以出产供饮用的牛奶、供食用的牛肉和用于制革的牛皮，它们同时也是关键的畜力。牛拉的两轮板车载着一捆捆羊毛长途跋涉，从剪羊毛的棚子运到码头，这些羊毛捆叠得高高的，在大风天里，穿过平原的两轮板车就像是在风中行进的小帆船。拉车的牛是负重走长路的好手，排在第二位的马相形之下要逊色得多。一长串驮马会将物资运往山区的金矿。在矿区，则主要是役马在地面上和矿井下劳作。在农场，由负重型马拉犁和收割机，曾经，塔斯马尼亚人特别青睐夏尔马，猎人谷地区对萨福克矮马情有独钟，而南澳大利亚的德国农场主则格外喜欢石勒苏益格马。[1] 后来，血统高贵的苏格兰克莱兹代尔马在种植小麦的农场中占据了支配地位。

围绕着马的各种需求，产生了从养殖场主到马具制造商的十来种职业。在漫长的邮路上，快马拉着邮车。在城市中，不仅有马拉轨道车和公共马车，还有马拉的厢式运货车。早期的出租车——双轮的汉瑟姆车[2]——也靠马拉。由年轻的弗格斯·休姆撰写、出版于1886年的《汉瑟姆车之谜》，是第一本用英语写成的畅销犯罪小说，小说的开头，便是一个身着晚礼服的男人在墨尔本柯林斯街的苏格兰教堂外面叫停了一辆出租马车。从19世纪30年代到20世纪30年代，这个国家向印度出口了50万匹马，其中大多数为骟马。这些马出现在英国骑兵队的游行队列中，奔跑在马球场和赛马场上，它们被所至之处的人们称作“威尔士马”，因

1 夏尔马是一种高大有力、擅长拉车的重挽马，萨福克矮马是一种矮壮的栗色役马，石勒苏益格马是一种原产自石勒苏益格地区的中型役马。

2 英国建筑家约瑟夫·汉瑟姆（Joseph Hansom）设计的一种双座马车。

为其原产地为新南威尔士。

当年的狗也是役畜，尽管今天它们更多地被当成城市里的宠物。最开始时，“袋鼠犬”在边远地区形同忠仆。作为一种猎犬，它通常有部分猎鹿犬或格雷伊猎犬的血统，祖先往往是从苏格兰来的，或许还会带一点獒犬甚至是斗牛犬的基因。它能猎捕袋鼠以及后来被过度成功地引进了的英国家兔。探险家们出发时通常都会带上一两条狗，1845 年，当查尔斯 · 斯特尔特离开阿德莱德前往未知的内陆之时，他带了 6 条狗和 11 匹马。在 19 世纪 70 年代刚刚建起围栏的广袤平原上，牧羊犬的作用至关重要。它主要是以短毛苏格兰柯利犬繁育而成的，也有人说它带有澳洲野犬的血统。

* * *

如果没有这些动物，经济生活几乎肯定会一蹶不振，但动物的力量如今受到了蒸汽的挑战。在运送物品和乘客上，蒸汽机侵入了牛和马的地盘。在抬举重物方面，发动机更是无可匹敌。它将矿工和满载着金矿石的小手推车从地底深处运到地面，从而令矿井可以挖得更深。1880 年，在维多利亚的斯托尔，马格达拉金矿几乎深及一公里。在斯托尔的矿井中，近 50 台蒸汽发动机发出震耳欲聋的轰鸣声。蒸汽还带动着灌溉水泵、铸造厂中的重型锻锤、饼干厂和面粉厂里的轧辊以及木材厂里的锯机。

戴维·赛姆的《墨尔本时代报》和其他的所谓一便士报纸[1]要在很大程度上感谢蒸汽动力的印刷机。在小麦产区，附带着蒸汽发动机的脱粒机缓慢地沿着道路向一座座农场行进，到了那里，它们负责将谷粒从秸秆上分离下来。蒸汽机还能制作人工冰和冷冻食品：吉朗的报纸编辑詹姆斯·哈里森，是19世纪50年代整个世界范围内的冷却技术先行者。三十年后，F. Y. 沃尔斯利将蒸汽机装在了内陆地区的剪羊毛棚中，他的剪羊毛机开始替代了羊毛剪。在许多城市的码头上，笨重的蒸汽起重机将货物从船上托起卸下，虽然在几十年的时间里，依然能够见到成行结队的肩上背着沉重的大包羊毛或小麦的码头工人。

从1860年到1900年的这些年里，没什么比蒸汽更显著地改变了人们的日常生活。它令男人的工作发生了变化，但在进行食物加工保存、打扫清洁、清洗烘干杯盘、擦亮灯具、擦洗木地板和木头桌面和熨烫浆洗衣物这些日常任务时，女人还缺乏机械援手。煤气灯、煤气炉、电冰箱和洗衣机将要成为解放她们的力量之一。蒸汽机（以及其擅长完成重体力活的特性）促成了男性比女性先一步迎来了每周工作日的缩短。

1　19世纪兴起的一种廉价报纸，因为当时的主流报纸售价为6便士而这类报纸仅售1便士而得名，面向中产阶级和劳动者，刊登大量吸引眼球的惊悚社会新闻和小道消息。

蒸汽时代依赖着廉价的木柴，因此，木柴的砍伐、装运和堆栈或许是当时澳大利亚最大的劳动力雇佣方。与之相对应，汽轮（默里河上的那些明轮船除外）、铸造厂和发动机都更青睐煤。港口开始飘散着呛人的煤烟。在19世纪80年代晚期，天气晴朗的日子里，当轮船缓缓驶进阿德莱德或悉尼的海港时，站在甲板上的旅行者可以看到，在众多船桅、教堂尖顶和参天大树形成的天际线之上，飘浮着一片烟霾。存留下来的城市照片很少会捕捉到这些烟霾，或是从成百上千个工厂、医院、煤气厂、铁路调车场和码头的烟囱中升起的黑烟。决心捕捉到这些急速扩张的城市最光荣美好的一面的摄影师，会等到较少燃烧木柴和煤炭的星期日或公共假日。

到19世纪80年代，大多数移民都乘坐蒸汽轮船而来。得益于苏伊士运河，航程只需不到7周。在每一个澳大利亚港口，都有装满海外邮件的沉甸甸的帆布邮包被卸下，主邮局会在塔楼上升起一面特殊的旗子，宣布海外邮件到达的消息。当船只即将再度离港前往英格兰时，银行、进口行和政府部门里的办事员们直到船启航前的那一刻都会一直奋笔疾书，赶着完成打给伦敦方面的报告。那些生于英国的殖民地居民——尤其是女性居民——亲手写成的信件，装满了许多寄出的邮包。然而，邮票的单价依然很贵。为了支付将一封信寄往英格兰的邮资，一个体力劳动者得干上30分钟的活，而女佣则要工作一个小时。

蒸汽在陆地和大海上创造着奇迹。政客们相信，蒸汽火车可以将他们的这片大陆变为第二个美国。托马斯·麦康比于 1856 年 12 月向墨尔本议会宣告："一个时代很快就将到来，在这个时代，作为强有力的文明使者，铁路将从纵向和横向贯穿这块广袤的大陆。"到此时为止，维多利亚尚且连一条运行于墨尔本及其港口之间的短程铁路都没有，但许多政客和商人都与麦康比一样满怀信心地认为，一条横跨大陆的铁路将串联起内陆的各个城镇。

建造铁路耗资不菲，因为澳大利亚的体力工人工资很高。此外，最早的一批铁路在设计建造时，力求用精美绝伦的火车站给人留下深刻影响，而且常常在一条铁轨就足够用的情况下偏要铺设并行的两条。19 世纪 70 年代和 80 年代目睹了第一波兴建铁路的热潮。在某些年份，沿着新修的铁路线，恐怕有将近 3 万名挖土工和几千个女人和孩子住在帐篷村里。今天，这些市镇中的大多数已经踪迹难寻，它们狭窄的主街两边的小酒馆、杂货铺和移动学校也都早就消失不见。不过，假如有人进行发掘的话，毫无疑问会找到埋在地下的大量酒瓶——全都是空的。

新南威尔士的一条铁路格外令人敬佩。沿着蓝山山脉的西面山肩和斜坡运行的这条铁路，人称"利思戈'之'字形铁路"，有时也会被描述为"洋洋大观"。火车可以借助这条铁路下行至利思戈山谷中，一路沿着开山碎石辟出的路堑和隧道前行，缓缓爬过狭窄的岭脊，在一座座多拱桥上穿越沟壑。有大约 8 公里的一段距离，火车缓慢地沿着一系列设计为之字形的坡道下行，在一段坡道上，机车拖拽着火车前进，而在下一段坡道上则改为推动，直至最终到达位于鲍恩费尔的山脚下。在大多数穿行于瑞士的崇山峻岭中的干线火车尚未建起之前，利思戈之字形铁路就已经被自豪的澳大利亚人视作令人大开眼界的世界工程奇迹之一了。

但它并没能让旅行更快捷。早期的火车从悉尼开到不到 160 公里外的利思戈，要花上 6 个小时。尽管悉尼的工程师们对之字形铁路深感自豪，令维多利亚人倍感骄傲的，却是他们远比欧洲铁路更宽的轨距，以及在巴拉腊特的凤凰铸造厂和纽波特的政府工场制造的机车和车厢。

在 1871 年到 1891 年间，澳大利亚的铁路通车里程增加了 8 倍。考虑到如此遥远的距离和如此少的人口，澳大利亚或许是当时那个世界里最引人瞩目的铁路修建者。成本相当之高，到 19 世纪 90 年代早期，已经花掉了约 1 亿镑的资金。为这些长期贷款而支付的利息，占据了大多数殖民地政府年度预算的大头。但内陆货运的成本也发生了革命性的变化。如果没有铁路，可能就不会开辟出众多的小麦带，边远矿区的出产量可能就没有那么高，而干旱对牧场主们的打击可能也会更具有毁灭性。

终于，乘客们可以坐着火车从阿德莱德出发，途经墨尔本和悉尼，直至到达布里斯班。这条漫长线路上的最后一个连接段，是跨越霍克斯伯里河口的一座铁路桥，它完工于

1889年——坐飞机飞进悉尼市区时，可以在机上看到这座桥残存的几座桥墩。此时，依然不能坐火车前往西澳大利亚或昆士兰的中部和北部。当时可供选择的最长的火车之旅，始于新南威尔士大西边布罗肯希尔新发现的银矿，一路开往阿德莱德、墨尔本、悉尼和布里斯班，随后再向西行驶800多公里，抵达平原上的查尔维尔。根据不同的列车时刻表，这段旅行可能会花上约一周时间。

长途旅行途中，延误常常发生，而且要频繁地从这列火车转到另一列火车。或许，没有任何一次旅行是可以在同一列火车上度过24小时以上的。在上午抵达首府城市的乘客，通常不得不在那里一直等到傍晚，届时，整夜连续运行的快车已经做好准备，启程前往另一座首府城市。乘客延误的一个原因，是需要在交界的城镇换车，因为各殖民地的铁路轨距彼此不一致。在这些繁忙的站点——新南威尔士南部边界的奥尔伯里、南澳大利亚北部边界的瓦兰加拉以及该州许多其他内陆市镇——每个人都不得不换乘列车，连人带行李，从站台的一边赶到另一边。

南澳大利亚和维多利亚建造的绝大多数铁路都采用了非常宽的轨距，约为5英尺3英寸，新南威尔士选择了4英尺8.5英寸的轨距，所有其他殖民地则有意选用了3英尺6英寸的窄轨。在狭长的平原上，在绵延的群山里，窄轨使得修建铁路的成本变得较为低廉。到19世纪90年代，半数以上的铁路线都是窄轨铁路。

今时今日，责怪那些建造铁路的工程师们未能为一个统一国家建立起一个高效运作的体系，是常见之举，但这些工程师并不像他们被描述的那样愚蠢。他们的目标是将每一个港口与其对应的边远地区连接起来，而不是建立一个连接主要城市的全国铁路网。因为所有首府城市都位于沿海地区，彼此可以通过海路相连，而在廉价运输货物和乘客方面，船只至今仍胜过火车一头，只有那些富人和邮政快递才更青睐城际快速交通。后来，随着海运的效率逐渐变得低下，城际铁路才变得至关重要起来。只是到了那个时候，轨距的不一致才成为招致诟病的理由。

当议会通过决议将铁路线延长到某个内陆城镇的消息传来时，兴奋的嘁嘁喳喳谈话声——甚至是欢呼雀跃之声——会响彻主要街道。每日运行的火车重塑了个人、社会和政治生活的方方面面，尤其是在那些离海超过300公里的市镇中。火车带来了最新的城市报和海外报刊，以及沉甸甸的邮包和包裹，到达时间可能比之前要早上12个小时或24个小时。圣诞节的时候，火车会带来亲朋好友，他们以前可是绝对不愿忍受马车的长途跋涉和昂贵路费的。发生干旱时，货车会从那些仍然有降雨的地区拉来干草。火车还会以相对较低的价格将羊毛和小麦运送到遥远的港口。

当本地医生诊治发烧病人，需要某种特殊的药物或是一小批冰时，货车会从较大规模的城市快速将所需物品运到。如果病人未能恢复过来，如今，他们居住在殖民地其他地方的亲属也能及时赶来参加葬礼：在冷藏技术诞生以前的时代，葬礼在死亡后一到两天内就得举行。

并不是所有与新型火车一道而来的事物都会受到欢迎。火车降低了交通成本，因此，市镇中的小酒坊主——以及酒坊里的三名雇工——突然意识到，借助新的铁路廉价地从大城市啤酒厂里成桶运到的啤酒，要比本地货色更畅销，而且可能很快便会让他们关门大吉。驾驶牛车和邮政马车的人，以及这些车辆的主人，常常对铁路发出诅咒之词，因为铁路抢走了他们作为长途运输者的生意。但对应着每一个骂骂咧咧的殖民地公民，就有十个欢呼雀跃者。在忆及“进步”和新形式的“文明”与呼哧呼哧开进的第一辆蒸汽火车同日抵达平原地带时，诗人亨利·劳森写道：“壮美丛林和条条铁轨，与这个世界拴在了一起”。他的大多数读者，应该都会同意这句话。

19 世纪 90 年代的作家和画家，为人们赋予了一种新的身份认同感。然而，如果不是铁路的突飞猛进，他们不可能成功地将自己想要表达的信息宣讲出去。火车降低了旅行的时间成本、金钱成本和体力成本。亨利·劳森知道，火车可以在一个冬夜行进大约 350 英里，而在同样一个晚上，挤在科布公司的客运马车里、颠得七荤八素的乘客们，能走上 100 英里就要算是走运的了。他在诗中这样写道：“今夜，一百英里的路，都要被科布公司马车上的灯照亮！”他之所以能够向成千上万名热心读者栩栩如生地描绘出内地生活，是因为长途火车可以将他从悉尼一路送到达令河和伯克城，然后他再从那里背上行囊进入干旱的乡间。要不是汽船和蒸汽机车分别将悉尼的“班卓琴手”帕特森和墨尔本的克里斯蒂娜·麦克弗森一路带到离昆士兰的牧羊小镇温顿不远的地方，让他们在内陆的达格沃迪牧场第一次相遇，他们根本不可能联手创作出《丛林流浪》这首歌（帕特森作词，麦克弗森作曲）。要不是铁路将汤姆·罗伯茨带到远离首府城市的地方，他可能也永远都画不出剪羊毛的棚子里那些活灵活现、引人共鸣的情景。事实上，海德堡画派的那些开始激发众人想象力的露天风景画，大多数都是在离新建成的火车站步行、骑马或坐马车只需很短时间的地方画成的。

* * *

在美国，壮观宏伟的内陆城市开始在交通枢纽处崛起，但这并未发生于澳大利亚。在南澳大利亚的内陆地区，连一个略具几分匹兹堡样子的城市都了无踪影，而在昆士兰，也没有在铁路枢纽处出现一座辛辛那提或圣路易斯式的城市。到 1900 年时，澳大利亚只有 4 座人口超过 3 万的内陆城镇，其中的 3 个（巴拉腊特、本迪戈和卡尔古利）是淘金镇，而第四个（布罗肯希尔）则是依托银矿而建的。与北美不一样，澳大利亚干旱贫瘠的内陆直至今日仍没有一座配得上城市之名的大型内陆城市，甚至连一个完整居于内地的内陆州也没有。

已经拥有了官僚机构、大型银行和大多数工厂的首府城市，使用新建成的铁路向它们大大小小的码头输送商业贸易。在 1891 年，这些首府城市的飞速崛起被形容为“旧世界的城市无可匹敌”。新南威尔士的官方统计员蒂莫西 · 科格伦在极度热情下略微夸大了这一情形 ：“在这些殖民地，或许是有史以来第一次呈现出了壮观宏伟的城市以神奇的速度迅猛发展的奇观。”而这些首府城市，欣然接纳了该殖民地约三分之一的人口。建立于 1851 年的墨尔本，在黄金大发现前拥有 2.5 万人口，但如今却容纳了近 50 万人。悉尼的人口将近 40 万，阿德莱德 13.3 万，布里斯班 9.4 万。接下来是两个大的地方城市，纽卡斯尔的人口是 5.1 万，巴拉腊特为 4.6 万。本迪戈紧随其后。

墨尔本和悉尼位列全球 50 座特大城市之列。甚至是北京和东京这两座北大西洋地区以外规模最大的城市，从规模上也不及墨尔本的三分之一。在墨尔本的伊丽莎白街，一座 13 层的办公大楼要比欧洲任何一座办公楼都高。

这座大城市是繁荣的标志。移民们很快便意识到这里的高工资、大量的闲暇时间和典型的带有私家花园和喷淋草坪的大房子。他们惊讶地看到高品质的肉类和其他食物，高标准的日常着装，高效率的城郊交通，高水平的学校教育，还有大量的公共建筑和教堂，环城公园和体育场，名目繁多的公共假日，难得一见的行乞贫民。19 世纪 80 年代晚期，一位来自英国泰恩赛德的访客惊叹道，在他停留于墨尔本的5个星期里，一次都没见到过缺鞋少袜的孩童，而且除了4名盲人，甚至连一个衣衫褴褛的人都没看到。当时的衣物是很贵的，但人们买得起。

事实上，贫困与苦难的确存在，而且远比他看到的要多，但与维也纳、那不勒斯、柏林和都柏林这些城市里的情形相比，的确要少见一些。失业率很低，但那些没有工作或是突然失去家中赚钱主力的人，受到的打击非常大。生活在贫穷无望中的人，必须考虑进到类似于珀斯济贫院这样的准军事机构中，那里的贫民夏天清晨5点半就得起床，做好准备应对7点30分的第一次点名。济贫院中的收容者不经允许不得外出。在较大的城市里，对公共卫生的无视是另外一个缺陷。除了在阿德莱德，污水处理都是后来才补建的市政设施。直到1897年，墨尔本才有了第一条连上新建的污水管道的街道，而这里此前经常暴发伤寒疫情。

大多数渴望社会保障的澳大利亚人，都曾在某个阶段打算过成为农场主。在当时，拥有一个小农场的梦想，与人们后来盼着拥有自己的房子的梦想一样强烈。很多人都希望，有朝一日，这片土地上会遍布农场，辛勤劳作的家庭将自给自足，而当疾病和衰老来临时能有所保障。在19世纪60年代，典型的农场大概有30到60公顷，对于来自欧洲的农场主来说或许大得惊人，但事实证明，这还是太小了。缺乏磷肥的土壤在收获几轮作物之后就会地力不济。一季收成欠佳，就足以让一个农场主和他的妻子处境艰难，负债累累。在1880年被处以绞刑的最后一个臭名昭著的丛林大盗奈德·凯利，就来自离墨尔本到比奇沃思金矿的高速公路不远的一座勉强维持生存的小农场。在月黑风高的晚上，一些小农场主惯以偷盗马匹和牛羊为乐。

一大批农民在盖起一座足以栖身的棚屋后，开始挖掘水井，为家禽建造瓦顶的棚舍，用篱笆围起马圈牛栏。然后，他们会烧掉高大的树木被砍伐后留下的树桩，在开出来的土地上播种谷物。但在付出所有这些辛劳之后，他们却几乎赚不到什么钱。即便获得成功，很快便会需要更多的土地来喂饱他们的儿女，让他们有活计可干。于是，一家人再度动身出发，前往他们的应许之地，而他们的牛和狗就随着他们的四轮马车或两轮板车一道行进。他们每天晚上在路边扎营休息，直至最终抵达更大的一处生存空间，然后在那里以分期付款的方式买下一块更大的农场。

公允地说，只有不到半数的新农场主会在他们的第一座农场取得成功。即便是作为大陆粮仓的南澳大利亚，也会为那些在失望中另寻他处的农场主的流失而惋惜。这些人涌向了维多利亚的威默拉和马利，有些人甚至走到了新南威尔士的里弗赖纳以东之处。在19世纪70年代，一长列四轮马车拖家带口，四处搜寻未经开垦的土地，是边远地区的常见一景。

在失败中，也有成功——适合澳大利亚季节变化的小麦被培育了出来，能工巧匠设计出了跃障犁，使得犁开布满半埋在土里的树根的土地成为可能，而像詹姆斯·莫罗和H. V. 麦基等人发明的机械收割机这样的农用机械，则能够在炽热的夏日高速收割谷物。

在这些信心满满的年份里，人们一度相信，连气候也可以被改造。19 世纪 80 年代，在东澳大利亚偏远内陆的绵羊牧区，发现了地下自流水，数百口深井被开凿出来。维多利亚开始尝试对干旱的北部平原进行灌溉。后来成为澳大利亚总理的阿尔弗雷德·迪金，当时是一名年轻的演说家，印度从恒河和印度河引水灌溉干旱平原的做法，给了他很大启发。在美国洛杉矶和帕萨迪纳的橘树林中，迪金对那些从事灌溉工作的加利福尼亚人深表崇拜，将他们形容为一群头戴宽檐帽、身着加里波第衫[1]、脚踩高帮靴、擅长使用长柄铁锹的正派且独立的男人。后来，这些加利福尼亚人中的一部分来到了米尔迪拉和伦马克，在缓缓流淌的默里河岸边建起了他们耗资高昂的绿洲。

* * *

在这片国土上的大部分地区，季节都是不可靠的，但热带昆士兰的沿海平原收获了最高的夏季降雨量。许多乘坐

1　仿照意大利起义者加里波第及其率领的红衫军所着上衣而制成的一种宽大罩衫。

沿着海岸线慢速行驶的汽轮前往昆士兰的人，都听信了那种关于这片大陆的未来天堂就在此处的预测。在 1859 年成为独立的殖民地后，昆士兰很快显示出自己的潜能。它投入了大量资金，用于支付来自英国的移民的路费，并借贷数百万用于兴建横跨大分水岭、通向热带平原的铁路。沿着大分水岭一脉——从金皮到查特斯堡再到帕尔默河——涌现的淘金潮，吸引了成千上万名维多利亚的淘金者。牛贩子和牧场主也随之而来，到 1890 年时，昆士兰已经拥有了比任何其他殖民地都多的肉牛。

浅色皮肤的英国移民家庭从布里斯班登陆上岸，擦去额头上的汗水，坐着火车、马拉客车或是牛拉板车前往他们梦寐以求的未开垦的农场。廉价土地的承诺吸引了那些本来会更倾向于北美的欧洲人。昆士兰是成千上万名丹麦人的新家。它与南澳大利亚展开了对德国开拓者的争夺。以苏格兰人占所有人口的比例而计，它仅次于维多利亚，此外，它还吸引了爱尔兰人和英国的基督教小团体浸礼会的成员。

昆士兰的热带地区就像是一块磁石。糖料种植园主清理了缓缓流向太平洋的宽阔河流旁边的丛林，从新赫布里底和其他太平洋群岛引进——或毋宁说是绑架——了许多美拉尼西亚人。只有一个心理上的障碍。在热带地区，人们坚信，假如一个白人男性从事辛苦的体力劳动而他的妻子也在家里忙上忙下的话，他们的健康会受到危害。这种恐惧现在看起来颇为奇怪，但在那个时代，大多数人都要在正午时分的赤日炎炎下卖力工作，工作时间相当之长，而女性则需要在燥热的柴火灶旁打点饭食，空调和抗生素都闻所未闻，而疟疾的病因也还是一个谜，人们心存疑虑是很合情合理的。定居在澳大利亚炎热地区的那些人心中充满警惕，他们知道，在印度和西印度群岛，英国殖民者的死亡率很高，他们也知道，非洲被人称作“白人的坟墓”。在这个时代，人们认为，凉爽的、存在季节更替的气候，最有可能促成一个国家在经济上大获成功。

在 19 世纪 70 年代，位于热带地区之内的罗克汉普顿是欧洲人试图过上一种适应炎热气候的舒适生活的实验城镇之一。许多人睡在游廊上，在雨季张起蚊帐保护自己。理发师敞着领子，卷起袖子，而银行职员则穿上白色的衣服。据说，这里是一个不适合女人待的地方，大多数女性都同意这一点。

这些北方港口城市中的建筑，已经呈现出与众不同的特色。典型的住宅会架在支柱或高大的木料上。游廊十分宽大，门户大敞四开，从而让微风可以吹拂进来，瓦楞铁皮被用来当作屋顶，部分原因是进口的石板瓦会在高温中裂开。这些热带地区的殖民者模仿着印度，在最高档的酒店里，餐厅和会客厅的天花板上悬着犹如小型长方形船帆的布屏风扇，它们被前后拉动，促进闷热迟滞的空气流通。这些手动的布屏风扇是电风扇的前身。

看起来，昆士兰的重心几乎是一定会向北移动到热带地区，从而令麦凯和汤斯维尔的港口以及凯恩斯和库克敦相形见绌。昆士兰很可能会成为6个殖民地中人口最多的一个，假如它能防止其热带北部地区分立出去成为第7个殖民地的话。昆士兰广袤的疆域——4倍于加利福尼亚——肯定能够供养几百万人口。在1860年仅有3万名白人居民的这个殖民地，到1891年，对应数字就已达40万，而到那时，它已经超过南澳大利亚成为重要性排名第三的殖民地。它富有活力的一个标志，是3家土生土长的银行，其中之一为实力强大的昆士兰国民银行。这家银行的数十家分行，均听命于其位于布里斯班的总行，它的建筑辉煌庄严，犹如庙堂。

通过补贴定期往来于布里斯班和伦敦之间的邮轮，昆士兰政府显示了自己的独立性。这项服务故意绕开了悉尼，转而逐一访问分布在昆士兰海岸线上的那些风平浪静的港口。甚至在库克敦，人们都有可能搭乘昆士兰皇家邮轮公司每月一班的头等舱汽轮，在7个星期的时间里，途径星期四岛、雅加达、亚丁和地中海沿岸，最终抵达伦敦。昆士兰视托雷斯海峡为自己通向欧洲市场的生命线。为了保护这条生命线，它有效地向英国施加压力，将位于托雷斯海峡另一边的巴布亚岛也划入自己的地盘。

昆士兰在开发热带地区方面取得了某些成功，但除了停泊在布鲁姆和其他几个港口的采珠船队之外，西澳大利亚所得到的，却主要是失败。由阿德莱德遥控的北领地，在最初被称为帕默斯顿的达尔文港于1869年成为定居点后，看到了一丝成功的希望。处于澳大利亚最北端的这个城市，迎来了一场淘金潮和养牛热。不将土著居民计算在内，它的人口在1881年跃升到了4500名男性和100名女性，但随即在其后的三十年中又呈下降趋势。由华人苦力建成的从达尔文到派恩克里克的短距离铁路，没能帮助这个被乐观地称为“新非洲”的地区的发展。

* * *

面对着如此众多的困难，依然成功地在气候如此不同的众多地区扎下了脚跟，这被自豪的澳大利亚人视作奇迹时代的一个奇迹。在继征服了那些自然界的障碍之后，人们对精神世界的障碍也开始发起挑战。为了给那些生活在城市以外地区的年轻澳大利亚人提供学校和老师，可谓不遗余力。

在1851年的第一次淘金潮时，每10个生活在澳大利亚东部的白人孩子里面，大约有4个在校学生，尽管他们的出勤率有多高是另外一回事。老师是一群乌合之众。许多人都是匆匆被安置到班主任位置上的实习生，手上的教鞭为他们赋予了单凭其知识水平无法获得的师道尊严。在维多利亚，这些新手教师所需要做的，只不过是朗读一本简单的爱尔兰教科书。然后，他们必须能够将选自那本书中的任一段落听写出来，“工整地以小字体书写，拼写需要正确”。此外，他们还需要理解“一个简单句中的词类”，知道一点儿地理知识和世界地图，能够做简单的加法，背得出度量衡表。如果能够教会女孩编织和缝纫的话，那就更好了。

许多小城镇都至少拥有两所小学，一所“国立”或公立中学，以及一所政府补贴的教会学校。南澳大利亚是第一个取消补贴“教派学校”的殖民地，而在19世纪90年代也这样做的西澳大利亚是最后一个。在政府补贴被削减后，只有天主教仍坚持资助大规模的儿童教育。从1870年到1900年间，一点一点地，免费、世俗的义务教育成为常规。

在提倡所有儿童都必须上小学这一点上，澳大利亚是全世界的几个带头国家之一，但这说起来要比做起来容易。孩子们会被父母叫去帮忙收割、看牛、砍柴和在家看顾婴儿：“义务教育”这个词的定义很宽泛。在1889年的新南威尔士，任何一个上课日，每10个学生中就有4个在点名册上标记为“缺勤”状态。在这些没有到校的学生中，因生病而缺勤可能只占很少一部分。

尽管存在种种缺陷，这些改进了的学校仍获得了许多成就。一支兢兢业业的教师大军，缓慢地重塑着社会和流行文化。1861年，四分之一的澳大利亚人在自己结婚当天，只能在婚姻登记证书上画个十字或随手乱涂几笔。但三十年后，就只有很少的成年人仍是文盲了。到那时，新娘子和新郎一样能读会写。在收音机、录音带、电影和电视到来之前的那个时代，大量的娱乐和信息都要靠印刷文字来传达。身为文盲，就如同生活在文化监狱里。

在澳大利亚大部分地区，早上刚过 7 点，孩子们便会稀稀拉拉地成群结队前往学校。养路工的孩子会沿着铁道线行进，有的孩子会在油桉丛里穿行，还有富人家的小孩骑着小矮马。成千上万的孩子就这样走在上学的路上，许多人打着赤脚，女孩子通常穿着围裙，他们随身带着装有午餐的马口铁罐或饭盒，肩上的帆布书包或袋子里装着书本，他们对新的一天或是心怀恐惧，或是充满期待。

6 岁的小伊妮德就是塔斯马尼亚边远地区学生中的一员。因为要穿着并不合脚的系带皮靴，她的脚趾头上长出了疼痛的鸡眼。她通常要花上 45 分钟走到只有一位老师的学校，她会把一路上发生的许多事报告给她的老师：新出生的羊羔，伏在路边的蛇，暴风雨将至时从巴斯海峡飞来的海鸥。如果她走到学校的时候衣服湿了，她和其他 24 名学生的黑色长袜、靴子和大衣都要被放到老师在教室里生起的火炉前烤干。

几十年后，作为唯一一位成为澳大利亚总理的塔斯马尼亚人的妻子，伊妮德·莱昂斯回忆起了那条令人疲惫不堪的放学回家路，然后，就在路的最后一个转弯处，一棵被火烧得光秃秃的树干出现在视野中："就算是港口灯火对一位饱受风雨摧残的水手的召唤，也比不上这棵枯朽死树给予我的欢迎。"许多边远地区的孩子在下午放学回家后，很快便要给牛挤奶、给菜园除草、采摘水果、捡拾柴火、为晚餐摆好餐桌、用水桶从井里打水或是从房子旁边的大铁皮水罐里接水。大多数家庭的生活水平得以维持，部分要靠每一双手都忙个不停。

到了 14 岁的时候，绝大部分人都已经离开了学校，但也有很少的一些人会升入提供中等教育的私立学校或教会学校。1890 年，3 所公立大学满足了那些志存高远者的需求。一小部分天资聪颖的学生源源不绝地前往海外，到剑桥大学和牛津大学深造，然后就一去不回头。曾与守寡的母亲生活在墨尔本海湾旁边的犹太男孩塞缪尔 · 亚历山大，将会成为英国 20 世纪 30 年代最著名的哲学家，而与此同时，这个国家最著名的古希腊研究学者则是吉尔贝 · 默里，信奉天主教的他在童年时也曾与守寡的母亲生活在悉尼。

既然这个国家在教育水平很低的情况下便取得了如此高的成就，那么，如果每一个青少年都能读会写、拥有学习操控机器的能力——看起来，这些机器很可能将遍及未来世界的各个领域——那又会是怎样的一种可能？那些畅谈澳大利亚未来的人，愿意将它视作第二个美国。没什么能够阻挡澳大利亚的崛起，他们说。统计学家指向了人口一路倍增的表格。维多利亚的统计学家亨利 · 海特计算出，如果澳大利亚以 1871 年到 1881 年这十年间的人口增长比率继续扩张下去，在 1991 年，将新西兰包括在内，其人口可能高达 1.33 亿。这是多年后实际达到的人口数字的 6 倍。

海特向熊熊燃烧的乐观主义之火上扔了一把干草。在

1887 年，一位从伯明翰前来访问的公理会神职人员 R. W. 戴尔博士将他所听到的来自各方的希望总结如下：

> 一百年后的澳大利亚，她的一亿人口，血脉中将流淌着英伦诸岛最优秀、最有活力的血液，荟萃了英格兰人、苏格兰人和爱尔兰人最卓越的品质，继承了欧洲文明在物质、智识和道德上的胜利果实，生活在一个资源无穷无尽的国度，头顶着诗人们在梦中曾经见到的、覆盖于被祝福的群岛之上的苍穹。一百年后的澳大利亚，将会是最伟大、最强大也最辉煌的国家之一。这些预言和希望，是更热情也更慷慨的年轻澳大利亚人所乐于以之为寄托的。

在这种乐观主义之下，是新出现的裂痕和分化。从 1860 年到 1890 年的这段时间，一个标志性事件是有产者与被雇用者形成了不受个人感情影响的、彼此对立的不同群体。银行、沿海航运船只、煤气厂、大多数矿山和许多工厂如今都控制在公司手中，它们的股票在证券交易所中买进卖出。许多负债累累的牧场被公开招股公司收购。在几次淘金潮中，自雇者所占的比例曾经很高。在大型公开招股公司控制的行业中，劳资关系通常都会趋于恶化。

工会变得重要起来。开始时，它们在那些城市熟练技术工人中最为活跃，如木工、石匠、印刷工和维护新出现的蒸汽机的机修工等，这些人认为自己要比缺乏技能的体力工人高出一等，而且下定决心要保住他们显著高出一般水平的工资。许多工会更倾向于争取较短的工作时数。因为其工会成员的收入按照全世界的标准而言都已经很高了，而且因为许多成员都是不需要养家、自己赚钱自己花的单身男性，对高工资的要求通常会被放在第二位。决定争取较短的工作时间也受到了气候的支配，即便是在墨尔本，长时间工作也会让人热得无法忍受，尤其是对于那些在正午烈日下工作的人来说。

1855 年，在悉尼，一小群石匠赢得了日工作 8 小时或每周工作 48 小时的权利。在墨尔本，一年后，一大群石匠赢得了同样的特权，这一胜利很快便被作为一年一度的假日加以庆祝。工人们会在这一天上街游行，展示着宣扬 8 小时劳动、8 小时娱乐和 8 小时休息之好处的横幅标语。墨尔本成为缩短工时运动的全球领导者。然而，这一年度游行所表达的更多的是一种希望而非现实，因为在 1900 年，大多数澳大利亚人仍每周工作超过 48 小时，还有很大一批人每周工作 60 小时，甚至是 70 小时。不管怎样，对休闲的强调，成为工联主义和社会生活的一个标志。没有这个，体育运动不可能变成一种澳大利亚特有的狂热。

威廉 · 格思里 · 斯彭斯是苏格兰人的后裔，刚到澳大利亚时当过牧羊童。在打造向低技能工人敞开怀抱的大规模工会运动方面，他的贡献比任何人都多。他并没有创立第一家矿工工会，但他却在19世纪70年代晚期促成了它的复兴，令其影响范围显著扩大，以至于十二年后，这个工会已经在塔斯曼海两边的澳大利亚和新西兰拥有了约2.3万名会员，从而成为澳大拉西亚[1]规模最大的工会。

斯彭斯起初时认为资本主义是制造财富的最好途径。他相信激励，后来，当他使散布于整个澳洲大陆彼此孤立的剪羊毛棚中的数千名剪羊毛工人组成工会时，他承认，速度快的工人应当赚得比速度慢的工人多得多。尽管许多工会领袖会被视作蓄意破坏职业道德的人，这对斯彭斯而言却很难说是真的。作为世界上前所未有的剪羊毛快手而名垂千古的杰基·豪，就是斯彭斯的一名支持者。

斯彭斯的一只脚站在古老的生活方式中，而另一只脚则踏入了新的时代。星期天的时候，在他的故乡、离巴拉腊特不远的克雷西克，他会在长老会主日学中领唱。那些听他谈起温柔的耶稣的人，并没有完全意识到，斯彭斯本人可没那么温和无害。尽管他是个守法公民，但他显然知道拳头的力量。斯彭斯的一些威猛雄壮的心腹部下曾坚持每一个剪羊毛工人都必须加入工会，否则就会失去工作，要是没有出动这些手段，他的剪羊毛工人工会不可能成为世界上力量最强大的乡村劳动者工会。在那些距某个剪羊毛棚150公里范围内只驻有一名警察的遥远平原上，工会们轻而易举便能让法律

1 Australasia是一个不明确的地理名词，指澳大利亚、新西兰及附近南太平洋诸岛。

为己所用。后来被称为澳大利亚工人联合会的这个组织，成了这片土地上最强大的工会。

在1890年前后，工联主义的理想攫取了许多澳大利亚人的想象力。悉尼红衣主教莫兰说，他看不到任何理由为什么劳动者不应组织起来，只要不以暴易暴就行了。他说："当前的劳工组织只不过是古老的天主教徒同业公会换了个名字而已。"斯彭斯说，他管辖下的几家工会都反对那些将金钱作为神来膜拜的人，而他也对"基督教传道人早已偏离了那位谦卑恭顺的拿撒勒人[1]的教诲"深感遗憾。而在更为世俗的层面上，布里斯班的《工人报》在1890年10月预测道，工联主义将缔造"一个伟大的工业同仁联合会，在其中，雇用者和被雇用者将携起手来"，最终消灭这片土地上的恶习、罪行和贫困。

在工联主义中，也出现了一种新的敌意。到1890年时，羊毛和几乎所有其他出口产品的价格下跌，意味着整个国家的蛋糕在变小，但劳资双方都不愿意接受更小的一块。资本和劳动力即将进入针锋相对的拳击场。1890年见证了一起海员罢工和一次沿海船只停运，1891年，引发了一系列激烈后续事件的首次剪羊毛工人罢工发生于昆士兰，而在1892年，在布罗肯希尔这个工资水平很高但却有3万人生活在贫困中的城市，银铅矿上爆发了一起大规模罢工。资本

1　即耶稣，拿撒勒是他的故乡。

与劳动力之间原本相对缓和的关系走到了尽头。尽管遭到挫败，工会却做好了在再度繁荣时卷土重来的准备。

* * *

人们日后会带着惊奇回望这段第一次淘金潮后长达四十年的全面繁荣。他们享受着非常高的生活水平，因为他们正在开发着这块广袤大陆上的矿产、土壤、草原和其他从未被触及的资源。他们使用机器尽可能地利用着一切机遇。蒸汽机是新技术的核心，但一系列其他理念和设备也得到了采用。在林间新开辟出的奶牛场中，用手转动的简易斯堪的纳维亚式脱脂器被用来为牛奶脱脂，而新型冷藏机器使得冻肉、冷藏黄油和苹果可以被运往英格兰。采矿业得到了重型手持式风钻和诺贝尔炸药，以及在嘈杂的碾矿厂中采用的一系列新型碾压和筛选技术的助力。羊毛业的增长则得力于新的绵羊品种，在四十年的时间里，剪下来的羊毛以体积计增长了近一倍。光是这一事实，就让更多的钱流进了人们的工资袋，即便是那些从来不曾闻到过未经清洗的油腻羊毛之气味的人，也能从中受益。

商业决策如今受到了用电报从伦敦发回的最新大宗产品价格和利率消息的影响。电报是这个时代的另一桩奇迹，它令新闻日报和殖民地政府得以于1872年和1876年分别接收到来自伦敦和新西兰的快讯。然而，对于绝大多数生活在殖民地的人来说，电报都太昂贵了，不敢奢望。往伦敦打一封短电报，其费用足以让一位悉尼的办事员乘坐客轮统舱从海路前往墨尔本，在那里待上 4 天，然后再原路返回，兜里还能剩上几便士。

这些最新的理念，如果没有金钱的帮助，是不可能被推广的。作为全世界的债主，英格兰为数千公里的铁路线和电报线提供了资金支持。澳大利亚的进步，在 1850 年到 1890 年的这四十年里看起来轻而易举，因为艰苦奋斗、自然财富、技术上的奇思妙想和冷静有度的英国资本组合起来，创造了众多奇迹。然而，繁荣兴旺的另一个主要动力在当时却并没有得到充分重视。在遥远的中心地带，在这块大陆的东南角，从 19 世纪 40 年代到 80 年代晚期，天气一直温和怡人：很快，大自然脸上的微笑便会消失。

这样一个罕见的澳大利亚人的品质和技能处于美妙平衡状态的时代，即将结束。对于华人移民之外的大多数陌生人，普遍的态度都是极其慷慨大度的，这一品质将一直保留下来。人们的活力能量要比不列颠群岛上更高，尽管它很快便会下滑。大多数人都非常努力地工作，许多人甚至是鞠躬尽瘁死而后已，尽管也出现了消极怠工的迹象。人们对成功抱有敬意，但却不会过分鄙视失败。诚然，一些人担心，不断增长的追求平等的本能意识，会减弱那些中等收入者和挣扎在底层的人的奋斗动力。

在这里，是最早的一整代充分显示了物质充裕之优势的澳大利亚人。在许多人看来，他们还表明了长期输入自由移民——而不是流放犯——的好处。在周游了澳大利亚各大城市之后，R. W. 戴尔牧师认为，“在体力充沛、性格平和、勇敢无畏和自给自足上”，典型的澳大利亚女性和男性都要胜过不列颠群岛上的侪辈。走在街头，他看到年轻人普遍身量更高。进到教室，他注意到大多数孩子都是吃饱喝足、满面红光的健康模样。在言行举止上，这些孩子更大大咧咧、自由自在，但又不会过分“没规矩少家教”。富人和穷人五方杂处，没有英国那么明显的阶级鸿沟。然而，一条鸿沟很快就会出现。

第八章

眼

一个关键的变化因其速度过于缓慢而几乎不为人所察觉：大多数身在澳大利亚的人都开始更有家的感觉了。从前的那种异乡之感并没有完全消失，但却消退了几分。即便是有备而来的移民，也仍会为澳大利亚的奇特而倍感惊奇。那些生在澳大利亚、从不知道其他国度是什么模样的人，必定拥有更强烈的家国之感，但却会被那些如潮水般涌入的初来乍到者反复地告知，他们生长于其上的这片土地是多么奇怪。因为是这些新来的人主导了报纸版面，撰写了绝大多数关于澳大利亚的诗歌、小说和描述性著作。

从第一舰队到来的那些日子开始，一些观察者——我们不知道他们到底有多少人——在这块新发现的土地上既看到了美丽，也看到了奇异。他们赞叹着港湾的壮丽秀美，野花的芬芳妖娆，满树红花的特洛皮让他们心旷神怡。草原不仅从审美角度上令人愉悦，从经济价值上也叫人欣喜——尤其是对于那些拥有牛群的人，尤其是当这些绿茵遍野的草原让他们想起自己的老家时。居高临下俯瞰大地会带给人快乐，1834 年，约翰 · 勒霍茨基爬上了卡姆登郊外的拉卓贝克山（又名刀背岭），他驻马四望，为尽收眼底的壮观景色而欣喜若狂。1832 年再度访问澳大利亚的外科医生乔治 · 贝内特，对澳大利亚景色的评价颇能反映当时的一致看法：他喜欢一些风景如画的地方，还有那些和英国十分相似的农场，但却抱怨说澳大利亚的森林“十分单调乏味”，而且对通向亚斯的内陆道路两旁“极度缺乏变化”的枯燥景色深表惋惜。他知道，那种明知自己可能会“埋骨于一片荒僻土地之上”的自由移民，在“满怀遗憾地将面前的这片干旱贫瘠的土地与自己背弃的那个土壤肥沃的故国相比较”时，一定会深感沮丧。

即便到了 19 世纪 60 年代和 70 年代，大多数土生土长的澳大利亚白人在自己的这片土地上，仍没有完全拥有家的感觉。新移民——其中大部分来自英国城市——最开始会觉得澳大利亚的边远地区十分陌生，甚至带有敌意。毕竟，在欧洲不同理念与品味之间长期的拉锯式竞争过程中，对荒野和未经驯化的大自然的偏爱一直在走下坡路，直到这个世纪的晚些时候才又再度复兴。对澳大利亚自然景观的态度，便折射了这种摇摆不定的状态。

* * *

对于初来乍到的人，太多东西都陌生得不可思议。因此，墨尔本和阿德莱德的移民抱怨着那里的夏天：一个世纪后，他们的后代将会同样激烈地抱怨着那里的冬天。当热风从北边吹来、在街道上撒满红土之时，大多数人都会躲在室内，拉下窗帘，好像自己所在的市镇即将被围困一样。在那些天气酷热如火炉的日子里，总督和他的随行人员会盼望着躲到某个凉爽的地方，于是，议会被迫投票通过拨款，用于在山上建造避暑驻地。于是，维多利亚总督会移辕马西登山，新南威尔士总督会跑到莫斯韦尔附近高原的一座山的山顶上乘凉，而需要经总督签署的文件则会被火车送到这些殖民地的避暑山庄[1]里去。不甘居于人后的南澳大利亚总督，也会躲进阿德莱德山区，等待天气变凉快。

居住在新南威尔士北部沿海地区的一些母亲，会在夏天最热的时候将她们的孩子带到一两百公里外的新英格兰的高地上避暑。“在夏天，格拉夫顿的天气太潮热了，以致有害健康。”G. F. 扬回忆道。在19世纪70年代末，幼年的他在昆士兰边界小镇得克萨斯的一座名为赫里福德的牧牛场里度过了几个夏天，那里干热干热的，懒洋洋的住客——侨居澳

1　原文为Simlas，指的是印度北部城市西姆拉，曾在1864年被定为英属印度的夏都。

大利亚、靠来自英国本土的汇款生活的一帮英国男人——身着纤尘不染的白帆布制服，坐在游廊上。在布里斯班以北的所有地区，办事员们都会在夏天穿一身白。在他们眼中，昆士兰就像是印度南部。与之相对，墨尔本则被视为英格兰南部，银行家、神职人员和成功的商人在最炎热的那些日子里，更有可能穿着内衬马甲的厚重黑色西服。

对于新来的英国移民来说，雪是令人心生暖意的一景。即便是在澳大利亚较为凉爽的那部分地区，雪也是罕见的。1849 年 4 月底，刚到墨尔本的查尔斯·佩里主教沿着后来成为休姆高速公路的那条路往内地去。他爬上了路边的一座山脉，惊讶地看到，远处竟是被白雪覆盖的群山——人们将其称为澳大利亚的阿尔卑斯山。“这是一种极其有趣的景致，”他写道，“让我们联想起另外一些遥远的土地，那是我们心向往之的地方。”纯洁的白色是一种令人怀旧的颜色：绿色则是另一种。英国绅士欧内斯特·贾尔斯曾在 1872 年 10 月对澳大利亚干旱的中部地带进行探索，搜寻水源是他最主要的目标。便在那时，他遇到了一小块平原和一个足以让一两百匹马存活数周之久的水泉。看到这片绿草青青的平原，甚至比发现了水更令他激动：“多么的美啊，这绿色！”他认定，这种翠绿色是大自然可能创造出的最美好的颜色了。

在城镇和绵羊牧场中，在烈日炎炎下度过圣诞节的体验对于初来乍到者十足可怕。刚从英格兰而来的年轻作家马库斯·克拉克看到，在阴凉处的温度都已超过40摄氏度、热风呼啸而过的环境中，人们却吃着热乎乎、油汪汪的烤牛肉，他不禁发了些小牢骚。他认为，把圣诞节移到夏天庆祝，是一个“巨大的错误”。对于许多生活在酷热的、满目棕黄的平原上的人，圣诞节这一天和其他任何一天没什么分别。没有圣诞节的彼此祝贺，牧羊人只能靠自己头上那顶菜棕叶子编成的帽子遮阳，他们独自坐着，吃着自己的羊肉和干面包，而看守的羊群则躺在附近呼呼地喘着热气。除了澳大利亚畜群的体量巨大这一点之外，这一切几乎就像是救世主耶稣所处时代的圣地耶路撒冷的情景，但一代又一代的英国画家和赞美诗作家早已将巴勒斯坦的风土人情转换为不列颠群岛的气候和风景。唱着“离此遥远有一座城，城外有个青山”这首赞美诗时，很少会有澳大利亚人意识到，他们自己的这片土地与圣经中的场景其实拥有诸多共性。

为了让自己更有家的感觉，新移民栽下了故乡的树和灌木，还在玫瑰和薰衣草有可能茁壮成长的每一个地方种植它们。他们带来了开黄花的荆豆和山楂树，在凉爽的东南地区和塔斯马尼亚种植，将其作为农场的树篱。他们引进了椋鸟、鸫鸟和其他英国鸟类，以及家兔、野兔和狐狸。大多数今天的澳大利亚人会对他们祖辈的这种怀旧情结和顽固不化略感困惑。

尽管许多移民缓慢地调整了自己的生活方式以适应新的气候和地形，他们却对旧有的消闲活动和日常惯例格外重视强调起来，不管那是一顿热乎乎的圣诞晚餐，还是经常参加教会礼拜，或是成为某些强调制服齐整、仪典庄严的社团组织的成员，如威尔士诗会、秘密共济会、共济会和林业兄弟会等。这会让他们联想起戈尔韦或布里斯托尔[1]，还能以每周一先令会费的代价，提供给他们某些社会保障。与此同时，他们也满怀热情地接受了新的消闲方式，比如户外野餐，以及在丛林徒步时大声喊着“库伊”——这几乎已经成为19世纪大部分时间中的澳洲密码。

人们每时每刻都在观察、消化和呼吸着这片全新的土地。一个十年接着另一个十年，当诗人们选择文本符号时，不熟悉的东西一点点变得熟悉起来，而艺术家们发现了那些可以减少人们异乡感或敌意的景致。在19世纪60年代，两位诗人主导了这一缓慢的适应过程。土生土长于悉尼南部沿海小城阿勒达拉的亨利·肯德尔，从小听着海边河谷中钟声鸟的啁啾啼鸣长大，他开始说服成千上万的年轻澳大利亚人，这种钟声鸟发出的富有金属质感的奇异鸟鸣，“比睡梦还要温柔，比歌声还要甜美”。一位更受大众欢迎的诗人亚当·林赛·戈登，则对金合欢树的满树金花大加称赞。在20世纪早期，这一澳大利亚符号将会到达其如今已经不复

1 戈尔韦，爱尔兰城市，从13世纪中期到19世纪晚期，该城的政治、贸易和社会生活主要由14个商人家族把持，十分重视仪式感和归属感。布里斯托尔，英国西南部的重要港口城市，曾是英国海上力量探索新世界和进行奴隶贸易的主要据点。

占据的流行高峰。

令人好奇的是，澳洲喜鹊富有魔力的叫声，最初却并没有得到诗人们的赞美。这或许是因为澳洲喜鹊在1850年时还不像现在这样为数众多，直到羊群的放牧、庄稼的种植和家兔的到来改变了植被及它们的食物供应，这种鸟儿的数量才开始成倍增加。世纪之交时，在墨尔本担任学校校长的弗兰克·威廉姆森，同时也是一名丛林徒步旅行家和作家。他是最早一批对澳洲喜鹊“和它回响在山间蓝桉树中的啭鸣”大加赞颂的诗人。直到19世纪90年代，刚刚成立、尚寂寂无名的科灵伍德橄榄球俱乐部才将澳洲喜鹊作为其队徽。

* * *

为数很少的一群生活在城市中的澳大利亚人，开始寻求丛林体验，他们会在夏天举行丛林野餐，在山中徒步旅行，了解野花的名字，或是为那些尚未命名的植物起一些易于上口的名字。19世纪80年代，铁路的扩张和闲暇时间的增长，推动了丛林野餐的流行。第一批国家公园被划定：1879年是紧邻悉尼南边的砂岩海岸，1882年是墨尔本附近的芬特里格利（蕨树谷），然后是1885年霍巴特不远处的拉塞尔瀑布。在地球的这一部分，塔斯马尼亚和新西兰率先为建成一座国家公园单独划出了森林和海岸。那些岛屿拥有令欧洲人望之心旷神怡的风景。将一片沙漠单独圈出来作为国家公园的主意，几乎是难以想象的，因为沙漠被视为充满敌意之地。

少数富有的艺术资助者更喜欢购入澳大利亚的风景画，或委托艺术家进行创作。画中表现了池塘河流，瀑布水湾，幽深的森林和葱郁的山峦，还有那些绿草如茵的草场，成群的牛羊在弯弯曲曲的围栏后啃食着青草。即便在19世纪80年代，内陆地区依然少有画家履及：它实在是太偏远了。即便是典型的内陆景色被以油画形式呈现出来，恐怕也不会吸引任何卖家，除非是大甩卖。当更亲切、更丰饶的景象可以被装框挂起、作为对牵动乡愁的另一个世界的一种念想，谁会想要在餐厅或俱乐部的墙上展示一片烈日灼烤下的荒原呢？

无论是一棵赤桉，一树盛放的金合欢，还是一棵白干桉或其他诸如此类的树，如今被视作澳大利亚特色的这些植物，当时却很少会被画入画中。枯焦的草原也会被避而远之，尽管远方水碧色的山脉已经颇具吸引力。然后，到了19世纪80年代晚期，海德堡画派的画家开始将曾令大多数早期画家和主顾们退避三舍的澳大利亚荒原景色纳入画作，甚至在部分作品中完全以之为对象。汤姆·罗伯茨、阿瑟·斯特雷顿、弗雷德·麦卡宾和其他年轻画家坐着郊区线路的蒸汽火车，前往海德堡的亚拉山谷，画出山谷中刺眼的光线、白花花的野草、红彤彤的赤桉以及不远处被砍伐后的山上阴森森的幽蓝。他们很少会描画那些山谷在大雨或洪水过后青葱翠绿的样子，或是春日里山楂花盛放时一片雪白的景色。尽管早期的画家明显更偏爱冬天而非夏日，斯特雷顿却会在炽热的夏季北风中欣喜若狂。当他前往悉尼、创作出自己最著名的一幅作品《晌午的紫色纱罗》[1]时，虽然连续几天即便在阴凉地里气温也超过了41摄氏度，他却手持画笔心满意足地站在户外。这些艺术家以全新的眼光捕捉到了这片大地上的特定角落。用不了多久，他们的所见所闻便会被放大几百万倍，植入大多数澳大利亚人的脑海中。

多罗西娅·麦凯勒一生中的绝大部分时间生活在离纽卡斯尔不远、草木葱翠的猎人谷，她在自己的诗作中赞美了类似的景色。20世纪早期，她大声宣读出了那一后来在澳大利亚广为传诵的诗句，“我爱一个被烈日灼焦的国度”。与之相对应，大多数澳大利亚人却并不爱这个被烈日灼焦的国度。农场主们肯定是不爱，大多数城里人也更喜欢草坪是绿色的而非棕黄。即便是如今被视为国民英雄的亨利·劳森和“班卓琴手”帕特森这些土生土长的澳大利亚年轻诗人，也没有爱上那些被烈日晒得焦黑的平原。帕特森最家喻户晓的一首诗——《雪河来客》——描述了一位精力充沛的牧马人，他在凉爽的沿海群山中纵马驰骋，而不是在枯焦的平原上一

1　系英国诗人雪莱《在那不勒斯附近，心灰意懒时作》中的一句（译文采用杨熙龄译《雪莱抒情诗选》中的版本）。据斯特雷顿回忆，他在创作时脑中不断回响着雪莱的这首诗。

路向西。身为短篇小说大师的劳森，将内陆的景色不厌其烦地描述了千百遍，但他却没写出几句能在大声朗读给格拉斯哥[1]的小学生时激发他们移民到澳大利亚热情的句子。在他的笔下，澳大利亚是“我深爱的一片土地，超过一切其他地方”，但他的爱实在并没有临及干旱的内陆地区。

这片土地，正在变成不仅仅是人们满怀希望而来、试图在这里过上比他们抛在身后的那种生活更体面的一种生活的地方。它正在成为一个民族，一种精神，常常还是一种共同信仰之下的团契。一些移民直到死的那一天仍然不喜欢这里白晃晃、热腾腾的景象，但却依旧不愿回到他们的故土。另外一些人几乎喜欢澳大利亚的一切，从 19 世纪 90 年代开始，一种观点开始潜滋暗长：正是澳大利亚的气候和环境，尤其是丛林，令澳大利亚人的态度和体魄都与众不同。

与此同时，大多数土生土长的澳大利亚人在思想感情上越来越倾向于民族主义。作为一个强有力的共济会式地方组织，澳大利亚土著协会于 19 世纪 70 年底组建起来，以满足那些因生于澳大利亚本土或开赴澳大利亚的船上而自视与众不同的人的需求，并对这些人进行宣传。缩写为 ANA 的澳大利亚土著协会为进入政坛开了一个后门，尤其是对于那些维多利亚人而言。在 19 世纪 90 年代，该协会是成立一个国家而非保持多个殖民地各自为政的分散组合的最强有力的推

1　苏格兰最大城市。

动者之一。ANA 的诞生反映了一个简单的事实，那就是澳大利亚人正变得略有不同：他们通常个头儿更高，口音鼻音略重，与那些初来乍到的英国家庭相比，他们更讲求平等，不那么恭敬有礼。

* * *

那一代澳大利亚人有时候会被描述为孤立主义者，对英国文化以外的任何文化都不屑一顾。从某种程度上看，他们的确如此。但他们的这种态度并不算是例外。1890 年时，几乎世界上所有的民族都对外国文化充满怀疑，中国人甚至可能比澳大利亚人程度更严重。

与此同时，许多澳大利亚人也会对那些陷入困境的外国人施以援手。在那个很少有人自视为世界公民的时代，他们偶尔可以以此自称。因此，当 1846 年爱尔兰和苏格兰发生饥荒时，在新南威尔士的市镇中，人们召开集会，为那些生活在故土之上的急需帮助的人筹集资金。八年后，当英国大拉比请求人们为生活在土耳其统治下的巴勒斯坦的犹太人捐资提供农场和工场时，澳大利亚犹太人寄给他的捐赠几乎相当于他在富庶的英格兰募得款项的一半。19 世纪 60 年代早期，当美国内战导致棉花供应短缺、兰开夏的纺织工人因此陷入贫困中时，他们收到了来自澳大利亚共济会数百家地方分会的援助。

当印度和中国饱受饥荒蹂躏之时，许多普通的澳大利亚人表现得十分慷慨。1877 年，一场大型橄榄球比赛——卡尔顿对战墨尔本——的全部门票收入，都被捐给了印度饥荒救济基金。寄到印度用于缓解灾情的那笔钱，相当于每四个澳大利亚劳动人口中就有一人捐出了一整天的工资。1890年，伦敦码头工人举行的长期罢工，在很大程度上靠的是澳大利亚人寄去的钱。

帮助异国他乡的热情，反映在许多传教团远行他方的行动之中。成百上千的澳大利亚人任职于外国的传教团中——从新几内亚、新赫布里底和斐济，到非洲和中国。他们不仅相信自己的基督教文化更加优越，还认定生活在那些“黑暗蒙昧的土地上”的人民配得上接受此种文化的教化。土著居民也是一个教化的对象，那些生活在澳大利亚中部和热带地区的人，被发现要比生活在较为凉爽的澳洲南部的人更易接受来访传教士——以及随之而来的教师和护士们——的宣教。

如今，已经存在有几个主要的土著居民群体，他们在文化上的差异通常相当大。在离开拓者定居点较近的那些地区，混血儿的数量迅速增加，大多数既有欧洲或华人血统，也有土著血统。他们通常住在内陆市镇边缘的茅舍棚屋里。在这群混血土著人中，也有很少一部分人生活在城市。大多数都徘徊于经济阶梯的底层。他们在农场里从事季节性的工作，享受着随之而来的闲散时光，或是在放牧牛群的大牧场里工作，在那里，他们驾驭马匹的能力会深受尊敬。为数不多的人会在农场全年工作。许多人被当地的民政部门划定为土著居民，但大多数人可能在全国性的人口普查中都被视作总人口的一部分。许多人并不会自称为“土著人”。在这种态度背后，有着社会和经济上的诸般好处。

另外一群人，则由生活在远离首府城市之处的“纯血”土著居民构成。大多数人世世代代都是土著居民，拥有传承有绪的文化。他们被普遍认为是低等人种——这种看法在1900年时要比在1840年时更普遍。但在那些拥有第一手知识的白人中，这种看法却远非普遍认识。上达令地区的牧场主辛普森·纽兰便在自己的回忆录里提到了一个名叫苗拉、“聪慧过人”的土著女孩。19世纪70年代，在他地处偏远的绵羊牧场中，作为育儿保姆的她极其重要。她学会了识文断字，更成为缝纫、家务和烹饪能手。她有着一头卷曲的黑发、一双棕色的眼睛和一口洁白的牙齿，铜色的皮肤犹如“天鹅绒”，声音像音乐般悦耳动听。她得到了众多白人雇主和监护者的高度尊重。看起来，她很乐意遵循欧洲的生活方式，甚至请求拥有一间属于自己的整洁干净、上覆屋顶的棚屋。然而，出乎所有人的意料，她后来回到了土著居民的营地，被家里安排着成了婚。纽兰在书中哀叹道，她“不幸早逝，而这似乎是她那一族人中的佼佼者们的宿命”。这，便是悲剧所在：年轻人被两种无法兼容的生活方式撕裂。即便她拒绝回归旧有的生活方式，她在一个白人社会中的未来，也将面临诸多挑战。

自从英国人于1788年到来之后，一个血统纯粹、在自己的传统文化中长大的澳大利亚土著居民，很少会完全接受新的生活方式。就算他们一度尝试过，最终也会放弃。他们并不想成为自食其力的农场主，也不想成为体力工人。即便学得很快，在读了几年书之后，他们也不想继续深造。私人财物和地产很少会令他们产生兴趣：金钱只不过能短暂地诱惑一下他们。即便从事过家务女仆或农场帮工这样的工作，他们最终也会回到自己的家人和古老的生活方式中去。

他们的传统生活方式，那种非同寻常的闲暇、工作与旅行的组合，那种深切的家庭纽带，那些惯例和仪典，都有着强大的吸引力。的确，某些欧洲的工作任务会令他们兴奋。一位西澳大利亚的观察者在20世纪初解释道，他们“作为信使、潜水采珠人、牧羊人、驯马师、畜群放牧人和猎人，或从事任何仅需要轻度体力劳动的职业，都是非常有帮助的”。在寻找走失牲畜、失踪儿童或追捕逃犯时，他们察觉脚印踪迹和行走路线的能力是超凡脱俗的。到那个时候，对血统纯粹的土著居民实行种族隔离已经流行开来。大多数政府都设立了特殊的委员会来“保护”他们。他们越来越多地生活在自己传统土地上的保留地中，远离那些大城市。移动到保留地以外的自由受到了限制。尤其在西澳大利亚的保留地中，通常都会禁酒。越来越多的基督教会将主要筹自该教会信众的资金用于建立教牧区，通常也会附带着一所学校和一座医院。

生活在教牧区中的土著居民失去了他们的大部分自由，但也有补偿。他们很少会因食不果腹而死。事实上，他们生活在一个福利国家之中，而在当时，这种优待是身体健壮的其他澳大利亚人所享受不到的。此外，大多数土著居民都学会了读书写字。学习英国文化和宗教的惩罚，是年轻一代丧失了大部分自己的文化传承。他们既不属于他们那个已经被破坏的世界，也不属于那个实施了这种破坏的他方世界。

到 1900 年，可能只有几千土著居民还在过着他们传统但却井然有序的生活。他们中的大多数居住在干旱贫瘠的地区，那里被视为不适合羊群或牛群生长，而且也远在那些四处搜寻矿物资源的人的活动范围之外。许多人甚至至今仍未见过一个白人。

第九章

体育英雄的崛起

澳大利亚的第一个体育名人，是“馅饼飞人”。作为一名运动员和替身小演员，他在 1848 年决定与布里斯班到伊普斯威奇之间的客运马车展开一场赛跑。他扛着一根长长的车辕，以示公平竞争。他比客运马车提前一小时到了终点。他还曾经两次与从悉尼到温莎镇之间蹩脚的邮政马车赛跑。如果他活到今天，他可能会让邮局及其信件寄送服务颇感尴尬。有时候，在他破纪录的赛跑中，他会戴上一顶黑色高礼帽，扛着一头活山羊——只是为了显示对竞争对手的蔑视而已。

* * *

19 世纪 50 年代的淘金潮显著提升了观赏性体育运动的

流行度。随着澳大利亚人口在那十年中增加到起初时的三倍，大型体育赛事的观众人数也在显著增长。有了更多闲暇的人们，有空去观看体育比赛，而日子更宽裕的他们，也有钱去下注。对于许多流行体育运动，赌博都是其关键的一部分。

澳大利亚或许成了全世界第一个高度重视观赏性体育运动的国家。英国的运动项目，比如赛马、足球、板球、拳击和赛艇——还有后来的高尔夫和草地网球——很容易就被引入了澳大利亚。刚刚上岸的移民会惊讶地发现，在一个只有这么一点儿人的国土上，居然能在赛马场和足球场上看到如此浩大的人群。即便是在丛林地区，体育似乎也能令人神魂颠倒。只有 50 个人的小村子，或许便拥有一个赛马场。再往边远一点的地方去，猎袋鼠和射野鸭是流行的消闲运动，在少部分地区，擅占者们有时会穿上英式猎装，带着成群的猎狗，放马追逐任何可能追到的猎物。英国的狐狸、家兔和野兔都被作为猎物而大量进口。

在一个草地形同免费的土地上，成千上万的人拥有马匹，而且经常骑马。对于澳大利亚来说，赛马是一项天然运动：甚至在悉尼，早在 1810 年 10 月时，就为在海德公园举办的赛马比赛专门拨出了三天时间。这个国家最著名的赛马比赛——墨尔本杯——首次举行于 1861 年，当时只有 4000 名观众，但这场一年一度的赛事迅速吸引了众多遥远城镇的快马，观看人数随之倍增。到 1865 年时，墨尔本的银行和政府部门会给员工放半天假，让他们可以去观看在离城只有几公里远的冲积平原上举行的赛马大会。三年后，墨尔本杯的观众人数达到了2.5万人。1883年，根据报道，有10万人观看了这一比赛，相当于三分之一的墨尔本人口。赛马举行的那个星期二成为大部分墨尔本人的一个假日。

在每个墨尔本杯日，许多新教教会的牧师都会在海边或山里举行野餐，阻止信众屈服于赛马中赌博的诱惑。令人好奇的是，在许多年中，围观下注墨尔本杯的大本营，却是与它存在竞争关系的悉尼，在那里，塔特索尔博彩公司[1]为那些抽中墨尔本杯冠军马名字的幸运个人或合伙提供了巨额奖金。1890年，当住在热带昆士兰地区星期四岛的10个男人赢得彩金时，他们拿到的钱足以让他们游手好闲地度过余生。

马深深渗入了这个国家日常生活的肌理。亚当·林赛·戈登的许多诗句都是歌颂快马的。与勃朗宁、丁尼生和那些足不出户神游万里的英国诗人大相径庭，戈登是个行动派，当障碍赛马处于最鼎盛之时，他曾是一名冠军骑手。尽管视力不佳，但戈登却能引导着自己座下的赛马跨越一系列设在草道上的高栅栏。他的赛马技巧和对马的热爱让他的诗人身份更受欢迎。他的赛马诗《我们如何击败了大胜热门》被数以万计读者所熟悉，这些人本身便喜欢在赛马场里一待

---

1 即Tattersall's Sweep，sweep为英文sweepstake的缩写，是一种赛马中彩给奖办法，将彩票号码任意各配一马，然后按各马所跑得的名次决定奖额。

就是一天，喜欢看到骑师红红绿绿的彩衣，更喜欢戈登笔下描述的那种“嘶哑的欢呼声在耳边轰鸣，密匝匝的人群向前猛拥”的景象。1870 年，戈登在墨尔本郊区布赖顿海边的澳洲茶树丛中自杀身亡，但即便在他身故之后，声名依然日盛一日。最终，他的一座半身雕像被置于威斯敏斯特教堂的墙上，与众多伟大诗人同列。

“班卓琴手”帕特森是另外一个马上诗人，他为澳大利亚最流行的歌曲《丛林流浪》谱写了歌词，而这个歌词与曲调的完美配合，充分反映了澳大利亚人对体育运动的国民热情。帕特森第一次听到这个旋律，是在他前往昆士兰内陆地区旅行的时候。但它又是怎么传到昆士兰的呢？原来，在素以障碍赛马闻名的维多利亚港口城市瓦南布尔，某次赛马比赛间歇时，铜管乐队奏起了该曲，而当时在场围观的一名年轻女性克里斯蒂娜·麦克弗森听到演奏后，记下了这段令人难忘的旋律，并将其带到了昆士兰内陆地区的那家家庭绵羊牧场。当 1895 年帕特森来到这家牧场时，她偶尔演奏起这段旋律，而他为其填上了歌词。

在澳大利亚的城市中，板球成为赛马的一个劲敌。观看板球比赛的人数之多，令前来访问的英国板球队们——第一支球队于 1861 年到来——都大感吃惊。几年后，土著居民组成了第一支澳大利亚板球队，前往英国访问，他们必定留意到了，在英格兰，观看比赛的女性要少得多。许多澳大利亚女性对体育运动的热情甚至延伸到了橄榄球，从而进一步增加了观众人数。

在墨尔本，兴奋的观众每个冬季的星期六下午都会聚集在主要的几座橄榄球场中。尽管在英格兰，1880 年只有大约 6000 人观看了足总杯的总决赛，那一年在墨尔本，在天气晴好的冬日，一场发生于两个邻近郊区的橄榄球队之间的大型比赛，便可能引来“人山人海的一大群观众”，总数至少有 1.5 万人。1886 年，在阿尔伯特公园湖畔依湖堤建起的运动场上，南墨尔本队和吉朗队当着 3.4 万名观众的面进行了一场比赛。这很可能是到那个时候为止最蔚为壮观的足球或橄榄球比赛观众了。

当时的球场上，既没有阶梯式看台，也没有能为观众提供清晰视野的筑起的围堤，为什么还能有这么一大群人前去观看一场橄榄球比赛呢？一个不同寻常的情况解释了其中的奥妙。澳式橄榄球至今仍在远比英式足球、英式橄榄球和美式橄榄球的球场更大的场地中进行，因此，更多的人能够站在球场边线旁围观。澳大利亚的橄榄球规则和它超级巨大的球场，是一个拥有大量公共公园和开放空间的城市的发明创造。事实上，第一个永久的橄榄球场位于亚拉公园，就在墨尔本板球场的外围，在很多年的时间里，几棵巨大的桉树就矗立于球场之上。到 1880 年时，比赛转移到板球场上进行，部分原因是，可以通过围住球场的外层围栏和标出比赛场地界线的内层围栏来控制大批观众。在适合草坪生长的天气，同一个赛场可以用于冬季体育项目，也可用于夏季体育项目，因此可以搭建起巨大的阶梯式看台和斜坡式堤台。很快，几个主要的澳大利亚板球场就拥有了足以挤爆洛德板球场、椭圆体育场和大多数其他英国球场的观众人群。

因为大多数澳大利亚的社会公共机构按照欧洲标准而言都很年轻，人们通常认为，这些著名的体育俱乐部也很年轻，但这却并非事实。成立于 1858 年的墨尔本橄榄球俱乐部和 1859 年的吉朗橄榄球俱乐部，要比英国足球联赛四个级别中的任何一个俱乐部都历史悠久，而后者在相当长的时间里都是全世界最著名的足球比赛。另外的一些资深俱乐部，比如卡尔顿、埃森登和北墨尔本，都要比德国、意大利和阿根廷这些著名足球大国中最古老的俱乐部成立时间早得多。[1]

在体育运动生根发芽的这几十年中，规模小于墨尔本的悉尼拥有另外的一项传统。它接纳了英式橄榄球，而不是在墨尔本大受欢迎的澳式橄榄球。悉尼人喜欢赛艇和帆船运动，成群结队的人会站在悉尼港湾西边的帕拉马塔河的陆岬和河岸上，观看个人划桨选手之间的竞争。实力最强的新南威尔士桨手们会自费前往伦敦，在举办过世界赛艇锦标赛的泰晤士河上展开竞技。1876 年，悉尼的埃德蒙 · 特里克特

1 football 一词在不同语境和不同国家对应不同类型的运动，中文译名也有所不同。英式足球在澳大利亚被称为 soccer，而 football 则专指澳式橄榄球。此外，英式橄榄球是 rugby，也译为联盟制橄榄球。

赢得了比赛。当他带着世界冠军的头衔返回悉尼时，至少有2.5万人等在码头上向这个第一位国家体育英雄欢呼致意。一批年轻的澳大利亚人向特里克特发起了挑战，而世界赛艇锦标赛一度改在了悉尼举行。特里克特成了大明星，千家万户用剪子和刀子从画报上剪下他的黑白小像，用图钉或糨糊固定在墙上和门上。到1880年时，拒绝公开露面的体育冠军会成为怪人。因此，当优秀的划桨手埃利亚斯·莱科克击败了特里克特，但却“马上消失不见，在一个偏僻小岛上离群索居地住了一段时间”时，曾令新闻记者大为不快。

在国际吸引力这一点上能与职业划桨运动媲美的只有拳击。在纽约，公众对划桨比赛的兴趣超过了美洲杯帆船赛。澳大利亚人之所以会迷上划桨比赛，部分原因在于他们的国人能够打败世界上最优秀的选手。在19世纪80年代，沿着从英格兰到澳大利亚的电报线，传输速度最快的消息，便是1889年9月10日收到的胜利喜讯：又一名年轻的澳大利亚人在泰晤士河上赢得了世界冠军。

亨利·瑟尔是新的划桨英雄。这个生于格拉夫顿的小伙子，从小在下克拉伦斯河长大。那时候，北新南威尔士众多河流的宽广河口，还没有被一座座大桥横跨。瑟尔曾经划船载着他的弟弟妹妹，每天走5公里的水路往返学校。成为职业划桨手后，他在22岁的时候去了伦敦，打败了一个美国人，夺得世界冠军头衔和1000镑的奖金——这笔钱相当于十年的工资，而且不用缴税。可惜的是，在返回澳大利亚的航程中，瑟尔患上了伤寒，船到墨尔本之后不久便去世了。在悉尼，17万人把街道挤得水泄不通，只为了参加他们的英雄的葬礼。一艘小汽轮将瑟尔的棺材运到了他家乡的北部河流，在那里，另有2500名悼念者在大热天里肃立于他在麦克莱恩的最后安息之处。

在19世纪，澳大利亚规模最大的葬礼，都是属于那些运动员的。汤米·科里根是个出生于爱尔兰的骑师，个子小小的，却留着一捧大胡子。他在维多利亚连续七次夺得障碍赛马全国大赛的冠军。他因正直诚实而深受敬重，许多来到赛马场中的赌马者都会说上一句，“今天汤米骑哪匹马啊？”1894年8月11日，在考尔菲尔德赛马场，他骑着一匹名为“侍者”的马。马绊了一下，跌倒了，科里根受到了致命的重伤。他的葬礼日在墨尔本留下了久远的记忆。在市中心，交通全面停顿了两个小时。科里根的棺材上，覆盖了他的绿白相间骑师彩衣和骑师马靴，当棺材已经到达卡尔顿橄榄球场附近的墓地时，送葬队伍的末尾还在沿着圣基尔达路行进，前后相距可能长达3公里。

* * *

对观赏性体育运动的狂热，在第一次世界大战之前的四分之一个世纪里迅速增长。一大批澳大利亚男孩渴望成为世界冠军。在自行车比赛、网球和几乎每一项吸引公众兴趣的新兴体育项目中，澳大利亚人都成了世界赛场上举足轻重的选手。在仅有 300 万到 400 万的澳大利亚人口中，涌现出了比例高得惊人的世界冠军。

当第一届现代奥林匹克运动会于 1896 年举行于雅典之时，澳大利亚并没有派出代表队——赛事的举行地点实在是太遥远了——但一名 22 岁的澳大利亚人决定前往参赛。高个子、一头浅色金发的埃德温·弗拉克，是墨尔本犬兔越野追逐俱乐部[1]的创始人，曾经两次夺得澳大利亚一英里赛跑的冠军。在第一届奥林匹克运动会举行的那一年，他在伦敦一家会计师事务所工作。他的老板准给他一个很短的假期，他坐着火车和渡轮来到雅典，正好赶上在复活节星期一举行的奥运会开幕式。对于绝大多数比赛项目，几乎任何人都能参加，而且基本上不会被注意到。弗拉克赢得了 800 米和 1500 米赛跑的冠军，甚至在马拉松比赛的最后阶段还一路领先，直到因为精疲力竭而倒下。

崇拜者们想要一睹世界上跑得最快的那些运动健将的英姿，并不需要前往奥运会赛场。他们最明智的选择，或许是顺着那些专业的跑道去追星。这些跑道从维多利亚的墨尔本和斯托尔一直延伸到了卡尔古利和西澳大利亚的其他淘金

1 犬兔越野追逐（Hare and Hounds）最初是一种户外运动，假扮兔子者在前面边跑边撒下纸屑，假扮猎犬者在后跟踪追赶，后来则演变为越野赛跑的一种说法。

镇，甚至远至南非的德班和约翰内斯堡。1906 年，由 1.5 万人——也有人说是 2 万人——组成的观众在偏远的卡尔古利目睹了世界短跑冠军们的追逐。在那十年中，两位澳大利亚短跑运动员杰克·唐纳森和阿瑟·波斯特尔，一度保持着近半数的世界短跑纪录。

在这个世纪开始时，体育领域英才辈出的现象，可以从在连续三年中举办的几场不同赛事中窥见一斑。1906 年的复活节星期一，在如今几乎已荒无人烟的西澳大利亚内陆小镇孟席斯，在经典的 130 码长的专业跑道上，举行了或许是当时世界上速度最快的短跑比赛。可惜的是，发生了一点技术纰漏：土质跑道短了 3 英尺 6 英寸，比赛纪录因此被判无效。1907 年的伦敦，在草地球场上举行的温布尔登网球锦标赛中，通常被称为世界锦标赛，冠军得主第一次是一名非英国人。他是来自墨尔本、左手执拍的诺曼·布鲁克斯。同一年，一个由诺曼·布鲁克斯和新西兰克赖斯特彻奇的安东尼·怀尔丁组成的、自称为“澳大拉西亚队”的双打组合，夺得了戴维斯杯的冠军，并一直保持了五年之久。

1908 年，在墨尔本和悉尼，世界重量级拳击冠军的宝座受到了几次冲击，尽管一开始时美国对于澳大利亚比赛承办方是否能筹集到所需的巨额奖金表示过怀疑。在悉尼港湾拉什卡特斯湾一座新建成的拥有木制看台的露天体育场中，一场重要的世界拳击比赛的冠军奖杯有史以来第一次被颁给了一位黑人，他就是来自美国得克萨斯州加尔维斯顿的杰克·约翰逊。

女性在澳大利亚大型体育赛事中露面的机会的确要比在英国多，但她们作为观赏性体育运动的参赛者，所能扮演的角色十分微不足道。第一位女性体育冠军是游泳运动员范妮·迪拉克。她是在库吉的海边浴场学会的游泳，她所展示出的高超蛙泳技巧，令人们发起了一场公开募捐，为她筹集前往斯德哥尔摩参加 1912 年奥运会的路费。女性游泳运动员可以参加的唯一一个个人项目是 100 米，她以一种被称为“澳大利亚式爬泳”的泳姿打破纪录获得冠军。迪拉克去世于 1956 年，就在奥运会即将在她的家乡举办的前几个月。

* * *

从淘金潮一直到第一次世界大战前夕，体育在澳大利亚人生活中的流行程度或许超过了任何其他国家。个中原因，并不难发现。那时的澳大利亚，拥有其他国家后来才具有的——通常还是以人为方式加以促成——营造体育生活的所有原材料。大片廉价或免费的土地，满足了赛马、橄榄球或板球这些运动项目的需求，即离市中心不远且有空间广阔；而绵长的有树木遮阴、不会被蒸汽船打扰的水道，则可被悉尼的职业划桨运动员利用。在大多数城镇，气候都有利于户外活动。因为相当高比例的人口都生活在墨尔本和悉尼这两个大型城市，每个城市都能为体育赛事召集起一大批观众。

较高的生活水平，使得提供具有吸引力的奖金和资助精美的体育场馆成为可能。崇尚男性气质的文化，以及在人口中占较高比例的单身男性，也促成了体育运动的发展。最重要的是，观赏性体育运动需要大量闲暇，而这时候澳大利亚正好为绝大多数城市居民和矿工提供了工时较短的每周工作日制度，尽管从事农业的人还未能被包括进来。因为在星期日举行有组织的体育运动是不合法的，而在电力照明时代到来之前，露天夜间体育运动也为数极少，不用工作的星期六下午便至为关键。墨尔本和悉尼或许是世界上最早的两个大部分工薪阶级在星期六下午两点钟就可以停止工作，从而得以自由参与或观看比赛的大城市。澳大利亚体育运动传统的强大力量，在很大程度上要归功于自由自在的星期六下午。

在 19 世纪的大部分时间，澳大利亚的体育文化与工作文化相距并不遥远。人们对每日工作和周末体育运动的态度是相似的。在两个赛场上，典型的澳大利亚人都十分看重坚定果断、持之以恒、勇往直前和争强好胜，他们从竞争和作为竞争一部分的物质激励中获得很多的乐趣。这种职业道德标准在工作和竞技中都十分普遍。事实上，一些澳大利亚的体育项目本身就是与工作相关的运动。职业划桨运动从很多方面来看都是工作式运动，一些划桨手在工作日里靠着当摆渡人和划船手维生。在乡村地区，一些流行的运动项目纯粹就是工作的延伸：犁地大赛会引发一阵阵欢呼喝彩，矿工之间会展开抡锤钉钉子的对决，还有专门的扔麦捆比赛。一个最壮观的工作式运动是竞技伐木，它是塔斯马尼亚西北林业区的一项本地发明，到19世纪80年代时已经大为流行。就算是剪羊毛，也几乎变成一项工作式运动。速度最快的剪羊毛手每天修剪的羊只数目，会被永久地记录在册，而当大名鼎鼎的杰基·豪在内陆地区的羊棚中剪羊毛时，甚至有一些参观者会请求观看他工作时的样子。1892年，在昆士兰艾丽斯当斯的一个剪羊毛棚中，杰基·豪在不到8个小时的时间里就为321只母羊修剪了羊毛。曾经一度，大多数内陆地区的青年男性都能对这一壮举如数家珍。

当如此众多的人在辛苦的体力工作中找到满足或愉悦之时，一个正处于上升期的年轻画家设法捕捉到了澳大利亚历史上的这一特殊时刻。汤姆·罗伯茨三次从墨尔本乘坐火车前往位于新南威尔士境内、默里河对岸的布罗克尔斯比，在一座剪羊毛棚里观察人们动手修剪羊毛。他很喜欢羊毛剪的咔咔作响，男人们劳作时的“低声哼唱”，以及“被映射进来的澳洲阳光所暖暖地照亮的一切”。1890年，他完成了一幅将会成为澳洲艺术经典符号的作品。他这幅《为公羊剪毛》展现了旺盛的精力和惬意的情绪，笑眯眯的男孩子在旁帮手，剪羊毛的人忙碌有序，一位留着络腮胡的年长旁观者抽着短烟袋，打量着这种个人主义与团队协作的完美结合。这幅画迄今为止仍是颂赞劳动、颂赞丛林、颂赞被罗伯茨热情地称作“伟大的田园式生活与劳作”的杰作。

汤姆·罗伯茨绘制这幅生气勃勃的画作时，正是这些旺盛的精力和竞争意识开始在许多工作场所消退的时候。即将出现越来越多的针对工作节奏和工作时长的监管法规。澳大利亚的两种文化——体育和工作——开始分道扬镳，而争强好胜之心日益频繁地出现在赛场上而不是工作场所中。看起来，澳大利亚似乎发展出了一种力争上游的体育文化和一种甘居老二的工作文化：一种文化醉心于竞争，而另一种文化却唯恐竞争。19 世纪 90 年代的某些事件将会令这种分化对立变得更加尖锐。

第十章

经受灾难的考验

一个充满了奇妙却脆弱的乐观主义的时代，即将走向尽头。自从 1851 年的黄金大发现以来，澳大利亚一直是经济世界中一颗个头虽小却冉冉升起的明星。的确有过萧条衰退的时候，但都为期甚短，而且经常随之而来的，是新的一轮矿业繁荣，新的一项修建更多铁路的动议，新的一波移民激增，新开垦出来的大片可耕农田，郊区的大兴土木，以及不断提高的生活水平。

到 1891 年时，这丰腴的四十年几乎已经结束。危险的信号增加了几倍，但都被忽略了。羊毛、大多数其他边远地区的出口物和贱金属的价格都在持续下跌，涌入的英国贷款曾经资助了众多铁路和边远地区及城市的项目，如今开始退潮。这个国家业已欠下巨额海外债务，但却不再能够在不伤筋动骨的情况下支付年息和偿付到期债务。

许多大举放贷的澳大利亚银行和公司发现自己的利润在下滑。如今，坏账疯狂繁殖，像兔子一样。1893 年秋天，金融恐慌终于到来。因为担心银行可能会倒闭，储户们开始要求取回存款，而他们的这种行为，事实上加速了他们所担心的破产违约。年初的时候，曾有 22 家拥有充足准备金的银行可以发行普遍流通的银行票据——当时还没有政府印制的钞票。然而，这些银行中的 13 家却被迫关门，尽管他们筹集了更多的资本，也在内部进行了治理整顿。1893 年，银行系统中的半数存款都被冻结了 5 周到近 5 个月。澳大利亚的信用在伦敦猛跌。没有任何一个欧洲国家曾经在此前的半个世纪（也许是一个世纪）里经受过如此严重的银行业灾难。

* * *

靠着埋头苦干和勒紧腰带节约每一分钱，澳大利亚开始慢慢从萧条的泥沼中爬出来。然而，干旱随即到来。1895 年，旱灾席卷了澳大利亚的大部分地区。在一个面积如此巨大的大陆上，没有哪一场旱灾会波及全境，但这却是有历史记录以来危害面积最广的一次干旱期。幸运的是，塔斯马尼亚的大部分地区、北昆士兰的湾区、北领地的上半部和西澳大利亚的塞夫蒂贝一带[1]在很大程度上逃过了旱灾的蹂躏，而在澳大利亚的其他地方，这场干旱烧焦了大片农田、草场和灌木丛林。偶尔才零星降下的一点点雨，只能稍微浇落一下白天的浮尘。

某些地区的干旱持续了八到十年之久。在遥远的内陆，宽阔的道路上挤满了缓慢移动的畜群，寄希望于找到新的牧场。在新南威尔士离威尔坎尼亚不远的西部草原上当牧场主的爱德华·奎因，栩栩如生地描述了在他被烈日灼焦的土地之上，10 万只绵羊是如何慢慢减少到不足 4 万只的。无脉相思树是他领地上生命力最顽强的树种，但他说，在 1900 年，“我能指给你看成千上万棵枯死的无脉相思树”。他指出，自己长达数英里的围栏如今连最下面一层的铁丝都已远远高出地面。那下面的大地变成了尘灰，被风和偶尔来临的暴风雨吹得四处飞扬。据他所知，在一些巨大的围场里，松散的沙子随着风向四处流动，“有一年，一个围栏被完全覆盖住了，一辆小货车都能从上面开过”。作为一名老练的牧场主，奎因承认，在那些好年成里的过度放牧让这片国土饱经摧残。但悔之已然太晚。

在不到十年时间里，绵羊的总数便已减半。在许多地区，1902 年是最糟糕的一年。维多利亚马利地区的麦田变

1 此处原文为 safer districts，但从上下文和历史资料推断，似乎应为西澳大利亚首府珀斯南部的 Safety Bay 之笔误。

得如此干旱，以至于开向那里的专列所载的唯一货物就是装满水的长方形铁皮罐。许多农场主每周要花两天时间用车将水运至自己的农场，确保他们的马匹和其他仍在光秃秃的围场中游荡觅食的牲畜得以存活。草经常变得比水还稀缺。即便是干草，也已消失不见。大风卷起沙尘暴，形成一团蔽日的黑云。正在村镇主街上买东西的女人们只好摸索着在漆黑的街道上行进，时不时地伸手去够一下店铺前人行道游廊的柱子。在墨尔本，从内陆刮来的几场沙暴，就足以将白昼变为黑夜。

澳大利亚约四分之一的劳动力生活在边远地区，因此，连年大旱令经济遭受了沉重打击。1902 年的收成极差，澳大利亚不但不能出口小麦，还要被迫以海运形式从美国和阿根廷进口小麦和面粉。载着小麦的船只甚至会从印度驶来。1903 年，在南澳大利亚和新南威尔士的大部分地区，当期待已久的甘霖终于降下、令光秃秃的大地散发出那种经常标志着枯焦岁月终于结束的奇异芬芳时，干旱已经进入了第九个年头，但在昆士兰内地的部分地区，旱情依然在继续。许多为城镇供应新鲜水果蔬菜的华人果蔬种植园主都停止了经营：他们附近的河流都已经干涸。载运物资的骆驼被购入，因为马队已经无法应付缺水或缺乏草料情况下的长途跋涉。

萧条和干旱打消了移民们的勇气。在有些年份，离开澳大利亚的人要比来到澳大利亚的人还多。从 1891 年到 1906 年的这几年里，澳大利亚通过移民净流入而增加的人口只有可怜巴巴的 8000 人，换言之，这十五年里的移民人数还没有“黄金五十年代”中一个繁忙月份里的移民人数多。在不列颠群岛，尤其是在金融圈中，澳大利亚几乎成了一个被鄙视的名字。

维多利亚在这场萧条中受到的打击最大，同时也是旱灾最主要的受害者之一。成千上万的人离开城市和乡镇。郊区住宅和城市办公楼连续多年充斥于市场。墨尔本不得不将“澳大利亚最大城市”的称号拱手相让于悉尼。

* * *

对于那些逃离的维多利亚人来说，西澳大利亚是一块大受欢迎的磁石。西澳大利亚通常被视为殖民地里的“瘸子”，在讨论这片国度的未来时一贯遭到忽略。在 19 世纪 70 年代，它的白人人口每年仅增加 400 人，大多数都是出生人数减去死亡人数的盈余。它的首府城市——小小的珀斯——在与世隔绝中沉睡着，直到 1877 年，它仍未与澳大利亚东部的电报系统连接起来。年复一年，这块面积巨大的殖民地无法生产出足够满足需求的小麦，而这一需求并不大。它的主要港口不是弗里曼特尔而是奥尔巴尼，在从悉尼到英格兰的这条航线上快速往返的邮轮会在这里加煤，除了必要的停留，它们在港口里连一分钟都不会多待。即便在 19 世纪 80 年代中期，珀斯仍只有 5000 人，那些新来的人看到圣乔治大街和街上高大挺拔的苦楝树，会感觉自己置身于一座乡村小镇，甚至是一个封建市镇，因为西澳大利亚的总督掌控着相当大的权力。

在那片庞大的区域中，唯一一条铁路是从珀斯开往弗里曼特尔的。后者是一个不太安全的港口，那里有一家专门收容年老体弱的流放犯的医院，一座监狱和精神病院，还有大风天里覆盖在屋顶上的一层白灰。要从海上和陆上前往一些远离中心地区的牛羊牧场——寥寥无几的土著人群驻扎在那里——路上可能要花几个星期。珀斯与澳大利亚西北热带地区的那些采珠港口之间的联系也很糟糕，因为电报线会在龙卷风猛烈袭击那些缺乏遮蔽的海港时被吹倒，而小小的采珠船和它们的马来船员就在港口里躲避风暴。在一场侵袭热带以北的埃克斯茅斯湾的龙卷风中，总计 69 人被淹死。

1886 年，在这些遥远的热带地区发现了黄金，随之而来的是一波接一波的淘金潮。这个殖民地自治的时机如今已经成熟。它在 1890 年被赋予成立自己的议会的权利，并且得到了以往长期只有 5 个其他殖民地才拥有的立法权力，只不过还没能马上获得对其境内的土著居民的管控权。约翰 · 福里斯特成为西澳大利亚首届总理，土生土长于这块殖民地上的他，是一个肩宽背阔、雄壮如牛的大块头。23 岁的时候，他找到了一条从西海岸通向达尔文到阿德莱德之间纵贯大陆的电报线的路线，借此跻身于最伟大的探险家之列。

当他的马精疲力竭时，他会在旁边步行，或是跟随其后，走在荒凉贫瘠的乡野上，穿行于长满倒刺的鬣刺草丛间，一天30多公里的路程，他的脑子里什么都不想。“他是一个从容冷静的主儿，年轻充满活力的身体上长了个老成的头脑。”历史学家凯瑟琳·菲茨帕特里克这样写道。同样精明的头脑对于政客来说也大有助益。福里斯特将会连续十年担任西澳大利亚总理。澳大利亚的选民此前从未给过任何一位领袖如此大的信任，但他的确拥有一个不同寻常的优点。在他首次当选时，这个殖民地的活跃选民只有6000人，而他可能跟其中半数都能称兄道弟一番。

作为一名探险家，他并没有发现黄金，但作为一名政治家，他却是如今在他曾经走过的那片土地上发现的金矿最主要的受益人。1892年，在干旱的库尔加迪[1]的土壤表面发现了黄金，一年后，同样一幕重现于卡尔古利，从而吸引了大批年轻男性加入19世纪最后一场大规模的淘金潮中。很快，西澳大利亚就超过维多利亚，成为年产黄金最多的地方，并一直保持到今天。卡尔古利是众多金矿中的王者，而到1907年时，完全由伦敦掌控的大博德、金马蹄、奥罗亚布朗希尔和其他三家矿业公司，每一家都支付了超过100万镑的股息。与之相对应，维多利亚在其漫长的淘金史中，只涌现出了一家如此规模的矿业公司。

在离珀斯不远的弗里曼特尔，建起了一座人工港，拦在

1 西澳大利亚城市，著名淘金镇。

入海口的浅礁也被炸掉，这使得英国邮轮可以在前往墨尔本和悉尼的途中暂时停靠。在接下来的六十年里，几乎每一位移民第一眼见到的澳大利亚景象，都是一片低平的沙滩，然后，随着船只逐渐驶近，沐浴在阳光下的弗里曼特尔的浅色石头建筑也出现在眼前。当和风宜人之时，进港的移民或许会闻到一缕从岸上吹来的桉树、海沙和土壤的芬芳。弗里曼特尔成为世界上最繁忙的黄金港，而在珀斯，在一个纸钞并不总是值得信任的时代，新成立的铸币厂为澳大利人的钱包铸就了一枚枚亮闪闪的一英镑和半英镑硬币。

大块头的约翰·福里斯特主导着那些奇迹：长长的内陆铁路被修建起来，面积广阔的小麦种植带被开辟出来，赤桉经由一条条长堤被装运上船，出口到伦敦，以之制成的木料铺建了那里的街道。他很自豪地出资兴建了或许是世界上最长的输水管道，建起了一连串蒸汽机房，将淡水从新建成的海边水库远远泵到位于内陆高原之上的卡尔古利。他还推行了强制性的学校教育，质问其他政客："他们打算让这些丛林里的孩子像袋鼠一样长大吗？"作为一个政坛老狐狸，他甚至在 1898 年摆出了一副女性捍卫者的姿态，这令他的老朋友们大吃一惊。他倡议了一项赋予女性选举权的立法，因为他意识到，大多数女性生活在珀斯和沿海边缘地带，而他能在选举中从这些地区获得最大限度的支持。通过赋予女性选举权，他削弱了自己在人口众多但却女性稀少的金矿区的竞争对手的力量。

直言不讳、为人实在、富有远见而又时而固执己见，这位人形推土机主导了自维多利亚在黄金的刺激下开始腾飞的19世纪50年代以来所有殖民地所经历过的最迅速的变革。这个默默无闻的殖民地已经变得举足轻重。到1901年时，珀斯和卡尔古利已经跻身于澳大利亚十大城市之列。以人口计算，西澳大利亚甚至超过了塔斯马尼亚。要再过八十多年，澳大利亚6个州的排名才会再度发生变化，届时，西澳大利亚将在人口上超过南澳大利亚。

* * *

政治生活因为19世纪90年代的那场萧条而重塑一新。两股改革势力变得强大起来，其一为在南澳大利亚和维多利亚影响力最大的激进自由派，而工党则在昆士兰和新南威尔士最具权势。维多利亚和南澳大利亚在遭受经济萧条的重创之前，政治上本就与众不同，而当艰难时日到来时，它们变得更加激进。南澳大利亚走在前头，因为它在19世纪80年代中期就经历过一次经济衰退。它开征了一种新税，其理论基础为亨利·乔治[1]的观点：在一个繁荣的经济体中，私有土地的价值也会增加——尤其是有国有铁路服务于那块土地时——而这种增值的一部分属于国家，因此应当以地税的形

1　19世纪后期美国经济学家，代表作为《进步与贫困》。

式被征收。南澳大利亚还是澳大利亚第一个开征正统经济学派所倡导的收入所得税的殖民地，尽管仅对高于平均水平的那部分收入征税。在19世纪90年代初，它进一步效法奉行自由主义的新西兰，赋予女性选举权，而且率先尝试以仲裁方式解决劳资纠纷——这一方法后来推行至整个澳大利亚。维多利亚也出现了一股激进热潮，建立了许多工资委员会，在面包房和许多其他工作场所确定了最低工资标准。该殖民地还制定了面向长期居民的养老金制度。

那个十年的经济窘困，将工党推向了主导地位，最终，它抢走了自由派改革者的风头。工党之所以能够崛起，部分原因在于新近通过的数项法律削减了那些有钱人的选举人权。因此，从政的收入让那些比较穷的人也能放弃自己的工作，坐在议会之中。而一人多选区投票制的废除，则终结了那种在5个选区都拥有财产的某个人只要愿意在投票日不辞劳苦地奔波便可行使5次投票权的传统。美国和英国的思想家所种下的种子，终于在工党这里发了芽。几项新的工党政策都明显与亨利·乔治的主张互相唱和。他们还受到了19世纪80年代大批涌向昆士兰和新南威尔士的英国移民潮的影响，在这两个地方，工党取得了最早的胜利。这些19世纪80年代的英国移民中，有两位——安德鲁·费希尔和比利·休斯[1]——将成为澳大利亚联邦政坛的头四十年中最成

1　也就是W. M. “Billy”. Hughes，澳大利亚第七任总理。

功的工党人物。

在这些于19世纪90年代早期赢得了5个主要议会中近100个席位的工党之中，并没有社会主义倾向。工党的成员既包括有产者，也包括矿工、印刷工和技术工人。在新南威尔士，在1893年选举中赢得席位的35名工党成员，大多数都不到40岁，大多数都只接受过初级学校教育。他们以工会主义者为主，但一位牧场主或矿主也不会被拒之门外。工党呼吁制定的那些法律，不仅会增加各类工会的谈判筹码，也会帮助那些小农场主和开采自有矿井的矿工，还会有利于一些作坊，其生意受到了本地华人经营的工场生产的廉价设备的威胁。

工党承诺改善矿山、工厂和机车库里的作业安全标准，将每日工作时间限制为8小时，同时推行义务教育：那时，许多孩子都被他们极度贫困的父母送去工作，而没有机会上学。后来，由新南威尔士首个工党宣布的所有这些政策，几乎都成了法律。唯一值得一提的例外，便是地方行政官员应当通过民选产生的这一美国式的理念。

工党推行的政策，对于所有不太富裕的公民都有或大或小的好处。因此，工党的崛起极其迅速。它成了世界上第一个在地方议会和国家议会都成功掌权的工党，尽管刚开始时，由于其他政党的支持反复无常，工党的地位还很不稳固。安德鲁·道森是第一位成为工党政府（或社会民主主义政府）元首的政治家。在还是一个婴儿的时候，他曾被寄养在昆士兰的一家孤儿院中。他 12 岁就离开了学校，在北昆士兰的淘金镇查特斯堡当技工，随后加入了 1886 年的淘金潮，远赴位于大陆另一端的金伯利。他在查特斯堡娶了一位年轻的寡妇为妻，自学了演讲和写作——这从他能当上《查特斯堡鹰报》的编辑便可见一斑。在 1893 年，他成为那座金矿选出的两名工党成员之一。

六年后，年仅 36 岁的他当选昆士兰工党总理的消息，必定曾被几乎每一家欧洲新闻日报报道过。许多人都满怀惊叹地期待着世界可能发生的变化。但不过六天后，道森便被迫引退，人们随之放下悬念。后来，道森在 1910 年死于酗酒过度，到那个时候，他所在的党已经在全澳各地取得了胜利。

工党的胜利，是那种日益强烈的、最终在 20 世纪上半叶深入人心的人人平等、损有余而补不足精神的一个标志。人们普遍认同，在监管工作、行业和社会生活方面，政府应当扮演一个强有力的角色。赚得多的成功人士——所谓的“高罂粟花”——或者是赚得太多的那些出头鸟们，应当遭到修理，这种想法广为流传。然而在美国，人们却坚信，某种特定的意识形态或宗教信仰土壤是更理想的，因为它会让高罂粟花长得更茂盛。在那里，高罂粟花是会被当成国家能量的标志而受到欢呼的，尤其是当这棵高罂粟花是自生自长的时候：个人成就是美国民族主义的标志特征。与之相反，在澳大利亚，伙伴关系和平等主义却被许多人——尽管并非全部——看作澳大利亚民族主义的标志特征。面对失败挫折时的勇气，经常会比那种最终导向成功的勇气更赢得赞誉。

这两个国家有着诸多共同点，都采用民主政体、都很兴旺繁荣且在体制上承袭欧洲，如果在比较它们时走得过远，将会是不明智的。有时候，这种对比反差会被夸大。有时候，正如我们已经见到的，在一个国家似乎无足轻重的某种品质或某种态度，事实上的确存在于其国民生活的某些出乎意料的领域，只不过发生了变形而已。澳大利亚的竞争精神更多地体现于体育运动而不是日常工作中。它还体现于不同地区和不同殖民地之间的激烈角逐上，这种互相对着干的程度要比在美国更为火爆。如何应付和驯服这种对立，是 19 世纪 90 年代一个取舍不定的难题。

第十一章

紫罗兰色的晨曦绽放

6个殖民地在各自独立创造辉煌的成就。在好年景里，他们经营自己的邮局，发行自己的邮票，竖起自己的灯塔，铺设自己的铁路，实行自己的移民项目。直到1895年，每一个殖民地的时间设置都不一样。在内陆的边界地带，关税员征收着进口税，因此，一个想要从默里河的另一边进口悉尼啤酒的沃东加[1]酒店老板，可能要支付每瓶2便士的进口税，与他为一瓶德国啤酒支付的进口税相同。一位从一个殖民地搬到另一个殖民地去的银行经理，可能需要为自己的部分家具付税。

---

1 位于维多利亚州与新南威尔士州交界处的一座城市。

* * *

每个殖民地都掌控着自己的防御力量。南澳大利亚拥有装备了加特林机枪的炮艇，新南威尔士拥有鱼雷快艇。塔斯马尼亚拥有一支身着华丽笔挺制服的志愿军，还有 24 名职业炮兵值守在拱卫着通向霍巴特和朗塞斯顿的海路的要塞中。1889 年，澳大利亚和新西兰两地的 7 个殖民地可以在紧急状态下召集起 3 万名业余士兵，但却只有 1000 名全职军人。这是世界的这一角落极其和平安宁的象征：澳大拉西亚负担的政客，几乎和全职军人及水手一样多。

一旦战争到来，这些各行其是的殖民地很难发起一场团结一心的抵抗。但只要它们仰仗英国海军的力量，这种不团结就不足为患。到 19 世纪 80 年代早期，它们还不确定是否应当如此依赖英国的力量。此外，它们的海外利益并不总是和英国一致，但当这些利益遭到挑战时，它们也很少会统一发声抗议。许多澳大利亚人有理由担心，德国可能会吞并新几内亚的一部分以及附近岛屿，法国也可能吞并新赫布里底。这些事情确实发生了。几个欧洲强权盘踞于离澳大利亚不远的地方。在一场大战中，它们的存在将会充满威胁。1885 年，当俄国和英国在中亚发生纠纷时，有谣言称，俄国巡洋舰将会对澳大利亚港口发动袭击。最终，澳大利亚各殖民地同意支付长久以来一直以悉尼为基地的英国海军中队的部分费用。资助英国海军让澳大利亚人在外交事务上拥有了更多的话语权。

1889 年，经历过克里米亚战争和印度暴动的 J. B. 爱德华兹少将来到澳大利亚，检阅了几支小规模的军队。这项任务并没有花很长时间。他对所见到的一切并不满意。如果澳大利亚遭到侵略的话，这些军队几乎无法迅速彼此支援，因为它们指令不一，军械混杂，而不同的铁轨宽度也会妨碍部队和武器的快速移动。他的报告受到了兵贵神速论的强烈影响，奉行此种理论的德国在 1870 年时，使用其铁路系统将大量侵略军队运到了法国边界。但他没能意识到，澳大利亚使用舰船——而不是沿海的铁路线——将军队移动到可能遭袭击的地点。不过，爱德华兹还是很明智地呼吁建立“一个将不同殖民地的武装力量组合起来的同盟”。

他的报告影响力很大。新南威尔士总理亨利 · 帕克斯爵士向来把自己视作澳大利亚政治的大族长，他开始利用爱德华兹的报告兜售成立一个更广泛的联盟的主张。1889 年 10 月，在内陆城镇滕特菲尔德举行的一次盛大宴会上，这位习惯偶尔漏发词首字母 h 音的杰出演说家以其高亢的嗓音论证道，澳大利亚就是一个婴儿期的美国，拥有与那片土地在 18 世纪 70 年代成为独立国家时同样多的人口。“当然了”这个词从亨利爵士长长的白胡子之下源源不断地涌出，“当然了，美国人通过战争方式做到的，澳大利亚人也能以和平方式实现”。

帕克斯知道如何将政治问题提升到一定的高度，超越那些锱铢必较的琐碎银钱问题。在他的演讲中，他背诵了昆士兰诗人布伦顿·斯蒂芬斯略显夸张矫情但不知为何极其动人的诗句。在诗中，诗人将一个统一的澳大利亚视作一轮朝日，即将升起在霞光万道的天空中："她的日子还未到来。这'还未'还要持续多久？看，那紫罗兰色的晨曦正在绽放！"

帕克斯邀请各殖民地派出代表团，参加1891年在悉尼举行的大会，为联邦政府起草一部宪法。"澳大利亚联邦"是他提议的名字。有趣的是，新西兰人也参与了这部宪法草案的起草，但后来却决定各行其是。如果联邦运动早十年发起，所有殖民地在1891年而不是1901年结成联邦，新西兰很可能会成为一个创始成员。处于19世纪80年代的经济困难中，加入一个计划成立的共同市场对它有利可图，但在接下来的十年里，新西兰比澳大利亚更繁荣富足，看不到有加入联邦的强有力理由。不管怎样，澳大利亚宪法第6条的开始，仍充满希望地写着，未来的澳大利亚联邦各州可能包括新南威尔士、新西兰等，不一而足。

防务问题曾将联邦的构想向前推进了一步。如今到了19世纪90年代，经济上的希冀开始将其带入下一个阶段。1893年的惨烈萧条和众多银行的倒闭，使得维多利亚人尤其看重组成一个覆盖整个大陆的共同市场的经济优越性。不同于新南威尔士，维多利亚是贸易保护主义者。根据它的设想，一个统一的澳大利亚将被一堵限制外国和英国进口商品的高关税壁垒保护起来，而设在澳大利亚内部各州边界上的税关则会被废除，从而促进本地工厂和作坊的发展。1893年冬天，少部分热心于建立联邦的人聚集在新南威尔士的边境小城科罗瓦。科罗瓦位于默里河畔，这条河流原本的宁静，如今已被穿梭往来的明轮船发出的呼哧呼哧排气声和两座面粉厂中蒸汽机有节奏的震动所打破。这座小城距离悉尼约400公里，而距离其天然港口墨尔本则不到一半的路程。但它用火车运到墨尔本的每一袋面粉和每一桶葡萄酒，都需要支付维多利亚的进口税。因此，科罗瓦是废除散布于默里河沿岸的那些税关的受益者。

幸运的是，本迪戈的约翰·奎克作为代表出席了科罗瓦大会。他在童年时从康沃尔郡移民到澳大利亚，很小便开始在本迪戈嘈杂的粉碎工厂和铸造厂工作——这个没爹的男孩靠自己在这个世界上闯出了一条生路。靠着下班后的刻苦学习，他最终成了一名律师，而在自己的职业生涯中，他顽强地克服了一道又一道障碍。在他眼中，6个顽固自大的殖民地只不过是另外一个需要克服的障碍而已。他设计了一个令联邦运动得以复兴，并赢得每一个殖民地的热情或兴趣的方案。

这个“奎克方案”是个极端民主主义的方案：没有任何一个国家曾以此种方案为基础而创立。他主张，每一个殖民地的选民都能在一次特殊投票中选出代表，而这些代表将聚在一起，设想出一部联邦宪法。这部宪法将需要被各殖民地的议会通过，然后再以特别公民复决的形式交付全体人民表决。最后，它还要呈送给英国议会以获得通过。正是根据奎克方案的原则，在联邦成立后，对宪法最终文本的任何一处改动，都必须经过公民复决投票，只有大多数殖民地（如今被称作州）的大多数选民表示同意时才能获得批准。

奎克的主张得到了支持。最终制定于 1901 年的宪法，并没有经常修改，一个又一个十年过去了，大多数修改宪法的提议都被全民投票所否决，使得许多评论家做出澳大利亚人天生保守的论断。这一诊断有些言过其实。从 1901 年以来，没有任何一个寻求改变宪法的国家领导人尝试过奎克方案。与之相反，他们常常更愿意亲手挑选一个由其支持者和同情者组成的团队，完成对宪法的重大修改方案的起草工作，而当人民在公民复议中大声地说“不”之后，他们才表现出自己的愤慨或震惊。

1897 年 3 月，在阿德莱德的议会大楼，50 位当选代表——每个参与其中的殖民地选出 10 名——夜以继日地对 1891 年仓促写成的宪法进行辩论和修改。缺席者格外引人注意：亨利 · 帕克斯爵士已经过世，没有新西兰代表出席，甚至连昆士兰人也没有出现。在 50 位代表中，半数出生于澳大利亚，近半数出生于不列颠群岛。唯一的例外是父母为加拿大人的西蒙 · 弗雷泽，他是那位在 1975 年作为主导人物首次向宪法解释权发起严肃挑战、成为联邦总理的马尔科姆 · 弗雷泽的祖父。

起草宪法的代表中没有任何一名女性，而且仅有一位工会主义者——曾经当过制靴匠的维多利亚政治家威廉·特伦维斯。在制宪会议的与会代表中，犹太人占有颇多席位，而天主教徒却没能得到充分代表。他们热切地对待自己的任务。离开阿德莱德后，经过很长一段休会期，他们于9月在悉尼重新聚集在一起。在1898年初酷热难耐的那几个星期里，他们又在墨尔本开了一次会。

一个关键问题提出来很容易，但要予以解答却并非易事：哪些职责应当由各个殖民地或州保留？除了国防和关税，哪些权力还应当属于新成立的联邦政府？另外一个至关重要的问题是如何分配选举权。一人一票的普选方式，能否与小殖民地的诉求达成一致？一个客观事实是，那些规模较小的殖民地需要得到板上钉钉的保证，它们将获得超过其人口权重的政治权力，否则便不会加入联邦。塔斯马尼亚人要求，在参议院或上议院中，人数较少的殖民地要拥有与人口稠密的维多利亚和新南威尔士同样数目的参议员。在最终的决定中，参议院偏重较小的州，而下议院则偏向人口较多的州。维多利亚和新南威尔士拥有大量人口，因此他们会在众议院中获得最多的席位，但在参议院中，每个州都只允许有同样数目的参议员。

新宪法将包含118个法条，其中大部分只由一句话构成。它在开头部分申明，“诚惶诚恐地依赖仁慈、全能上帝的”澳大利亚各殖民地“人民”，同意联合成为“一不可分离的联邦国家”。但人民真的会同意吗？1898 年 6 月，3 个强烈拥护联邦制的殖民地——维多利亚、塔斯马尼亚和南澳大利亚——的选民前往投票站，为新宪法投下了决定性的选票。在淘金城巴拉腊特和塔斯马尼亚西北部的丘陵农场中，赞成者与反对者的比例超过了 20∶1。然而，新南威尔士并没有被说服：一部分疑虑在于，维多利亚可能会在新议会中占据支配地位。在悉尼，大多数选区都反对成立联邦。作为一个整体，该殖民地中的赞成票有 71600 张，反对票有 66200 张。因为新南威尔士政府之前下令规定，只有在至少 8 万人投票赞成成立联邦的情况下，这次公民复议才会被认定为决定性的，这一结果事实上相当于一场失败。

在此时刻，新南威尔士——尤其是悉尼——正在经历一个自信与恐惧交织在一起的阶段。作为塔斯马尼亚、维多利亚和昆士兰最初的发号施令者，悉尼在其人口于 19 世纪 50 年代被墨尔本超过之后一度威信扫地，如今才刚刚重拾颜面。新南威尔士此刻是一个充满活力的经济体。它的众多黑煤层和地域辽阔的牧场与农田，造就了经济上的成功。新南威尔士充满自信地认为，它将在人口上超过维多利亚，于是在 1888 年，这个殖民地居然提议将自己的名字改为澳大利亚。在强烈的抗议声从四面八方涌来后，这个大胆放肆的计划只好被束之高阁。但不管怎样，新南威尔士还是对维多利亚心存不安，众多悉尼的政客和商人都倾向于将成立联邦视作一个维多利亚的阴谋。

为了争取新南威尔士的选民，必须有人递出橄榄枝。现在，他们被赋予了为新的联邦首都选址的殊荣，只要那个地方别离悉尼太近就行：从实际结果来看，如今的堪培拉原本就是一个贿赂。需要举行一场新的公民复议以赞同这一提议。1899 年，修改后的宪法再次在 3 个支持成立联邦的殖民地获表决通过。它在新南威尔士也高票通过，但在昆士兰却仅以微弱多数获胜。如果 4000 名昆士兰人在投票当天改了主意，他们的殖民地很可能将不会加入联邦。一年后，主要借助在新的金矿获得的选票，西澳大利亚也同意加入联邦。或许，昆士兰和西澳大利亚这两个最不情愿的加入者，将自身视作代表未来的土地。它们相信，即使置身于联邦之外，它们也能幸存并兴旺发达。

* * *

澳大利亚联邦于 1901 年的第一天宣告成立，它的存在要早于第一场选战的开始。出生于澳大利亚的律师埃德蒙·巴顿曾是悉尼最强势的联邦制倡导者，他被提名为联邦总理。在于 3 月份的大选中赢得这个位置后，巴顿组织起了自己的内阁，并获得了下议院的支持。墨尔本暂定为联邦首都，直到位于新南威尔士的新首都城市被选定和建成。因此，巴顿在位于伯克街尽头山顶上的富丽堂皇的维多利亚议会大楼主持政事，而新上任的联邦总督霍普敦勋爵则占据了维多利亚总督以前的官邸——一座可能是大英帝国中最气势宏伟的殖民地总督宅邸。

6个州仍保留了很大的权力。它们通过的法律要比联邦立法更大程度地改变和塑造着日常生活。他们的预算加在一起，令最早的联邦预算相形见绌，因为在最开始的几年中，他们可以保留各自征得税收的四分之三。在很多年里，各州都是唯一的收入所得税征收者。在作为澳大利亚首都和维多利亚州府的墨尔本，受雇于维多利亚州的公务员数目要远远超过新成立的联邦政府的公务员数量，因为各州保留着对铁路、监狱与警察、教育、土地与矿山、社会福利和许多其他事物的控制权。

在最初的几届议会中，三个政党相互角逐权力。在来自悉尼的乔治·里德的领导下，保守派的自由贸易党在1904年到1905年间短暂在位。后来，他们与艾尔弗雷德·迪金领导下的自由党合并，持中间立场、主张保护贸易主义的后者在1910年以前的大多数年份都在政治上极其成功。工党在安德鲁·费希尔的领导下一度所向披靡。身为苏格兰移民的费希尔，曾经是金皮金矿的发动机操作员。他的第一个工党内阁主要由英国移民构成，而自由党则通常由土生土长的澳大利亚人主导。

在1901年通过的最早一批联邦立法中，便有一个是限制亚洲移民的。这个政策无可避免：难度在于如何措辞以及实施。尽管许多政客——尤其是工党阵营的——认为华人在经济上、道德上和政治上都构成了一种威胁，同在政坛中的其他一些人却没有对作为整体的亚洲人予以任何诋毁。曾经在联邦成立后的头十年中三度担任总理的艾尔弗雷德·迪金，雄辩地表达了一个人们普遍持有的观点："让这些异族人变得对我们来说十分危险的，不是他们的恶习劣性，而是他们的优良品质。"日本人留给迪金的印象，甚至比华人留下的更深刻："正是他们无穷无尽的能量，适应新任务的本领，他们的坚韧不拔，以及较低的生活水平，令他们成为如此强大的竞争者。"

尽管已经身在澳大利亚的华人被允许留下来，新的亚洲移民却不被鼓励。那些远道而来的人，必须通过听写测试，这是从南非的纳塔尔借鉴来的一个手段。这项测试主要便是为了阻止任何希望成为永久移民的亚洲人进入而设计的。在港口，一位联邦政府官员会挑选任意一种欧洲语言，大声读出几个单词总数不超过 50 个的句子，然后要求想要移民的人写下这些单词。如果没能正确写出，就意味着对方无法登陆。在第一年里，所有通过听写测试的人中，有 8 个日本人、6 个印度人和 4 个亚述人，但 459 名华人未能通过，因此只能被迫留在自己的船中。1905 年，只有很少的亚洲人前来，没有任何一个实际接受了听写测试的人留下了通过考试的记录。新的移民法案及其限制条件还可以被用来排除那些不受欢迎的英国人。6 个从事制帽行业的移民就在 1902 年抵达时遭到滞留扣押，但最终他们还是被允许登陆了。

在生活于澳大利亚的约 4 万名亚洲人中，许多人都觉得受到了这项政策的羞辱。然而，大多数人被允许留下来。华人满足于当个果蔬种植园主、洗衣房经营者、杂货店老板和家具制造商，但他们祈祷着有朝一日自己的尸骨最终能被运回故土安葬。在 1905 年到 1912 年间，来自日本、印度和中国的某些生意人、学生和持有护照的新移民被允许进入，许多人在这里生活了很长一段时间。

这个所谓的“白澳政策”严重损害了澳大利亚的声誉。它是如此的严苛，持续的时间是如此之长，而且经常会被人以恶意贬损和有失公正之词加以辩护。不过，现代的澳大利亚和亚洲批评者也过度夸大了这个政策，脱离了它的历史背景来评价它。他们忘记了，当时的世界要比现在更隔绝孤立：异国旅行远没有那么普遍。大多数国家当时都对宗教、种族、亲属关系和文化表现出更强烈的自我观点，他们的领导人确实认为，国家民族的高度团结在战争发生时是一种财富。此外，欧洲人和亚洲人那时的生活方式相差极为悬殊，很容易就会生出误解。

白澳政策远非孤例。加拿大、美国和新西兰——面对华人大批涌入的其他 3 个民主国家——到 19 世纪 80 年代时已经建起了他们自己阻挡亚洲移民的壁垒。东亚国家通常对外国人都不会表示欢迎，即便是在今天，一个外国人要想成为这些国家的公民，也是困难重重。事实上，在 19 世纪晚期，一名生活在澳大利亚的华人，可能要比一名生活在当时中国的澳大利亚人要安全：6名澳大利亚传教士——充满同情怜悯之心的青年男女——在发生于清朝的多起排外事件中遇害。当然了，华人在移居到太平洋沿岸其他国家时，也会蒙受苦难，但在一个具有典型性的年份里，他们在澳大利亚吃的苦头或许要比踏上其他国土时少得多。当清朝皇帝于1887年派出使团前往其他地方考察华人定居者是否受到恶意对待时，他被告知，不计其数的爪哇和菲律宾华人的境遇要比澳大利亚华人差得多。

澳大利亚有时候会带着一种傲慢和对其他种族的极端轻蔑来陈述自己的官方政策。与此同时，它似乎又比大多数其他国家更愿意接纳看起来与众不同的人。在1901年到1914年间，许多意大利人、希腊人、马耳他人和俄罗斯犹太人来到这里，在某些年份中，他们在最终留下来的那些移民中必定只占很小的一部分。意大利人很久以前就在澳大利亚成立了小规模的殖民地，19世纪50年代在维多利亚的矿区，后来在北昆士兰的甘蔗田，都有活跃的小块意大利移民聚居点。开始时，来的希腊人很少。取道苏伊士运河的新航线令希腊人得以更容易地移民澳大利亚。许多人是以海员的身份到来的，结果就留在了这里。到1914年时，生活在这里的希腊人至少是1890年时的三倍，咖啡馆和鱼店成了被他们垄断的行业。近年来，一些批评家宣称，澳大利亚实际上会排斥地中海地区的人，但在1914年之前的十二年中，总计有4775名希腊人来到这里，只有一个人被拒绝入境，而他之前曾经蹲过监狱。

太平洋岛民和华人是新的移民政策主要针对的对象。这些岛民之前在星罗棋布于昆士兰众多河湾之侧的甘蔗田中劳作。根据第一届议会的命令，他们必须离开澳大利亚。在1904年3月之后，不得再招募任何一个岛民。因为这些人的辛勤劳动曾是制糖业成功的关键因素，议会投票通过决议，为这之后由白人劳动者种植、收割和装运的所有甘蔗提供大额补贴。在1906年到1907年的夏天，约有4400名美拉尼西亚人做好准备，带着他们包括煤油灯和缝纫机在内的新装备打道回府。来自所罗门群岛的人从凯恩斯扬帆启程，新赫布里底人则从布里斯班出发。约有1500人基于值得同情的原因被允许留下，他们或是已经在这里生活了很长时间，或是拥有可终身保有并自由处置的土地，或是娶了其他种族的女人为妻。

在政治上，几乎每一个针对某个问题的解决方案，都会产生新的问题。澳大利亚北部的经济增长依赖廉价的劳动力，而这种廉价劳动力却在缓慢消失。炎热的昆士兰沿海地区的糖料种植园主得到了联邦补贴作为补偿，但却没有任何补贴发放给西昆士兰和西澳大利亚金伯利地区的人，在那里，阿富汗的骆驼客是主要的承运者。在北领地和昆士兰远北地区，矿工、果蔬种植园主、杂货店老板、裁缝和其他熟练技术工人主要由华人构成，而在北部海域，亚洲人是采珠船队中潜水采珠人的主力，他们都没有得到任何补贴。

如果澳大利亚热带地区曾经向廉价劳动力开放的话，它的人口可能还会继续增长。但与之相反，除了在糖料田中，这里的人口增长经常陷入停滞。这是白澳政策的经济代价。只拥有很少几条铁路、严重依赖沿着海岸定期航行的小型船只的热带地区，在联邦政府坚持所有沿海船只都必须由澳大利亚白人拥有和运营之后，受到了进一步的打击。这个政策的初衷是可以理解的，但它却导致了高昂的运输费用，阻滞了经济发展。因此，热带地区尽管拥有澳大利亚五分之二的土地和更高比例的海岸线，却在接下来的半个世纪里被置于经济隔离之中。

新的联邦政府还必须为正对着澳大利亚热带地区的海岸线制定一个政策。山峦起伏、密林覆盖的新几内亚岛及其岛链曾被分为 3 个殖民地，分属荷兰、德国和英国。从 1906 年起，英属新几内亚及其正对着昆士兰海岸的领土，以正式的巴布亚领地之名处于澳大利亚议会的管辖之下。那时候，到底有多少人生活在这片与维多利亚同样大小的土地上？没有人知道，因为许多山地和沼泽都没有被探索过。许多人都是文盲，但与澳大利亚土著居民的土地所有权问题不同，他们对土地的保有权却得到了尊重，因为大家在这一点上有共识。巴布亚人是一个以农耕为业的民族，他们很容易就在全球经济中找到了自己的容身之地，远比四处流浪的土著居民起初尝试适应时更轻松。同样，他们对基督教信仰的热忱，也令传教士们倍感欣慰。

对巴布亚影响最大的澳大利亚人，是信奉天主教的律师休伯特·默里爵士，他曾经参加过布尔战争。1904 年 9 月，第一眼看到巴布亚首都莫尔斯比港时，他便决定为其献身。这座小城有一座珊瑚礁为其挡住海上的风暴，陡峭的山冈设起了朝向内地的屏障。白墙、铁皮屋顶的建筑散布于城中，有一些立于路边的支柱之上。下过雨后，路上就会变得泥泞不堪。城里的 50 名欧洲男性和女性大部分靠着购自几个商店和一家酒店里的听装和瓶装食物为生。默里的妻子西比尔来了一个星期后就返回悉尼，这一点儿都不让人意外。她的丈夫将在此后的三分之一个世纪里继续主持巴布亚的政务。

* * *

如今，飘扬在这些外国军事基地上的，是一面真正的澳大利亚国旗了。一家流行杂志和哈夫洛克烟草公司为征集国旗设计的比赛提供了奖金，它吸引了来自澳大利亚和新西兰的 33000 个参赛作品。1901 年 9 月，这面旗帜第一次飘扬在墨尔本展览馆的穹顶之上。南十字星和米字旗的三个十字[1]占据了旗帜的主要位置，舆论对这种将澳大利亚符号和

1 米字旗的正式名称为大不列颠及北爱尔兰联合王国国旗。三个十字指构成“米”字形状的白底红色圣乔治十字、白色 X 形圣安德鲁十字和红色 X 形圣帕特里克十字。

英国符号结合起来的做法大加称赞。在大多数澳大利亚人眼中，南十字星在那时要比它现在更重要。它指出了澳大利亚在世界上的地理位置，同时，在那个前电力时代，在越来越多的澳大利亚人居住于其中的灯光微弱的大郊区，人们对它在夜空中闪耀的璀璨星光的强烈兴趣，也从这个符号中反映出来。在这个和不列颠群岛一样将去教堂视作习俗的国家，旗上的众多十字，被骄傲地视作基督教的符号。新的国旗在巴布亚被接管后做出了小小的改动，那颗大的联邦之星上增添了第七个角。

令人好奇的是，纸币和硬币并没有被列入新的国家地位符号中。从 19 世纪 50 年代起，澳大利亚就已经铸造了国内的大多数 1 英镑和半英镑金币，甚至还会向外出口。但这些金币以及从英格兰进口的银币和铜币，并没有独特的澳大利亚徽记。新成立的国家继续使用相似的英国货币，直到 1910 年乔治五世在伦敦加冕。澳大利亚决定自行设计面值超过半便士铜币以上的所有本国硬币。与硬币不同，在澳大利亚流通的纸钞很早就已经拥有独特特征，尽管它们通常是由澳大利亚无数的私营交易银行而不是殖民地政府发行的。1911 年，由联邦政府创立的澳大利亚联邦银行促成了两年后的第一轮官方纸币发行。前来访问的英国小说家莱特 · 哈葛德站在墨尔本的一台特殊彩色印刷机前，在联邦总督及其家人之后，正式印刷出了编号为 4 的一张钞票。

进入绝大多数澳大利亚人钱包的第一张纸币，面值是

10 先令。以深蓝混以其他颜色为底色，票面上展示了河水从这个国家的第一个大型水利灌溉工程古尔本大坝倾泻而下的场景。1 镑的票面图案是在井下工作的矿工，5 镑是平静的霍克斯伯里河，10 镑描绘了成群结队满载成包小麦的马车，20 镑的则展现了正在昆士兰砍倒一棵参天大树的几名男性。本质上，大多数流通中的新纸币上的英雄，都是澳大利亚的体力工人。在许多年的时间里，英国王室并没有出现在澳大利亚的纸币上。第一枚澳大利亚联邦邮票出现于 1912 年，它替代了每个州各自发行的邮票。流行的一便士邮票上画着一只站在澳大利亚地图上的红袋鼠，人们可以用它将一封信寄到远至伦敦的各个地方。

自从银行倒闭、萧条和干旱以来，这个国家的精神和政治气氛就发生了变化。1890 年，大多数澳大利亚人都相信，所有人都应该努力工作，攒钱为自己养老——如果他们有机会活到那么长的话——而且不应当向政府请求过多帮助。但二十年后，这些想法开始消退。那种付首付买下一个小农场、拿起斧子犁头埋头苦干的梦想依然存在。这个旧梦或许影响着半数澳大利亚人，但肯定不会更多了。

大多数城里人转向了行业工会和政府，试图改善自己的命运。这些工会或许比任何其他国土上的工会都更强大，而工会会员在申请某些特定工作时，越来越受到青睐。左翼自由党人和工党的主流派努力开出超过竞争对手的优惠条件。选举日成了拍卖日。那些竞选承诺逐渐被错误地视作普通澳大利亚人生活标准的关键决定因素。

在1895年到1910年间，普通家庭进入了一个看似更安全的世界，受到一把众多善意立法构成的大伞的保护。一般的小孩很早就能享受到免费的小学教育，现在，在大的城镇中，高中也被建了起来。工作场所受到越来越多的法规监管。在大多数城市职业中，不管是在店铺、工厂还是铁路，政府相关部门都对最低工资和较短的每周工时作了规定，但同样的待遇并没有普遍惠及边远地区的劳动人口，而这些地区提供了全部工作的约四分之一。大规模的劳资纠纷越来越多地由法官或强有力的专家委员会主导解决。许多年满65岁的人都能领到养老金，这笔钱比一个体力工人工资的四分之一还多。从1910年起，新生儿的母亲可以获得生育津贴。与之相对应的是，免费住房和免费医疗服务仍不存在，也没有针对失业人口的救济金，而这些人的数目正在显著增加。

新的安全伞试图保护澳大利亚免受外国竞争的威胁，这是一项颇为艰难的任务。政府下属的事业机构，比如铁路和邮局，都已经受到了保护：几家工会在游说高工资这件事上做得如此成功，以至在1903年，维多利亚州进行了一项实验，将铁路部门员工列为两个特别选举人群，而公务员单列为另一个选举人群，希望借此扼制他们在选举日的影响力。在全澳范围内，针对进口产品的关税的上涨，如今保护了数目激增的工厂。联邦政府开始坚决地要求，作为回报，这些受到保护的工厂应当向员工支付更高的工资。一个标志性事件，是 1907 年由新成立的联邦调解及仲裁法院的希金斯法官做出的一项决议。他裁定，麦凯公司设在维多利亚桑夏恩的一家高效的制造及出口马拉机械收割机的大工厂，必须向其不具有专业技能的工人支付每周两镑两先令的所谓基本工资。

州政府和联邦政府介入了更多的工业部门。澳大利亚开始通过禁止外国船只和海员在繁忙的海上贸易线路上经营从业的办法，保护本土海员和船只。各州政府开始设立更多的下属企事业单位，维多利亚在新城旺萨吉开设了一家大规模的国有煤矿，昆士兰甚至开办了一连串的国有肉店。随着电力变得重要起来，几家私营电力公司被国有化了。大的牧场被强制收购，分割成小规模的农场，或是被单独列出，开征 1910 年通过的联邦土地税。各种社会问题被爱管闲事的政府逐项解决。酒类的销售受到越来越严格的监管，在维多利亚，约有半数的小酒店在三十年的时间里被迫关张。态度强硬的基督教妇女戒酒联合会在欢呼和庆祝 1902 年赋予所有女性选举权的联邦投票胜利时预测，她们手中的选票将撼动“酒类贸易的政治力量”。如今，普通成年人喝的酒要比二十年前少多了。

澳大利亚和新西兰在这一阶段的社会实验中走在了全世界的前头。他们所做的一切，都在欧洲得到充满热情的报道，有时候带着天真无邪的欢呼，有时候则伴着惊恐不安的叹息。大多数澳大利亚人感觉他们的社会更加公平，强大的保护之臂遍及各处，从而获得了强大的满足感。但有时候，这只手臂也会软弱无力，或是被长长的袖子挡住。尽管部分福利金来自财富的重新分配，尤其是通过最新开征的、由富人掏腰包的收入所得税，但也有许多新的福利金——无论是关于高工资还是低工时的——都是来自复杂程度令人难以想象的一系列政府监管法规，以及对某一类工薪人群悄无声息的损害，从而令另一部分人可以公开获益。这顶冉冉升起的社会保障之伞，固然对那些奋斗终生的人是一个安慰，但却降低了对所有人的激励。

在 1900 年到 1925 年间，美国以间接方式向其治下的国民提供了比澳大利亚更大程度的福利。它通过的保护性法案更少，但却以认可激励机制、释放能量的方式提升了生活水平。一点一点地，美国赶上并超越了澳大利亚的生活水平。在为人民提供庇护和鼓励他们之间，存在着微妙的平衡，美国或许在一个方向上走得太远，而澳大利亚则在另一个方向上过犹不及。诞生于 1917 年的苏联受到了那些令人兴奋的澳大利亚和新西兰实验的影响，它将最终证明，当保护伞太大而又太笨重之时，对人民的伤害将超过对他们的保护。为了这顶伞而付出的代价，是个人自由的丧失。

一位百万富翁所支付的收入所得税率，这时还不是惩罚性的。在旧的和新的工业部门，仍能获得巨大财富。在城市，有时候也会在绵羊产区，能够见到辉煌宏伟的大宅，兴建它们的钱来自羊毛、牛肉、地产交易、进口商行以及早期的金矿和晚期的矿山。风风光光的赴海外一游，仍是澳大利亚富人的梦想。《伦敦每日邮报》的阿奇博尔德 · 马歇尔在他 1909 年的澳大利亚之旅中，曾经在许多乡村大宅中受过款待，他写道 ："在我的回忆中，总有某个家庭成员要不是正身处英格兰，就是刚刚返回，或者念叨着很快就要回'老家'看看。"

* * *

尽管数量不多，但汽车已经行驶在路上。1896 年，美国底特律的亨利 · 福特制造出了第一批日后扬名天下的福特汽车。它拥有一个汽油发动机，以链条驱动，更像是一辆自行车。司机用舵柄而非方向盘操控方向，为了向马和行人发出警告，通常会有一个人走在车前头。同一年，墨尔本的一个名叫赫伯特 · 奥斯汀的发明家开始制造汽车。后来，他移居到了英格兰，在那里制造出了冠以其姓氏的汽车 ：大名鼎鼎的奥斯汀宝贝。

在南澳大利亚曼纳姆的河岸附近，一辆蒸汽驱动的汽车由专门制造耕犁的约翰 · 希勒建造出来。另外的一辆诞生于墨尔本，制造者是生产蒸汽发动机和锅炉的赫伯特 · 汤姆森。他用煤油为燃料，烧开汽车中一个小长方形锅炉中的水。汤姆森的汽车前轮要比后轮小，装备了新发明的充气自行车轮胎。与一辆华丽马车车厢十分相似的车体，是用制作小提琴的白蜡木和银桦木板制成的。1900 年，这辆汤姆森汽车从巴瑟斯特出发，行驶了 800 公里，安全地回到它位于墨尔本的家中。对于某些熟练技术工人来说，从制作马车向制作汽车的转换轻而易举。爱德华 · 霍顿最初就是阿德莱德的一名制造商，澳大利亚最流行的汽车品牌，就是以他的名字命名的。

1900 年，对石油产品的主要需求是煤油而不是汽油，但汽油的销售量却在增长。几十年中，装在容积为 4 加仑的马口铁桶中、再以松木箱作为外包装的进口石油，被分销到澳大利亚各地。开车的人从铁桶里倒出汽油给车加油。装汽油的松木包装箱是澳大利亚后院里常见的物件之一。女人把洗好的衣物放在箱子里，扛到院子里的晾衣绳那里晾晒。

澳大利亚道路上大多数的汽车都是进口的，而且全都吵闹不堪。在繁忙的街道上，拉着大车、出租马车和轻便马车的马匹经常会被噪声大作的汽车惊到。1901 年，一匹被牵到路边溜达的年幼赛马受惊后冲向了一辆缓慢移动的汽车，酿成了死亡事故。澳大利亚法庭判决，汽车司机应当在开近这匹马之前停车。按照法院指令，他必须支付巨额损害赔偿金。

一辆新车十分昂贵，而且很容易被扎破轮胎，或是出现其他故障。城市以外地区的路况也很糟糕。整个国家处于一场交通运输革命和能源革命的边缘。煤和蒸汽的时代即将受到石油时代的挑战。鉴于澳大利亚幅员辽阔，没有任何一个其他国家会比它更能从汽车发动机中获益。但从另外的意义上讲，新的发动机却也削弱了澳大利亚的整体经济。它需要石油，而澳大利亚必须在六十多年的时间里以高昂代价进口石油。

在1900年以前，这个国家基本上所有的自用燃料和人造能源都能自给自足。它开采出铁路和汽船所需要的所有的煤，纽卡斯尔的港口甚至还会将黑煤装载于成队的帆船中运往上海、智利和其他港口。同样地，这个国家也砍伐了所有自己需要的木柴——这可能是当时最普遍使用的燃料，不管是在千家万户中，还是在面包烘房里，甚至可能用于火车机车。当然了，草、干草和谷糠也是燃料的一种形式，因为它们喂饲了数百万头拉车的阉牛和役马。风也是一种关键能源，它驱动了风车和深海帆船。可是汽车、卡车、摩托车和简单的飞机很快就到来了。它们需要汽油，但澳大利亚却基本上不产汽油。本地的石油来源因此变得至关重要。

在昆士兰内地，小镇罗马和镇上的2000名居民需要增加供水，于是，他们开始在医院山上缓慢地开凿一口自流井。凿出的第一口井找到了水，但却不够。在1900年10月16日早上天还没亮的时候，第二口井打到1公里深的时候，泥水突然溅射出近20米高。喷出的水流并不稳定，有时候还会消退下去。开始时，没人能够确定，到底是什么导致了这一现象。事实上，这是天然气首次在澳洲大陆上被发现。

关于天然气的传言开始满天飞，一位乐观主义者宣称，其品质要比用黑煤制成的“伦敦气高出 50%”。1906 年，在医院山上建起了一个储气罐，输气总管一直铺到了大街上，而在 6 月 9 日，罗马镇首批 11 家店铺被这个六年前偶然发现的成果照亮。在兴奋中，一盏街灯也点亮了。然而，燃气很快便开始供应不足。14 天后，它彻底停了。人们对这口不听话的燃气井大事修理了一番，最后还是放弃了。许多那个时代的地质学家并不认为能在澳大利亚发现有开采价值的石油和燃气。

另一个昆士兰人却认为他知道合适的岩层在哪里。作为世界历史上一个少有人知的巨人，威廉·诺克斯·达西 16 岁的时候从伦敦移民到罗克汉普顿的河港，并在那里成为一名初级律师和当地赛艇俱乐部的主席。1882 年在附近的山丘中发现一个储量丰富的金矿之后，他成为摩根山公司的大股东。这是第一家在一年时间里便发出 100 万镑股息的澳大利亚公司。他和他的妻子、三个女儿和两个儿子回到了英格兰，在那里过着如同伊朗国王般的生活。为了装饰他位于米德尔塞克斯郡气势恢宏的大宅斯坦莫尔府的餐厅，他委托爱德华·伯恩·琼斯设计了以《圣杯传奇》为主题的挂毯，这一杰作如今被陈列于格拉斯哥美术馆[1]中。在埃普索姆的赛马场中，他有自己的私人大看台和餐厅，而且经常雇一辆特别列车将他的宾客送到德比。他长着一张圆乎乎的十分喜庆

1 即格拉斯哥的凯文葛罗夫美术博物馆（Kelvingrove Art Gallery and Museum）。

的脸，留着向下弯曲的八字胡，秃着脑门。他和他满身珠光宝气的妻子是伦敦歌剧院和欧洲温泉疗养胜地的常客。

1901 年，凭借着从摩根山公司获得的财富，他开始不惜代价地在伊朗寻找石油。七年后，就在他的钱几乎花光之时，他在中东发现了第一块油田。他的发现对世界贸易、战争和科技的长期影响，直到他于 1917 年去世后才变得明显起来。但他将成为中东历史上自先知穆罕默德以来影响力最大的一个人。

* * *

在银行接连倒闭后的十年中，那些生活在内地的澳大利亚人从跌倒的地方爬了起来，咬紧牙关继续奋斗。从西到东，一连串金矿在整个大陆被开掘出来，在连续九年时间里，它们的黄金产量超出了 19 世纪 50 年代中期那些富庶年份里的出产数量。在大陆的西南地区，开拓出了一条小麦种植带，许多农场主都来自南澳大利亚的麦田。在维多利亚，澳洲油桉丛被碾倒后放火焚烧，小麦随即被种植在干旱的浅红色土壤上。从来不曾有如此众多的人投身于土地。在澳大利亚比较湿润的那部分地区，森林被砍伐，围栏圈起了成群的爱尔夏牛、娟珊牛、更赛牛、短角牛、凯瑞牛和其他品种的牛，它们每天要被挤两次奶，然后使用丹麦脱脂器提取奶油，再将奶油送到附近的黄油加工厂。到 20 世纪早期，英格兰进口的工厂加工黄油，主要来自丹麦、法国和澳大利亚。

从新南威尔士北部的几条河流，到道格拉斯港[1]，这一路向北的 1500 多公里路上，窄轨铁路将成堆刚砍下来的甘蔗运往制糖厂。维多利亚西北地区是干果的中心产区，而葡萄酒中心则是南澳大利亚：联邦政府的官方年鉴曾写道，“澳大利亚人不太爱喝葡萄酒”，但这一观察将在 20 世纪 60 年代和 70 年代被戏剧性地改写。从塔斯马尼亚的果园中，圣日耳曼梨、绿皮的斯特姆苹果和约克苹果、红皮的斯卡莉特苹果被装进木箱、运往码头，从海上发往印度、马来半岛、南非和埃及。在霍巴特，许多苹果和莓果会被放在大桶中熬煮。1885 年，苏丹的英国军官伤员将这里出产的听装果酱抹在自己的饼干上，从而令其声名大噪。

农田产量有了显著提高，尤其是在旱灾结束后。因为干旱和羊毛价格低迷而减半至 5000 万头的绵羊，在接下来的十年中数量迅速上升，但直到第一次世界大战后才重回原来的峰值。其他牲畜的数量也都在增加，粮食作物的亩产量飞涨，大多数农产品都会在收获后立即被铁路运走，因为这是铁路建设的最后一个辉煌时代。夜色降临后，成千上万栋农场宅第里，在煤油灯或脂油灯的照亮下，人们心满意足地吃着自产的肉类和鸡蛋，或许还有自制的咸肉，以及自己种植

1　昆士兰北部港口。

的应季土豆、卷心菜、胡萝卜、洋葱和玉米。

这个国家的出口呈现跳跃式发展。从 1876 年到 1891 年的这段漫长岁月里，每一年，澳大利亚的进口都超过出口，只有一年除外。但在接下来的二十一年中，每一年，出口值都大于进口值。羊毛和黄金举足轻重，而多种多样的其他产品则紧随其后。在创造这个国家的主要财富的过程中，小型和中等规模的农场作为一个整体，变得与那些大规模的绵羊牧场同等重要。

针对小农场主的玩笑不计其数。以“斯蒂尔 · 拉德”这个笔名写作的昆士兰作家阿瑟 · 霍伊 · 戴维斯，1899 年写出了第一本以“老爸”——一个思想守旧的老顽固——“老妈”和他们的孩子们为主角的系列畅销书。戴维斯的这个以“在我们的选地上”[1] 为名、幽默诙谐的系列丛书，讲述了他从小长大的达令草地地区各个农场里的日常生活。老爸种下的第一种谷物只有 4 英亩地有收成，而所得尚不足以偿付他在之前几个月里跟杂货店赊账购买的农用物资。欠当地店铺老板的那笔钱，是压在大多数农场主头上的一个重负。或许直到 20 世纪 40 年代，在城里的小酒吧中最常被讲到的笑

1 即 On Our Seclection，selection 在澳大利亚特指移民根据 19 世纪 60 年代的一系列土地立法向政府廉价购入的土地，购入这些土地的人被称为选地农（selector），他们与作为既得利益方的擅占者（squattor）之间经常发生各种冲突。

话，都是以老爸、戴维[1]和他的女朋友玛贝尔为主角的。

在城市里，工厂忙着雇用新的工人。老的工厂在增长，新的工厂则翻着倍地大举扩张，1910 年，很容易就能找到雇用人数超过 700 人的工厂，为一度被进口商主宰的市场提供商品和服务。流行诗人 C. J. 丹尼斯曾经在自办的小报《牛虻》上讽刺过澳大利亚进口大量商品的那些日子："这个国家的成立嘛，众所周知，就是为了便宜那些生产破衣烂衫的外国老板。"

如今，衣服、帽子和靴子，还有不计其数的以前依靠进口的其他商品，都已经是澳大利亚制造的了。蒸汽机车和铁路客车在众多工厂中大批地制造出来，这其中包括詹姆斯 · 马丁设在高勒的工厂，悉尼的克莱德工程制造公司，以及位于维多利亚纽波特和新南威尔士雷德芬的大型政府工场。澳大利亚业已拥有几十家毛纺厂、大量制靴厂和鞋厂（墨尔本郊区科灵伍德散发着一股新皮子的味道）、为数众多的啤酒厂和卷烟厂，以及制造农业机械的大型车间。到 1912 年时，作为一个工业国家之基础的铁和钢，也开始被小规模地制造于霍斯金斯兄弟位于新南威尔士利斯戈的工厂，而一座规模更庞大的钢铁厂将由布罗肯希尔控股公司建造于纽卡斯尔河畔。但典型的作坊规模仍很小：它们可能是藏身于一条城中小巷的一个自行车制造商或印刷商，营业于

1 该系列的另一个主角，老爸的儿子，融入了作者本人的生活体验。

乡镇主街上的某个皮匠，或是两名在家里工作、赶着交付来自某家城市百货商店的订单的女裁缝。

尽管澳大利亚人被认为略显头脑简单、不懂世故，但在科学和工业领域却有着一些闯劲十足的问题解决者：寡言少语的墨尔本工程师 A. G. M. 米歇尔发明了推力轴承，从而令制造第一次世界大战时的巨型战舰和今天的长体油轮成为可能；布罗肯希尔的一个普普通通的小工头 F. J. 吕斯特，设计出了在全世界被推广使用、堪称冶金史上最重大革新发明之一的浮选法；阿德莱德的布拉格父子在晶体学领域做出了一系列开创性的工作，并一道获得了 1915 年的诺贝尔奖。

乐观主义重新回到了这个国家。19 世纪 90 年代的忍辱负重很快就被老一代部分遗忘了，而年轻一代除了道听途说得来的一些细枝末节之外，对此一无所知。澳大利亚再度对移民充满了吸引力。在 1906 年以前的那十五年中，澳大利亚基本上在移民方面毫无所获，因为许多幻想破灭的劳动者掉头去了海外——年轻人去寻找工作，年纪大的人则是落叶归根——而这些离开的人的数目几乎与那些新来的移民的人数齐平。如今，移民又开始如潮水般涌入。在 1911 年、1912 年和 1913 年这三年，码头上英国移民走下舷梯的景象几乎与上一个世纪最繁荣兴盛的那几年一模一样。

但这种乐观主义并没能持续。打断它的，先是突如其来的干旱，接下来，则是战争。

第三部分

从加利波利到乌卢鲁

第十二章

止战之战

在第一次世界大战前夕，英国的势力接近巅峰状态。澳大利亚人沐浴在温暖的大英阳光下。在许多方面，这两个国家都如同一体。二者间的移民流动、大宗商品往来和理念交换通常都十分顺畅。1914 年，大多数澳大利亚的高级政府职位仍由出生在不列颠群岛并在那里接受教育的人所占据。澳大利亚总督和 6 个州的总督都来自不列颠群岛。总理约瑟夫 · 库克是一名英国移民，而在战争开始时接替他的安德鲁 · 费希尔则是一名苏格兰移民。这看上去几乎有一点开历史倒车，因为澳大利亚的前四位总理均是在南半球度过了自己的童年，而在这四位总理中，两位最杰出者——巴顿和迪金——都是在澳大利亚出生的。在日常生活的许多领域，尤其是大企业的高层圈子，移民并不占主要地位。

在教堂的布道坛和报社的办公室里，经常可以听到不列颠群岛的口音。在那些分布于澳大利亚各地的圣公会和天主教主教中，很可能连一个在澳大利亚土生土长的人都没有。在四大教派中，唯独只有卫理公会主要由澳大利亚人构成，与其英国的母教会几乎没什么联系。私立的文法学校与英国的联系相当牢固。英国学者至少占据了澳大利亚大学中半数以上的教席，而且会将他们有志于深造的最聪明的学生送回牛津和剑桥。如果是主修音乐的学生，则送去德国进修。在音乐商店里出售的大多数流行歌曲和圆筒唱片[1]都是从英国海运而来的。来自不列颠群岛的新闻充斥了日报的版面。唯一一份颇有影响力而又敢于经常讥笑英国和英国王室的报纸，是每周出版的《悉尼公报》，而它也渐渐闭上了嘴。

在学校里，英国地理和澳大利亚地理同样需要学习。聪明的女学生可以将英国所有河流和高山的名字牢记于心。星期日的时候，他们会唱起赞美诗，只不过歌中会把与干旱的澳大利亚相似的耶路撒冷圣地的景色，转换为英格兰的青翠山峦和湍急溪流。在书店里，大多数畅销书都是从伦敦来的，而澳大利亚人或许要比英国人更热衷于读书。

港口中大多数的船只都是英国船，尽管德国和法国也

1 流行于19世纪末到20世纪初的一种录音和放音媒介，以蜡或赛璐珞制成，可以在圆筒留声机上播放。

运营着开往澳大利亚的客轮。英国公司拥有那些像蛇一样穿过海底、将澳大利亚沿海的主要电报传送站连接在一起的电报线。英国是澳大利亚羊毛、黄金、黄油、牛肉和其他出口产品的主要市场，尽管越来越多的产品——尤其是贱金属——卖到了德国、比利时和法国。这三个国家实际上购买了 31% 的澳大利亚出口产品，而英国购入产品的比例是 44%。精明的生意人预测，英国在贸易领域的重要性将进一步下滑。

在那些出生或长期居住于澳大利亚的成年人中，大多数都以身为大英帝国的成员而自豪，但他们视自己为不同于英国人的一群人。他们相信，他们拥有更完备的英伦品质——勇气、自力更生以及独立和忠诚的完美组合。典型的 14 岁的澳大利亚人，要比他们生于英国的堂表兄弟姐妹更身强力壮。

* * *

无论是那些酒吧里的矿工，还是俱乐部里的银行家，澳大利亚人的言行举止都和英国人不一样。从英国来的访客用不了多久就能笃定地做出这种区分，而在仅仅几十年前，这些差异还可能不为人所察。19 世纪 90 年代最受欢迎的诗人鲁德亚德 · 吉卜林曾让拟人化的悉尼咏出了一行诗，其中善意地提到了这个城市作为流放地的起源 ："你好！我已将出生时的污点，变为美善”[1]。吉卜林是位受人尊敬的个人主义者，可以自由表达好恶。但在1899年，当比彻姆伯爵作为新总督来到悉尼时，这个只有27岁的浪荡子未经深思便引用了吉卜林的这句诗，只不过文字上略加改动为“你出生时的污点，已让你改过自新”，结果引起了群情激愤。在墨尔本和阿德莱德，肯定有人在愤慨之外也颇感幸灾乐祸，但在悉尼，这段作为流放地的历史依旧是禁忌，而就算在提到的时候，也是作为一段家族秘密。不过，比彻姆好歹学乖了，领会到澳大利亚人心中的这股新的激进民族主义思潮，他随即成为年轻的激进作家亨利·劳森的资助人。

H. H. 蒙哥马利主教在担任塔斯马尼亚主教时深受众人爱戴，但如今我们知道他，却更多源自他大名鼎鼎的儿子蒙哥马利陆军元帅。在蒙哥马利主教返回英格兰的途中，他决定应当为前往殖民地的年轻神职人员提供一些指导。在1910年的一本小册子中，他建议这些人到澳大利亚后自己擦靴子，学会如何给马钉马掌。他写道，要小心“拿腔拿调的谈吐”。他警告说，永远不要提到“下层人士”，因为在奉行民主的澳大利亚，大多数人都不认为自己属于下层人士。他知道，澳大利亚人正变得敏感起来。

在第一次世界大战即将爆发前，英国移民的快速涌入触发了一股反英情绪。分辨刚来的英国移民变得简单起来，因

1 出自吉卜林的组诗《城市之歌》。

为澳大利亚人的口音乃至着装如今都不一样了。为了描述那些英国移民，一个略带贬义的词开始被使用。有那么几十年的时间，移民会被称作“新丁”（new chum），这种说法本身没什么恶意，但说的时候可以带上一丝嘲笑之意。但为移民起的新外号就颇为放肆了，或许还有侮辱嘲笑的色彩。这个词是在1912年前后出现的“英国佬”（Pommy）。“英国佬”这个词源自当时伦敦土话——尤其是在澳大利亚的英国人所操的伦敦土话——中一个常见的谐音押韵俚语。在这种俚语中，人们会开玩笑地改变普通名词的名字，所以“蛇”（snake）就成了“乔·布莱克”（Joe Blake），而“石榴”（pomegranate）就成了“移民”（immigrant）的俚语。似乎“英国佬”这个词就是从这流变而来的。

与不列颠群岛的一些文化纽带开始略现磨损。某些澳大利亚的公共机构，包括各类工会和互助会，与那些一度曾是其母会或姊妹会的英国组织如今只有很少的一点接触。同样地，许多澳大利亚作家和画家通过迎合本地的趣味和偏见，找到了一个广泛而热情的受众群体。在商店里，独特的甚至是标新立异的澳大利亚品牌名称赢得了大众的欢迎。比利茶[1]成为一个著名的茶叶品牌，而多纳吉公司出产的绳索，则以袋鼠为商标。此外，还有澳洲野犬牌的桉树油——澳洲

1 即Billy Tea，澳大利亚人将一种带有铁丝环和盖子、用于在野外烹饪、煮茶或盛装食品的圆筒形罐子称为billy。

的国药和万灵药。轮胎和白兰地都拿飞去来器当招牌，而从镀锌铁皮到番茄沙司，一大堆商品均以“库伊”[1]为名。

其他一些产品也都冠上了澳大利亚名字，比如鸭嘴兽、袋貂、鱼狗、锦鹦、金合欢树、特洛皮、异叶瓶木、尤里卡[2]、金块和天鹅（当然是黑天鹅）等。民族主义在商店里要比在学校中表现得更突出。在商场上，澳大利亚的制造商直接与英国产品展开竞争，而且在进口税的帮助下，销量渐渐超过了后者。

即便是在金融方面，民族主义也开始崭露头角。由英国人拥有的大型银行，逐渐在与澳大利亚本土银行抢生意时败下阵来。他们不仅输给了那些业务遍及全国的银行巨头，比如新南威尔士银行、澳大利亚国民银行和新成立的澳大利亚联邦银行，也不是阿德莱德银行和北昆士兰银行这些小型地区银行的敌手。在所有那些关于英国与澳大利亚之间紧密联系的溢美之词中间，存在着激烈的竞争。民族主义在商业贸易领域要比在艺术领域强势得多。

在言辞交锋最为激烈的国防和外交政策方面，一种帝国一统的感觉依然占上风。为了保持这种团结一致，在 1899 年到 1902 年的布尔战争中，澳大利亚派出了 1.6 万名骑兵

---

1 澳大利亚人在丛林徒步时发出的尖厉、拖长的招呼声，原本为土著居民所用，19 世纪中期后为许多英国移民所效仿并蔚然成风，参见本书第八章。

2 参见第六章关于尤里卡围垒起义的部分。

和更多的马匹，横跨印度洋，与英国人一道与布尔人作战。然而，英国和澳大利亚的经济利益和战略利益并不总是一致的。1905 年日本海军在东亚海域中对俄国的压倒性胜利，被许多澳大利亚人视为一个警告信号：有朝一日，日本或许会挥师南下。可英国和日本如今已经是海上同盟了，澳大利亚在这个国际三角关系中到底居于何处呢？

日本的军事崛起和德国在太平洋上海军势力的增长，都令许多澳大利亚人忧心忡忡。工党和自由党的政客都认定，澳大利亚应当学习如何保护自己，同时也帮助保护大英帝国。1911 年，联邦政府推出了面向男孩和年轻男性的强制军事训练。在堪培拉郊区附近的邓特伦，一所学院开始培训军官，而在杰维斯湾也开办了一所海军学院。新成立的皇家澳大利亚海军已经向英国造船厂订购了几艘造价高昂的巡洋舰和驱逐舰。当第一艘交付使用的“悉尼号”于 1913 年抵达澳大利亚时，它是当时世界上最先进的战舰。在第一次世界大战前的五年中，澳大利亚在海军和陆军上的巨大开支成了这样一个小国的沉重负担。

对澳大利亚在战争爆发于欧洲时几乎不假思索地卷入其中，一些今天的历史学家会倍感困惑。他们会问，对于如此重大的一个决定，积极投身于一场发生在遥远的世界的另一边的战事，为什么澳大利亚没有犹豫一下呢？但当时的澳大利亚人并不需要踌躇。一旦发生战争则必定与英国站在同一战线的这个决定，早在几年前便已经在无意识中做下了，而且它得到了舆论的大力支持。澳大利亚在情感上和文化上都与英国联系在一起。她主要的贸易伙伴是英国。她的海军防务仰仗英国。她甚至在绝大多数外交事务上将政策制定权交给了英国。毫无疑问，自身利益和情感都将她紧紧地与英国绑在了一起。澳大利亚依赖英国对日本加以遏制，她也依赖英国阻止法国和德国侵入澳大利亚在西南太平洋的势力范围。

* * *

今天，第一次世界大战经常被视为澳大利亚人带着对英国利益的盲目忠诚而远离国土进行的一场冒险。但恰恰相反，最开始的几场战斗其实离澳大利亚本土很近，而且部分原因是为了保护澳大利亚至为宝贵的通信线路。大家都早已忘记了，在战争最初的8个月里，澳大利亚的两次重大军事行动都是以无线电台站和电报站为中心的，而那个时候，由意大利人马可尼发明的无线电似乎很可能成为海战的关键因素。

在战争初期，澳大利亚向德属新几内亚派出了一支海军部队，占领了拉包尔的港口及其强大的无线电台站——这个发射台的功率很可能要比澳大利亚境内的任何一座都大。澳大利亚人还夺取了德国的瑙鲁岛和岛上的无线电台站。德国人这时候准备要予以还击了。在科科斯群岛上，耸立着一座英国的海底电报和无线电台站，此外，澳大利亚和科伦坡以及苏伊士之间的一条关键海上航线也从这里经过。1914 年 11 月 9 日，有报告说，德国的破袭舰“埃姆登号”驶进了视野范围之内。澳大利亚的轻型巡洋舰“悉尼号”正好离得不远。在一场速战速决的海战中，“悉尼号”的火力压制住了“埃姆登号”，将后者逼入了浅海。尽管这场战事的前半部分对于澳大利亚来说主要是在海上进行的，但那之后，就轮到陆军浴血奋战了。

澳大利亚人认为，在他们的历史上，1915 年 4 月 25 日是最值得自豪的一天。在那个星期日，当澳大利亚的千家万户或是前往教堂，或是享用着自己的周末烤肉大餐时，英国、法国、澳大利亚和新西兰的部队却在漆黑的凌晨登陆于拥挤的土耳其海滩之上。对达达尼尔海峡口的这个狭长半岛发动的袭击，目的是粉碎德国的盟国土耳其，从而开辟一条通往俄罗斯的军需运输线，帮助其数目庞大但却装备不足的军队。

澳大利亚的伤亡名单很长。数百人在试图向内陆挺进很短一段距离的过程中战死。曾经在尤里卡围垒起义中成为矿工中的英雄的彼得·莱勒，他的一个孙子就是阵亡者之一。澳大利亚部队的指挥官布里奇斯将军被狙击手的子弹射中，死于停泊在离岸几公里之外的一艘医疗船上。在战斗中，对于那些勇敢却孤立无援的土耳其民兵的敬意逐渐增长，澳大利亚士兵给这些对手起了一系列外号，比如贾科、阿卜杜勒等。

在登陆13天后，关于澳大利亚人英勇事迹的第一批详细报道出现在几乎每一家日报上。伦敦记者埃利·阿什米德·巴特利特曾经在前两场战役中担任战地通讯记者，他坚持认为，“在这场战争中，没有比这次暗夜中的突袭登陆更杰出的英勇事迹了”。对于一个拥有几个世纪军事传统的国家，这种赞颂想必会是激动人心的。但对于一个本国部队此前从未参加过任何主要战役的国家来说，加利波利登陆则被视作登上世界舞台的一次荣耀出场。战场被视同体育场，拥有英雄品质的国家是光荣的胜利者。此外，澳大利亚的士兵还为他们的家乡父老带来了另一种自豪。这个不太情愿接受自己曾作为流放地之历史的国家，将加利波利当成了弥补其出身缺陷、终于壮大成年的一个标志。

医生和护士们并没有感觉到这些光彩与荣耀。他们的医疗船会下锚停泊一两天，治疗以驳船和拖船从岸上运来的伤员。刚从霍巴特赶来的埃尔茜·吉布森修女曾描述过那些用担架抬上船的重伤员和自行走上来的战士，他们的脸上淌着血，有些人的衣服早已被海水湿透。偶尔，她也会为某个流血不止的土耳其人或廓尔喀人提供护理。有时候，这些送来的伤员“差不多所有人都面带微笑”，但在另外的一些夜里，数百名士兵来之前已经在战壕里待了一个星期，此刻正处于“一种极其恐怖的血污狼藉的状态下”。几天后，这艘船就会停泊在“臭气熏天、蝇虫纷飞、嘈杂不堪的亚历山大港”，红十字会的救护车队正等在那里。

在最开始的几个月中，50 万协约国军队登陆加利波利半岛，尽管大多数人并不是同时驻于陆上。他们在狭窄的海滩上扎稳了脚跟，夺下了陡峭的山麓和干涸的溪谷，但却无法再深入一步。战斗进入僵持状态。没有任何一支军队可以突破敌人的战壕防线，而当他们试图这样做的时候，全都蒙受了沉重的损失。

8 个月后，协约国军队静悄悄地放弃了加利波利。最后一批澳大利亚士兵在离 1915 年的圣诞节还有 6 天的时候在黑沉沉的冬夜中撤离。他们留下了数千座坟墓。在所有牺牲的协约国将士中，有 21000 名英国人，9900 名法国人，8700 名澳大利亚人，7500 名印度人和 2700 名新西兰人。土耳其的阵亡人数远远超过了所有这些数字的总和。

此次登陆的周年纪念日，将会成为两个遥远国度的国庆日。澳新军团日（Anzac Day）——ANZAC 是澳大利亚和新西兰军团的代号——将成为一个比星期日更神圣的日子。在这一天，从库尔加迪到达尼丁[1]，在成千上万个举行于黎明拂晓时或白天的纪念仪式上，你能看到洋溢着爱国热情的游行，听到布道般庄严肃穆的公开演讲，老兵们戴上了军帽和他们的军功章，降至一半的旗帜迎风飘扬，而号手们则吹响最后一班岗的号声。一些军事观察家会将加利波

1　新西兰南岛第二大城市，教育和文化名城。

利归为一场失败的战役，但许多澳大利亚人却珍而重之地将其视作一次在恶劣的敌国战场上进行了英勇战斗、最终不分胜负的平局。

大多数澳大利亚士兵后来都转战法国和比利时的战场，那里发生了最激烈的战斗。来自加利波利的老兵将会与应征入伍的新兵在那里会合。死亡人数很快便超过了加利波利的纪录。当战斗陷入僵持状态、法国战场上协约国的伤亡人数超过100万时，征召更多澳大利亚士兵的呼声变得强烈起来。1916年底，工党总理比利·休斯决定，依赖志愿兵的制度将被强制征召年轻男性前往异国他乡服役的制度取代。如今回过头去看，他本可以说服自己的工党在战争刚开始、群情乐观激昂的那几个月便采取这一强制征兵的政策，但在两年后，对战争的热情已经在衰减。无论是以人命还是以金钱计，这场战争都远比预想中的代价要更巨大。此外，战斗发生在离本土十分遥远的地方，而随着附近德国殖民地的陷落，德国海军被困守在几个彼此相距遥远的孤港之中，澳大利亚似乎也不再处于危险之中。

曾经支持工党的那些工会组织，开始抱怨工人们比雇主更多地成为战争的经济牺牲品。在战时通货膨胀之下，真实的工资水平在下降。英国针对爱尔兰的惩罚性政策，也令许多爱尔兰裔澳大利亚人对战争报以不温不火的态度。休斯本人则拥有一种广泛树敌的天分。他激怒了墨尔本助理大主教丹尼尔·曼尼克斯，四年前才刚刚从爱尔兰来澳的后者因此发表了一系列措辞咄咄逼人的演讲。天主教徒意见的摇摆不定，最终将维多利亚从休斯强制征兵方案的支持者变成了反对者。

已经令许多支持者离心远去的休斯，试图以举行全国公民复决投票的形式转移火力，让选民决定是否应当强迫年轻男性参军并奔赴海外作战。但在这项公民复决于 1916 年以微弱劣势遭到挫败之前，休斯便已面临了来自党内的打击。工党四分五裂。1916 年 11 月，休斯和 24 名同事脱离了工党，开始与保守派缔结联盟，意图在强制征兵方案失败后依然把持权位。在联邦政坛上，工党将自此进入一段流浪于旷野的时期，在接下来的五十六年中仅有十年执政。工党对强制征兵赴海外作战的强烈敌意，将一直延续到第二次世界大战期间，而那时澳大利亚自身便处于危险之中。

* * *

长达四年的战事，以一种无人预见到的程度重塑了本土的经济生活，而部分原因在于，这场战争要比人们预测的漫长且昂贵得多。食物价格和房租的上涨速度都超过了工资上涨的速度，而战争中的 1917 年，是至此时为止人们经历过的罢工和劳资纠纷最频仍的一年。关于战时强制征兵制度的争论，某种程度上是工作场所中资方与劳方之争的延伸，而工薪阶层的生活水平一直在走下坡路。

战争让人们的工作地点发生了变化。运营成本的上涨令金矿陷入瘫痪，因为它们卖出金条的价格依然和以前一样。蒙受损失的淘金市镇或许有一百个之多，在西澳大利亚的干旱乡村，当一些淘金镇上的士兵从战争中返回时，发现他们的故乡几乎已经成了死城。同样，那些在战前卖给德国和比利时冶炼厂的贱金属，现在没了市场，为了对铅进行处理，皮里港的几家冶炼厂不得不扩建，直至最终成为世界上规模最大的冶炼厂。羊毛作为最重要的出口商品，必须被大量储存起来。在德国潜水艇赢得对北大西洋上几条航道的控制权后，航班的稀缺阻碍了欧洲制造的商品的流入。至少这给澳大利亚的工厂们带来了某些激励。因此，进口钢铁的短缺促进了布罗肯希尔控股公司刚刚开办于纽卡斯尔的几家钢铁厂的繁荣。本地军火、铜缆和碳化钙的制造因进口商品的稀缺而得到了提升。

这场战争也增加了澳大利亚人的自尊心。在战事的最后阶段，军队里的大多数高级职位不再把持于战前的终身制军官手中，而是由业余军人担任：他们是工程师、银行家、生意人，甚至还有政客，当战争开始时，他们最初不过是些业余民兵。拥有犹太背景的约翰·莫纳什爵士就是这些全能型选手之一。当他还是一个墨尔本的年轻已婚男子时，便显示出了自己的多才多艺。利用下班后的闲暇时间，他在两年时间里便迅速读完了几门法律课程并拿下一个文科学位。作为一名采用新型强化混凝土修筑桥梁的土木工程师，他将接受军事训练作为和平时期的业余爱好。1918 年，在指挥一支约有 20 万人、包括美国士兵在内的部队时，他在冲锋时身先士卒，率先冲破德军防线，从而有助于迫使德军投降。

据说，与同级的英国士兵相比，一个典型的澳大利亚士兵显示出了更强的战斗力和更大的勇气。人们观察到，许多澳大利亚士兵在离开开罗或伦敦时，都会戏仿着英国军官一本正经的样子，或是在街上疯跑。一个澳大利亚兵要比英国兵更容易开小差或不辞而别。《曼彻斯特卫报》的 C. E. 蒙塔古留意到，在西线的战壕中，来自世界遥远的另一边的这些士兵“已经学会了用一种半好奇半怜悯的眼光打量我们这帮人，就像阶层地位较高、较幸福的人看待地位较低的人”。并不是所有的澳大利亚士兵都比英国兵个子高。毕竟，一大部分澳大利亚士兵是在战前的那十年中从英国移民到澳大利亚的，那时候他们还是男孩和年轻人。

澳大利亚士兵是自告奋勇、志愿参战的一群人，而他们被证明是一群十分勇敢的战士。他们的伤亡率要比新西兰士兵高，甚至比英国和加拿大士兵高得多。每 100 个被实际或准备派往海外作战的男性中，澳大利亚的伤亡人数高达 63 人。莫纳什将军私下写道，在加利波利，他的部队因为愿意挺身而出接受那些危险的任务而受到了人们的崇敬。“我们的伤员是最棒的，”他补充道，“他们唱歌，他们彼此打气，他们抽着自己的烟。”而在另外一方面，澳大利亚作为一个整体，并没有像那些实行了强制征兵的国家一样付出高昂的战争代价。如果单纯计算每个国家处于入伍年龄的男性人数的话，英国和新西兰人应征入伍的比例要比澳大利亚和加拿大人高。

在超过 30 万名前往海外参战的澳大利亚人中，大多数人都服役于加利波利和法国，但也有数千人被派到了其他战线之上。艾伦比的部队在 1917 年从土耳其人手中夺下了耶路撒冷，其中就包括了来自西澳大利亚的轻骑兵。许多在西线或美索不达米亚上方低空盘旋的小飞机，都是由澳大利亚人驾驶的。当协约国军队对爆发于新成立的苏联境内的内战进行军事介入时，一位参战的澳大利亚人因此而获得了维多利亚十字勋章[1]。澳大利亚的随军护士工作在每晚停泊于加利波利附近的医疗船上，她们一身白衣闪闪发光。

一共有 59258 名澳大利亚人在战争中阵亡或因伤而死。1917 年才参战的美国，死伤并不惨重。这场战争最重大的后果，或许将永远无法被尽数：失去的，是所有那些才华横溢的澳大利亚人，他们可能会成为联邦总理和各州州长，他们可能会是法官、神职人员、工程师、教师、医生、诗人、发明家和农场主，他们可能会是市长、镇长和工会领袖，他们还可能是另一代澳大利亚人的父亲。在这场战争中，那些拥有领导天分、浑身闪耀着勇气的火花、心甘情愿做出牺牲

1 英联邦国家中的最高级军事勋章，奖励给对敌作战中表现最英勇的人，无论其担任何等职务、处于何等级别。

的人，常常冒着最大的风险。一个年轻的国家很难负担失去这样一群人的沉重代价。

如此巨大的损失，必定影响了或许高达半数的婚姻以及在接下来的三十年中出生的半数以上的人口。假如没有战争，1918 年之后的婚姻登记表可能要被改写，许多正在阅读着像本书一样的历史著作的人，甚至是这些书的作者，可能都不会出生，而他们的母亲或许还是其他什么人的妻子。

比利 · 休斯和约瑟夫 · 库克爵士代表澳大利亚出席了巴黎和会。这是澳大利亚全新地位的一个标志，而几个主要的英国自治领全都在划分欧洲新疆界的和会上被给予了一席之地。休斯很咄咄逼人——他说，他有资格咄咄逼人，因为他在替 6 万名死者说话。在和平协议中，澳大利亚被赋予了对包括布干维尔岛在内的德属新几内亚的委任统治权。在那里，将会于 20 世纪 60 年代建起一座巨型铜矿。澳大利亚还获得了另一个德国殖民地——太平洋小岛瑙鲁——上的三分之一利益，这里盛产磷盐岩，以之制成的肥料越来越多地被用于澳大利亚内陆的麦田。澳大利亚事实上比在战争中牺牲巨大的意大利得到了更多的领土，虽然后者对殖民地也有强烈的渴求。1919 年 6 月，澳大利亚如同一个独立主权国家一样签署了和平协议。在战后继续当了四年总理的休斯，希望自己能够在任何可能影响本国利益的英国政策上均拥有发言权：他坚持澳大利亚必须独立签署对几个大国的海军做出限制的《华盛顿条约》[1]。

这场战争令澳大利亚成了一个国家，没有任何一个后来签订的涉及与英国正式关系的法令和协议，能在影响力上与之相提并论。当国际联盟于1920年11月在日内瓦举行第一次大会时，澳大利亚是42个列席的正式会员国之一。1931年英国议会通过的《威斯敏斯特法》，正式赋予了澳大利亚事实上已经拥有的独立地位。

理想主义者以为，这会是一场终止所有战争的战争，但它却很可能以隐蔽的方式促成了另外一场战争。这场战争令日本势力大增，而这个国家在整个作战过程中损失微乎其微。到20世纪20年代，日本的海上势力已经排到了世界第三位或第四位。这场战争还加速了几乎没有被察觉到的英国的经济衰退。甚至早在1900年，英国就已经在钢产量上落在了德国和美国的后面，而这是当时工业实力的晴雨表。然而，大多数澳大利亚人仍坚信那句被爱德华·埃尔加谱上了新曲、以《希望与光荣之土》这首歌的形式被传唱一时的祈祷词："上帝使你坚而益强。"在澳大利亚，很少有人察觉到，英国已经不再如此强大。它的经济力量和海军势力，或许都不能为一个无远弗届的庞大帝国提供防御，而日本人对这个帝国垂涎已久。

1 即1922年的《华盛顿海军条约》，对美、英、日、法、意五国之间战列舰和战列巡洋舰的总吨位比例做了限制。

第十三章

“无限的未来”！

建造数千座战争纪念碑的计划——没错，就是数千座——正在酝酿之中。每个城镇，每个郊区，每个有十字路口的村庄，以及大多数教堂和学校，都在着手为那些“可敬的死者”“光荣的死者”“本教会的好儿子”“本地区的好男人”“我们不幸殒身的英雄”建造一座纪念石碑，或是一份以镶金字母写成的荣誉名册。人们组织义务劳动，在荣誉大道两侧栽种树木，而在通向位于凉爽气候带的城镇的宽阔道路两旁，会栽下成行的榆树、橡树和其他欧洲树种，以纪念每一位战死或应征入伍的本地居民。许多荣誉大道长达数公里，每棵树旁都置有一块金属铭牌。没有任何一个欧洲国家表现出了如此显而易见的对铭记和纪念的渴望。

照料伤残军人、战争遗孀及其子女的任务耗资巨大，但不得不面对。需要上万座农场让退伍返乡的战士尝试耕作生活。光是这些项目的开支，就足以从财政上叫停澳大利亚向福利国家的迅速迈进。除了那些对正常财政准则嗤之以鼻的政府所推行的福利政策，新的福利方案大多数都不得不被延迟。在激进派政府赢得大选的新南威尔士和昆士兰，新的养老金和其他社会保障制度的创新之举将成为战后的一个时代特征。

在战争结束后不久，经济活动便萎靡不振。失业率之高超乎预期，在 1921 年很可能上升到了 13%。纽卡斯尔的新钢铁厂连续关闭了 9 个月。战争期间的劳资紧张关系一直持续下来，势不两立的罢工发生于煤矿和码头，甚至波及维多利亚的一部分警察力量。在 1919 年和 1920 年，因为劳资纠纷而损失的工作日超过了从 1900 年到 1939 年这段时期的所有其他年份，只有两年除外。在最大的金属矿开采区布罗肯希尔，粉尘使得深矿井的环境很不健康，那里针锋相对的罢工持续了 18 个月，最终以井下工人赢得更短的工时而结束。在一个澳大利亚的工薪阶层每周工作 48 小时或 52 小时十分常见的时代，布罗肯希尔的井下工人赢得了十分引人瞩目的 35 小时工作周的特权。

在靠近悉尼达令港码头的一座会堂中，一场会议带来的冲击波，将缓慢地震动全国。1920 年 10 月 30 日星期六，在这个社会党人的会堂中，26 名代表聚集在一起，成立了澳大利亚共产党。最初曾在本迪戈附近的基督教会担任牧师的苏格兰人乔克·加登，当选为掌握大权的工会委员会书记。许多小规模的左派团体和左翼运动都派出了各自的代表。汤姆·沃尔什成为海员工会的书记，三名女性代表之一是他的妻子阿黛尔·潘克赫斯特–沃尔什，她本人是女子和平军的成员，而她的母亲则是一位著名的英国女性选举权运动领袖。坐在会堂中的大多数人认为，1917 年的俄国革命是现代世界历史上最伟大的事件。他们号召"彻底消灭"中产阶级，着手尝试夺取所有工会的权力，最终在澳大利亚实现一个"无产阶级的共和国"。

在城市和乡镇，每日生活仍在很大程度上与三十年前没什么分别，除了负责赚钱养家的一家之主的工作时间稍微缩短了一些。然而，在乡村地区，人们依旧长时间辛苦劳作。在奶牛养殖地区，每天必须给牛挤两次奶，冬季里，或许有为数一万左右的孩子要在天还没亮的时候坐在牛的奶头旁边，往牛奶桶里挤奶，之后才能吃早饭，开始步行去学校。几乎每一个地方的母亲，都要干很长时间的活。她不会外出工作：她的家务活中已经包括了许多如今被转移到领取报酬的专业人士手中的任务。她要做果酱和酸辣酱，烤饼干和蛋糕，用玻璃罐子制作成排摆放于食品储藏室架子上的水果罐头：每一个体面人家里，都有一个食品储藏室。几乎没什么钱去买听装食物或包装食物，冷冻食物还闻所未闻，而快餐外卖还不过是肯德基创始人的一个想法。当妈的要缝补家里人的套头衫，织补袜子上的漏洞，负责所有的洗衣熨烫——

在速干免熨的衣服出现之前，那时候几乎所有的衣服都需要熨烫。她甚至还要为自己的孩子编织或使用手工操作的缝纫机缝制许多衣服。厨房仍是一个小规模的工厂。

1920年的一座典型住宅，仅拥有很少一些最多能让人省点力气的设备。在城市里，煤气炉替代了柴火灶用于烹饪一日三餐，但大多数家庭的冬季取暖仍要靠烧柴而不是燃气。电水壶和电熨斗还是新鲜玩意儿，冰箱难得一见，电动吸尘器、洗碗机和洗衣机仍是梦寐以求之物。至于通信方式，无线电于20世纪20年代晚期出现，而十分昂贵的电话是为办公室而非家庭而设的。拥有一部电话——没有拨号盘——的家庭要打给在长途交换台工作的女接线员，由她接通另一个电话号码。1920年，每100人中，只拥有4部电话，公司和个人的都包括在内。即便某个家庭拥有电话，想要打跨州长途电话也是荒唐的：墨尔本和悉尼之间的电话线路自1907年起便开通了，但一次简短的通话的真实成本，要比今天从悉尼打到伦敦还高得多。要再过一代人的时间，机械化的、节省人力的住宅才会出现。

在许多有偿工作中，一周的工作时间都很长。人数正在变少的女佣，每星期或许可以获准休息一天。护士几乎相当于女佣的一种形式，她们事实上要付上一笔钱才能在工作的第一年到医院中接受训练。金斯利·诺里斯医生与一位墨尔本的护士订了婚，但他很少有时间和她相处，因为后者每周工作72个小时。她不上班的那一天从晚上6点钟开始，到第二天晚上10点钟结束，随即便要继续从事护理工作。男女同工同酬要到很久之后才会发生。

对于大多数工薪阶层，星期六下午是用于进行体育比赛的闲暇时间，而傍晚则消磨在跳舞和看新电影上：有声片还没有取代默片。星期天是属于教会和主日学的。下午的时候，至少一半新教徒的孩子会去上主日学，而在一整天里，几乎没有一家商店开门，也没有娱乐的地方。哪怕只是上街走走，人们也会在星期天穿上自己最好的衣服，男人戴着有檐的帽子，女人则戴着装饰更为华丽的帽子。从星期一到星期五都是工作日，大多数人上班时或步行，或骑自行车，或是乘坐公共交通工具。星期一是洗洗涮涮的日子，对于家庭主妇来说，这是很累人的一天，湿衣服晾在后院的晾衣绳上，露天晒干。如果星期一下雨的话，几乎在每一条街道上都能听见抱怨和咒骂声。

每个乡村的城镇都有自己特定的购物日，通常是在周中，农场主和他们的妻子一早赶来，在阴凉地里拴好他们的马或停好自己的福特汽车，一边买着东西，一边聊着闲话，他们会前往卖牲畜的寄养场，支付账单——或者解释自己为什么一时还无法支付。在城市里，星期五的晚上商店会开门到很晚，因为售货员终于赢得了星期六下午放假的自由。

星期六是婚礼日——复活节周六是一个特别的嫁娶吉日。仓促而就的婚姻相当常见，但离婚却还很稀罕，男性是一家之主，要坐在餐桌的主位上，负责切烤肉和分面包。大多数男性都吸烟，自制卷烟取代了烟斗，在那些没有风的日子里，围观橄榄球赛和赛马的人群上方，会飘浮着一团清晰可辨的烟雾。抽烟的女性不多，而且在平常的一周里，大多数女性和或许占半数的男性都不喝酒。澳大利亚是否应当禁酒是可以引发一场彼此针锋相对的公民复决的话题，在大多数州里，从战争开始以来，法律规定所有酒店都应当在晚上6点或之后不久关门。维多利亚和南澳大利亚将把这些法律一直保持到了20世纪60年代。

理论上——实践中通常也如此——家是神圣的地方，而这时候的家，要比七十年后更加安全。20世纪20年代，梅·布拉厄夫人为她的歌《赐福这家》作了曲，十年后，男高音歌手约翰·麦科马克令这首歌在美国家喻户晓。墨尔本居民对于这样一首歌的作曲者就在他们自己的城市里出生和接受教育这件事深感自豪。一些人很高兴地听到，她是一个柠檬汽水和加香甜酒制造商的女儿，这些饮料是用来替代那些被谴责为破坏家庭生活之罪魁祸首的烈性酒饮的。澳大利亚似乎象征着家庭生活，《可爱的家》这首歌之所以出名，还要感谢另一位墨尔本女性内莉·梅尔芭夫人，在她光辉灿烂的歌剧生涯末期，这位在欧洲和美国度过大部分时间的歌手终于迎来了屡被推迟的退休生活，在亚拉山谷的新家中度过了大部分时间。

女性是属于家庭的。这是1920年时广为接受的一种说法，在其后的二十年中也是如此。然而，一位女性已经做好了进入议会、就影响每一位女性和男性的那些决定展开辩论的准备。澳大利亚是最早即赋予女性选举权、让她们有权竞选议会议席的国家，但一个又一个的选举日过去了，很少有女性参选，更没有人当选。1921 年，在西澳大利亚的州选举中，一位女性似乎有打破坚冰的迹象。伊迪斯 · 考恩是一位牧场主的女儿，当她 15 岁时，她的父亲因谋杀而被处以绞刑，这让她极度悲痛。18 岁的时候她就结婚了，最终生下了 4 个女儿和 1 个儿子。从 1894 年起，卡拉卡塔女子俱乐部成为一个经常展开激烈讨论的论坛，而在这里担任秘书时，她通过阅读英国人约翰 · 斯图尔特 · 穆勒和美国人夏洛特 · 帕金斯 · 吉尔曼的著作自学了政治学，同时积极从事致力于保护母亲和儿童的各类协会和联盟的活动。1921 年，她作为保守派代表参与竞选西珀斯这个富庶繁荣的选区的议员，最终取得胜利。她在议会中只当了一任议员，但在此期间，她提出了一项向女性打开法律职业之门的法案。

* * *

英国与大多数（但并非全部）澳大利亚人之间的纽带，因为战争而变得紧张起来。1920 年，卡尔古利的议员休 · 马洪发表了一份关于英国的十分叛逆且愤怒的宣言，这导致其正式被联邦议会逐出，同时举行了针对他所持席位的补缺选举。马洪再次参选，以 443 票落败。然而，对英国的忠诚更多地体现在情绪上而非实际事项上。比利·休斯在他认为澳大利亚的利益要求其将英国置之度外时，从来都会毫不迟疑地这样去做。

体育也能制造紧张事态。1932 年到 1933 年的那个夏天，在澳大利亚举行巡回赛的英国板球队为了限制有“鲍勒尔男孩”[1] 之称的板球天才唐纳德·布拉德曼，采取了威胁击球队员身体的“快速投球法”。整张英澳关系大网都因此突然被拉紧了。

英国船只继续在各个港口占优势地位。以吨位计算，80% 的入港船只是英国船。出口商品的半数被销往英国，尽管日本已经成为一个业务繁忙的贸易伙伴。日本买家定期前往在悉尼、吉朗和其他港口举行的羊毛销售会。在第一次世界大战前，其他亚洲国家购买澳大利亚商品的总数超过了日本，但在 1920 年，日本跃居首位。在澳大利亚境内运营的 7 个外国银行中，横滨正金银行的地位正冉冉上升。

20 世纪 20 年代来澳的移民主要是英国人，在有些年份里，这些移民如潮水般大量涌入。意大利人、马耳他人、希腊人和其他国家的人零星到来，为数不多。移民得到了部分鼓励，因为澳大利亚的出生率当时正在下降。在悉尼，从 1886 年到 1900 年，出生率从 44‰ 下降到了仅有 25‰，而每座城市都呈现出同样的态势。对那些以对人类行为评头论

1 鲍勒尔是离悉尼不远的一个新南威尔士城市。

足为己任的人来说，出生率的下降是一种震撼。悉尼的统计学家蒂莫西·科格伦咆哮道："在这样的情况下，没有任何一个民族会变得伟大起来。"导致出生率下降的那些年轻夫妇，是受到了19世纪90年代那不景气的一段时间的影响，他们推迟了结婚，直到有了一份稳定的工作。假如不是意外怀孕的话，他们很可能还会将结婚时间进一步延迟。据统计，在1905年的新南威尔士，三分之一的婚生头生子女都是在结婚之前就怀上的。世俗压力通常会让一个怀孕女性不多耽搁、尽早走进教堂举行婚礼。

越来越多的已婚夫妇更倾向于少生子女，因此，他们要面对蒙受教会和议会谴责的风险。他们被痛斥为一群只知寻欢作乐的人，不配做这个需要更多人口的国家的公民。大多数夫妇都对这些斥责置若罔闻，照样光顾那些出售避孕套的药店或理发店。对避孕手段的需求，从墨尔本郊区里士满某个后院作坊发展而来的一家公司的故事中折射出来。它开张于1905年，经营者是来自伦敦的移民埃里克·安塞尔，他用野生橡胶树的汁液制作避孕套——那时候人们通常将其称作"法国来信"。这家公司不断扩张，从20世纪70年代起更是转移到了海外，进而成为世界上最大的避孕套、医用手术手套及劳保手套的制造商。

对于一个丈夫收入在中等水平的家庭来说，如今的住宅要小一些，放在厨房正中的那种大木头桌子正在慢慢退出舞台。在新建的郊区，那种外围矮篱、房屋前脸或最主要的边墙上有一个装饰性烟囱的加州小屋式住宅变得十分常见，两窄条混凝土铺成的路面中间夹着草坪，从房前的大门一直延伸到房屋的一侧，为有朝一日家里购买汽车做好了准备。新房子只需要 3 间卧室，因为小家庭正在变成常态，除了那些占人口四分之一的天主教徒。这种改变来得很快。在 19 世纪 50 年代末开始进入生育年龄的澳大利亚女性，平均整个婚姻生活中要生育 7 个孩子，但那些在第一次世界大战前不久开始生儿育女的女性，平均仅生育 3 个孩子多一点。

每个家庭里出生的孩子变少了，但能存活下来的人却变多了。低出生率伴随着低死亡率。从 1900 年到 1930 年，一岁以下婴儿的死亡率减半。在以前卫生状况不如乡村的内城区，健康得到了最大程度的改善。伤寒和肺结核都得到了控制。在港口城市进行的医疗检查变得更仔细了。奶制品得到了监管，新鲜牛奶中的含菌量减少了。随着污水处理设施的扩展，越来越少的人家需要粪车来收集污水，用于灌溉菜园或倾倒入粪便收集点。城市中马棚的减少，也降低了病菌的数量。

在第一次世界大战期间，马匹保有量过了自己的巅峰期。拉轻型马车的役马和供人骑行的乘骑用马都在迅速减少，但那些能负重的农用驮马以及将肉、面包和牛奶送到家家户户后门口的马和马车，却还没有呈现出这种趋势。根据习俗，各种修理工人当然也只能从后门出入。

澳大利亚人在接纳汽车和卡车时表现出来的热情，很少能在其他国家看到。便宜又结实的福特T型车，赢得了众多农场主的青睐。摩托车则令年轻男性神魂颠倒。到20世纪20年代，汽车事故已经取代了溺水，成为暴力死亡的主要原因。到20世纪30年代早期，澳大利亚已拥有了50多万辆汽车、卡车和公交车，成为全世界机动化程度最高的国家之一。在机动车辆保有量上，澳大利亚或许排名世界第六，次于德国但位居意大利之前。美国在汽车制造上处于领先地位，借助道奇、福特、奥尔兹莫比尔、雪佛兰和许多其他汽车品牌，它占据了澳大利亚经济极具活力的一部分。20世纪20年代，福特在吉朗建起了汽车组装厂，通用汽车–霍顿也在20世纪30年代于墨尔本港建厂：霍顿公司在为美国汽车制造车身之前，最早是为南澳大利亚的马车制造车厢的。

火车的重要性正处于最高点，身穿镶边制服、头戴鸭舌帽的火车站长简直就是社会柱石。没有任何其他国家像澳大利亚这样，一方面铁路极长，而另一方面为这些铁路买单的人口又极少。穿过连一棵树都不长的干旱平原通向珀斯的漫长铁路完工于1917年，这几乎要比美国建起第一条横跨北美大陆的铁路晚了半个世纪，但乘坐新的火车跨越纳拉伯平原的澳大利亚人却很少。至少，如今那些受够了海上航行的富有的英国移民，可以在弗里曼特尔弃船登岸，在附近的珀斯坐上一列火车，途经阿德莱德、墨尔本和悉尼，最终到达布里斯班。在这漫长的旅程中，他们可能要在许多站点换乘另外的列车。带着年幼孩童的母亲发现，这一路行来可能是一场噩梦，即便他们订到了卧铺车的包厢。星期一晚上 10 点从珀斯出发的他们，最终到达布里斯班时，已经是下一个星期日的晚上 6 点 40 分了。

1911 年，北领地已经被南澳大利亚转交给联邦政府管辖，在这片应许之地中应许下的一个条件，是作为回报，将建起一条纵贯大陆的铁路，从而实现阿德莱德与位于其北面 3000 公里远的达尔文之间的迅速连接。1929 年，这条铁路修到了“狂野西部乡村”风格的艾利斯斯普林斯。它将在四分之三世纪的时间里一直作为这条铁路的终点而存在。

一列被命名为“甘”的缓慢的蒸汽火车，让记者和艺术家得以亲眼见到内陆地区及其红棕色的土壤。一些人认为，要将中部澳大利亚变为一片沃土，只欠铁路、灌溉、金刚石钻头和电力而已。20 世纪 20 年代充满了大胆的预测，而遥远的内陆在许多宏伟蓝图中都扮演着一个角色。人们设想着，这片大陆将能轻而易举地容下 1 亿人口，甚至是 3 亿。斯坦利 · 墨尔本 · 布鲁斯就是怀着这种希望的人之一。正如他回忆时所说：“在我担任联邦总理的第一个任期，我的确相信，澳大利亚拥有一个无限的未来。”

直到布鲁斯于 1929 年下台为止，在他当政的那六年里，“无限”是一个特别当红的词语。流行作家 E. J. 布雷迪写了一本 1100 页的鸿篇巨制，为其起名为“无限的澳大利亚”。他论证说，欧洲“没有土地的数百万人”必须被邀请前来这里，以免这个国家落入来自北方近邻的亚洲人手中。在他眼中，如果按面积计算的话，仅有3000名白人的北领地拥有像维多利亚一样的生产潜力。新的航空工业对这一想法深表赞许，它们表示，飞机可以征服以前难以逾越的距离。后来成为全国性航空公司的澳洲航空公司，其英文QANTAS实际上是“昆士兰与北领地航空服务”的缩写，而它便是作为“无限的澳大利亚”计划之一部分而组建起来的。

一个对这些乐观主义者大声说不的人，是格里菲斯·泰勒教授。他曾与斯科特探险队一道前往南极，研究那里的气候和地质。他认为，澳大利亚的大部分地区不过是另一个南极而已，只是炽热的沙砾取代了寒冰。在悉尼就任澳大利亚本土大学中第一个地理系的系主任之后，他驳斥了那些乐观主义者的荒谬。他回应道，到20世纪90年代末的时候，澳大利亚能够支持2000万人口就已经不错了。大部分土壤都很贫瘠，而热带地区对女人、孩子和从事重体力工作的男性很不友好。他警告说，在冬天那美好的几个月到温和东南季风吹拂之下的达尔文转上一圈就妄做评论，是不明智的。泰勒的说法很大一部分是正确的，但当他于1928年移居芝加哥之后，警告的声音变弱了。

这仍是一个探索的时代。人们相信，对于澳大利亚的潜力，才刚刚掀起了表面上的盖子。1929年，在两架空军飞机的辅助下，C. T. 马迪根博士开始探索辛普森沙漠中那些平行分布的、看似一成不变的沙脊。这样一个面积相当于维多利亚州三分之一的巨大沙漠，居然直到1932年才被命名，是一件令人难以想象的事。资助马迪根此次探险行动的阿尔弗雷德·辛普森是一位阿德莱德的制造商，他生产的洗衣机后来变成了家喻户晓的品牌。

当爱国热情高涨的澳大利亚人思索着应当如何开发这片空旷大陆的大片地区时，另一位阿德莱德地质学家和探险家道格拉斯·莫森爵士却在试图进一步开辟疆土。如今被赞颂为最伟大的南极探险家之一的莫森，在1929年到1931年间进行了第一次远征。两年后，澳大利亚正式将既包括海洋也包括陆地在内的一大片南极区域占为己有，莫森将这一区域命名为麦克罗伯逊地，以致敬他的主要资助者、一位墨尔本的巧克力制造商。如今，澳大利亚已经自视为一个幅员辽阔的强国了。它有一个宽广的本土大陆，一个冰雪之上的帝国，还有将昔日的英属和德属新几内亚殖民地合并起来的面积增大的多个领地，澳大利亚宣称自己所拥有的疆域面积，仅居于苏联之后。它是这个世界上曾出现过的人烟最为稀少的帝国。

* * *

一个新的地标比一块新的土地更能激发人们的想象力。悉尼港湾大桥被称作世界七大奇迹之一，然而这样说的人却从未见过任何一个其他的奇迹。据说它是到那时为止已建成的最大的单拱桥，宽度可以容下4条铁路轨道和6条车道，以满足一座拥有120万人口的城市的交通需要：当时的悉尼与开罗差不多大小，在全世界排名第十七，远远高于它现在的排名。桥身上方构成桥拱的钢结构，排列形式呈现出一种令人赏心悦目的对称感。有着石质桥头塔和巨大体量的钢结构的它，令悉尼市中心的其他建筑相形之下简直弱不禁风。这座桥高出水面甚多，一艘远洋客轮可以毫不费力地从桥下驶过。

它既是一座桥，也是一个欢庆的符号。它于1932年3月正式开始使用，这正是大萧条最惨淡的一年。它由悉尼铁路工程师约翰·乔布·布拉德菲尔德设计并监工，由英国米德尔斯伯勒的多尔曼·朗钢铁公司负责建造。布拉德菲尔德是两次世界大战之间的那种蓬勃发展的思潮的象征。公众的想象力很早就曾被他的另一个巨大的梦想所吸引——在那个梦里，他要将家乡昆士兰沿海那些大的河流里的水引入干旱的内地平原。

6个州建起了这个时代的大多数纪念碑式建筑。它们对国家生活的影响，要比谨慎前行的联邦政府更大。联邦政府直到1910年才向海外派驻了第一位大使，乔治·里德爵士以高级专员的身份前往伦敦。直到1912年，它才筹措了第一笔贷款，借到的50万镑部分用于建造一个伦敦的地标建筑——位于河岸街上的澳大利亚大厦。直到1915年，联邦才加入各州行列，开征收入所得税，而在许多年的时间里，联邦政府收到的税金远远少于各州收入所得税的总和。此外，联邦政府继续使用墨尔本作为首都，而不是赶着修建自己的都城。

对永久首都的选择，部分因为墨尔本与悉尼之间的对抗而耽搁下来。首都必须位于新南威尔士的边远地区，但到底选在哪儿却是争议所在。维多利亚人希望它能离悉尼越远越好。他们的企图几乎在1903年得逞，当时，众议院投票选择了蒂默特，一个偏远却美丽的小城，离冈德盖——一个火车时代的偏远城镇——有两小时的火车车程。与之相对应，参议院选择了邦巴拉，一个位于库马和堪培拉南边的群山之上、常年劲风不断的乡村。1904年，两院同时选择了气候寒冷的小镇多格蒂。这个位于离库马7小时马车车程的小镇，更适合作为宗教感化教养机构的所在地，而不是统治中心。新南威尔士出面干预了，它拒绝将这块领地交给联邦政府，从而令后者无法将多格蒂选做首都——虽然这样做或许违背了宪法。

1908年，亚斯–堪培拉这一地区成为热门，以微弱优势在众议院投票中获胜。在参议院中，每一个新南威尔士议员都把选票投给了离悉尼不远的亚斯–堪培拉，但维多利亚人却更青睐蒂默特。它离墨尔本要近得多。长时间的僵持不下，最终以另行投票的方式解决了，参议员们让堪培拉地区险胜。

于是，一度在阻挠联邦成立中出力最多的悉尼，反而得到了在距其仅有300公里的地方建起一座新首都的大奖。一份墨尔本报纸将这个决定称为“国是犯”。在20世纪80年代，当堪培拉呈现出一种非同寻常的繁荣和封闭、俨然一个自成一派的小集团时，不管这种呈现是真实的还是扭曲的，反正所有各州的众多澳大利亚人都对前人的这种看法有了同感。但对于许多第一次访问这座城市的人，当他们看到青葱碧翠的山丘、高高耸立的澳大利亚战争纪念馆和他们经常从书刊报纸上读到的其他国家机构时，都会充满欣喜的讶异之情，甚至会倍感自豪。

在被选中之时，堪培拉只有一个邮局、一所为那些沿着沙石路长途跋涉来上学的农场主子弟提供教育的学校、一家铁匠铺和一座建造于19世纪40年代的隶属圣公会的石头教堂。乡间的景色是迷人的，近处山高林茂，远处层峦叠嶂。这是那种假如海德堡画派当年能够轻易到达的话便会画出的、令人生出如梦如幻的思乡之情的风景。1911年，这一小块地区被从新南威尔士转交到了联邦政府手中，一道被交出的还有杰维斯湾的一小片土地，按原计划，这里将是联邦政府自己的港口，然而通向这个港口的铁路却一直都没有被建起来。

战争耽搁了这座由芝加哥建筑师沃尔特·伯利·格里芬设计的城市的建造。在青草茵茵的山坡上，建起了一栋白色的议会大厦，无论从任何方向远远打量，都像是一座五星级酒店。它于1927年5月9日正式揭幕，但预想中会出现的大批围观群众，却并不是来观看竣工典礼的。在到场的那些人中，有一位长着卷曲黑发的土著居民，他来自附近的城镇昆比恩，是一个靠投掷飞去来器赚点儿小钱的表演者。他的名字叫“神奇先生”[1]，当他被引见给约克公爵夫人时，他抓住机会，求告道：“赏给可怜的神奇先生 6 便士吧。”典礼之后，他步行 10 公里回到昆比恩，在一条僻静后街的土路上睡着了，身上没有盖毯子。这天晚上恰逢霜冻，第二天早上，人们发现他已经死了。

就在前一天，神奇先生还曾听着那些像罐头里的沙丁鱼一样挤在新议会大厦中的达官贵人的高声歌唱：“在你看来，千年如已过的昨日，又如夜间的一更。”[2]

他或许并无法理解每一句歌词，但作为曾经世世代代生活在澳大利亚的那些早期居民的后裔，他或许也像那些在这值得铭记的一天置身于那里的领导人一样，感受到了其中的含义。

* * *

堪培拉是 20 世纪 20 年代那一场浮沉无定的繁荣的产物：这场繁荣之所以浮沉无定，是因为在某些年份里，失业

1 此人真名为约翰·诺布尔（John Noble），表演时的口头禅是“太神奇了”，因此被称为“神奇先生”。

2 这是由英国赞美诗作家伊萨克·瓦茨（Isaac Watts）根据《圣经·诗篇》第 90 篇改编成的著名赞美诗《千古保障》中的一句，中文采用和合本圣经译文。

率会悄无声息地逼近10%。1929年末，这场繁荣显然已经结束。纽约证券交易所里的股票价格在两个月的时间里下跌了大约40%。在全世界大部分地区，信心都在下沉。羊毛、黄油、铅、肉、小麦和主要的澳大利亚出口商品的价格都在三年之中几乎减半。澳大利亚各级政府之前曾经为了兴建公共工程——尤其是公路和铁路——大举借债，如今，它们面临着巨额利息以及无法筹措到新贷款的前景。

失业的人到处都是：几百人排成长队，应征一个广告招聘的工厂职位；还有人在小镇里的比赛看台或边远地区的展览场地扎起帐篷，随后漫无目的地上路寻找工作。在建的住宅和商铺几乎全都停工了。到1932年时，失业率超过了30%，是世界上最高的国家之一。那些清晰地记得四十年前那场萧条的工作者，至少还有一个慰藉。在新的这场萧条中，只有一家大型银行倒闭，它就是据说在大英帝国的此类银行中排名第二大的新南威尔士政府储蓄银行。

之前几年在社会保障制度上获得的长足进展，开始显得空洞无力。在纸面上，大多数负责养家糊口的澳大利亚工薪阶层都享受着每周44小时工作制、最低每周工资标准、相对安全的工作场所和加班补助，以及专门裁定劳资纠纷的法庭和委员会。唯一的问题在于，根本没工作。一些丢掉工作的人能拿到被称为“苏索”的失业救济金，但这只能暂时应急，数目也很少。许多家庭都只能靠领取施舍的食物维生。

除了新南威尔士，其他地方还没有育儿资助[1]这回事。数以万计的女孩和男孩营养不良，在冬天只有单薄的衣衫蔽体。在 20 世纪 30 年代早期的夏日里，上学的男孩没有鞋子穿是常见一景。

澳大利亚一度被赞为一座冉冉升起的伊甸园。到 20 世纪 30 年代早期，这座人间乐园却是一幅荒芜凌乱的景象，甚至点缀着许多寸草不生之地。澳大利亚的确有几块繁荣富庶的地方。像卡尔古利和博尔德这样的城镇，实际上要比前十五年中更有活力，因为黄金这一唯一的大宗商品价格上涨了。一件意义深远的事发生于 1933 年 4 月，西澳大利亚人投票脱离联邦，因为他们认为，联邦政府不过是牺牲几个外围大州的利益去补贴那些老的东南部各州的政治工具而已。在西澳大利亚的 50 个选区中，6 个投票反对脱离联邦的，全都是以淘金为主业的选区，因此也就更加富庶。这一脱离运动被那些东部的大城市挫败了。到 1937 年时，整个大陆都经历了经济复苏，失业率跌到了 10%，伤口从而得以愈合。

在联邦议会中，两次战争之间的这些年对于工党而言犹如一片荒原。激进主义只在州一级取得了胜利，昆士兰的特德·西奥多和新南威尔士的杰克·朗像巨人一般大步前进。但在联邦政坛上，工党仍承受着战时围绕着强制征兵问题而

1 一种面向所有 16 岁以下儿童的家庭的福利金，不论家庭收入高低均可领取，直接发放给母亲或监护人。

导致的内部分裂的后果，此外，工党的政客们也在澳大利亚是否应当奉行孤立主义的问题上意见不一、彼此对立。第一次世界大战之前的典型工党政客相信，出枪出船可以保卫澳大利亚，但在战后，他们不再那么确定了。

新成立的苏联的那些崇高目标，激励了许多澳大利亚的工会主义者。在战争结束后不久，西方世界长达数月的失业狂潮给人们带来的震惊，让他们开始向他们一度宽容以待的管制资本主义以外寻求答案。1921 年，澳大利亚工党采取了一个社会主义的施政纲领，申明“以生产、流通和交换为目标，对工业进行社会主义化”。工党的这份宣言，其精神内涵并不像其文字那么革命。事实上，在这个作为其登上权力顶层的梯子的党内部，持温和观点的天主教徒正变得更有影响力。从 1929 年到 1949 年间，除了两年之外的所有时间，爱尔兰裔的澳大利亚人都把持着联邦总理的职位。这些国家领导人中有三位是天主教徒，还有一个改宗的前天主教徒。所有人都是在工党系统内升至了权力顶峰，只有一个例外，那就是在 1932 年以颇为轰动的形式离开工党、成为新成立的保守派政府之首的乔 · 莱昂斯（约瑟夫 · 莱昂斯）。

在那个时候，在英国和美国，天主教政客能取得如此巨大的成就还是难以设想的事。从 1929 年起，或许没有任何一个其他新教国家能像澳大利亚一样，涌现出如此多的在全国范围内取得政治胜利的天主教徒。

与此同时，除了被全球大萧条的阴影笼罩的那一届总理任期，保守派依然在联邦政治中占支配地位。一个开始时作为监管政策的反对者出现，但随即改变了主意的新政党，令保守派的势力得到增强。后来被称为国家党的澳大利亚乡村党，由一群农场主组建于第一次世界大战结束时。它最初的成功，有赖于从 1919 年起在联邦大选中实行的新的偏好选举制。作为议会中的第三大党，它向主流的保守派（分别称为联合主义者、民族主义者、联合澳大利亚党和自由党）施加压力。从 1923 年到 1929 年，在所谓的布鲁斯–佩吉联合政府中担任联邦副总理的该党领袖厄尔·佩吉博士，制订了众多推广糖、黄油和干果等大宗商品的方案，以保护那些不受保护的农场主。此时，典型的农场主所得到的保护，还无法同已经获得许多保护的制造商及其城市雇员相提并论。

从这以后，几乎每一个主要产业——除了羊毛、银–铅–锌和冷冻肉食——对政治拐棍的依赖，都与其自身效率同等重要。于是出现了一种日益恶化的趋势：对于那些通常本可以借助经济活力和日常生活中的发明创造解决的问题，却出台了无数新法规来作为主要的解决方案。大约六十年后，在计算机时代，略微过半数的澳大利亚人达成一致，要扔掉这根政治拐棍，但他们却发现，这件事并不容易。它像飞去来器一样，扔走了还会再飞回来。

这个国家正在变得对政治极度痴迷，几乎视其为观赏性体育运动的一个分支。每三年至少举行一次的联邦和州议会选举，意味着走马灯似的一轮又一轮竞选拉票活动几乎不会停止。1924 年推行的强制投票制度在全世界都是罕见的，它要求每个公民都必须在联邦大选的那一天到投票站投票，否则就要支付罚款。这种强制投票制是一位默默无闻的塔斯马尼亚参议员赫伯特·佩恩的主意。他曾热情地相信，这将迅速带来“民众政治素养的奇妙改善”，然而这一看法随即被证伪了。

有才华的人仍被大量地吸引着走上政治生涯。左派阵营拥有自己的一批没受过什么正规教育，却靠着天赋和求知若渴、博览群书而加以弥补的聪慧过人的年轻人。三位将在 1920 年到 1970 年间成为联邦总理的工党领袖——詹姆斯·斯卡林、约翰·科廷和本·奇夫利——都属于这种类型。而在另一方，保守派则吸引了受过大学教育的才智之士，比如斯坦利·墨尔本·布鲁斯、约翰·莱瑟姆、厄尔·佩吉博士和罗伯特·孟席斯，对于这些人来说，另外一些富有吸引力的职业生涯之门也向其敞开。这种人想要在工党中高升，还不那么常见。一个惊艳的例外是赫伯特·V. 伊瓦特博士，1940 年，他从高等法院引退，为工党赢得了一个悉尼选区的议席。有朝一日，堪培拉工党内阁中的几乎每一位成员，都将拥有大学学位。

在正常的十年时间里，许多富有天分的人会前往海外，然后一去不归。三分之一的罗德奖学金获得者在离开故土前往牛津学习之后，会在英国开展自己的终身事业。在那些出生于澳大利亚的杰出科学家中，至少半数在海外工作，其中就包括许多像霍华德·弗洛里和马克·奥利芬特这样的人[1]。众多澳大利亚培养出的技艺高超的艺术家工作于海外，比如音乐家珀西·格兰杰，小说家马丁·博伊德和亨利·汉德尔·理查森，以及好莱坞明星埃罗尔·弗林。许多作家虽然身在本土，却仍要将自己的手稿寄往伦敦寻找出版商。某些评论家高声疾呼，澳大利亚已经成为一个文化荒漠，有才华的艺术家最好是到海外发展。然而，一位知识渊博的观察家却于 1939 年在英格兰撰文指出，汉斯·海泽、阿瑟·斯特里顿、诺曼·林赛和莱昂内尔·林赛都拥有很高的声誉，尽管他们绝大多数时间都在自己的家乡故土之上素描绘画。他能指出至少 6 位留在本国的著名澳大利亚画家，这些人在澳大利亚公众中的知名度，肯定要比随便 6 个在世英国艺术家在英格兰寻常路人那里的知名度高。

在一段全国上下仿如一潭死水的时期之后，这个国家的智识和文化生活开始慢慢升温，趋于沸腾。在广播电台的帮助下，严肃的艺术观众人数开始增加。组建于 1932 年的澳大利亚广播委员会成为推广音乐的主力，在其安排下，许多著名音乐家得以开展全澳巡回演出。到 1937 年时，已经有 320 名音乐家全职受雇于这一机构。在数家俄罗斯芭蕾舞团前来访问演出之后，芭蕾舞也有了许多追捧者。

在第二次世界大战前夕，从维也纳、柏林和其他德语

1 前者是青霉素发明者之一，后者在曼哈顿项目中扮演了重要角色。

区城市岌岌可危的犹太人居住区逃难而来的难民，令交响音乐会和艺术展览的受众群体活跃起来。1939 年，《墨尔本先驱报》及其编辑基思 · 默多克爵士举办了一场现代欧洲艺术展，展出的 9 幅毕加索、8 幅梵高和数百件其他艺术作品让许多观众大为倾倒，尽管另外一些人只是站在那里木然凝视。很快，一小帮极其年轻的本地画家——其中包括西德尼 · 诺兰和阿瑟 · 博伊德，以及阿尔伯特 · 塔克和拉塞尔 · 德莱斯代尔——开始令一些本地艺术评论家深感兴奋。自从海德堡画派的画家在半个世纪前横空出世以来，在视觉艺术中，或许还从未有过这样一段新秀辈出的萌芽期。

教育被再度列入国家议程，如今，16 岁的人里面，四分之一都上了中学。在大学里学习对于大多数高中生来说还是不敢奢望的事，尽管西澳大利亚已经可以骄傲地表示，该州的大学完全免费。科学研究如果有助于解决经济问题的话，会在堪培拉的翼护之下得到蓬勃发展，联邦工业与科学研究组织的前身在制备某种病毒方面取得了巨大成功，在 20 世纪 50 年代，这种病毒被用于大批杀死农田和操场上猖獗为患的家兔。

对于善于观察的澳大利亚人来说，两场战争之间的这些年在绝大多数方面都令人失望。萧条让数百万人的生活化作一片废墟，或是留下了深刻的伤痕。“配得上英雄的土地”显然没能诞生，如今，另一场战争又迫在眉睫，而这个国家并未做好准备。

第十四章

来自日本的巨浪

1939 年 9 月，希特勒入侵波兰，一场在欧洲燃起的战争随即蔓延为一场世界大战，而此时此刻，澳大利亚并未做好准备。事实上，它比 1914 年时更措手不及，因为那时候，它的海军力量对于这样的一个小国来说算是相当强大的。空中力量如今向海上力量发起了挑战，但澳大利亚在航空领域却很薄弱。它的空军仅有少量最新型的飞机。然而，它却是少数几个从一开始就双管齐下发展航空的国家之一，这里诞生了许多世界级的飞行先驱。

多年来，公众一直不喜欢再增加国防开支，因为这将意味着更高的税收和更少的社会服务。约瑟夫 · 莱昂斯领导下的政府很晚才感觉到战争的临近，而作为反对党的工党中则有很多孤立主义者。工党的领袖约翰 · 科廷看到了空军的重要性，但在某个时间节点上，他几乎被那些连对机关枪都表示怀疑的同事所包围。同样地，在英国和其他民主国家，社会舆论中很强大的一派观点对第一次世界大战的悲剧十分抗拒，寄希望于国际主义、裁撤军备和绥靖主义来解决问题。这种反战运动的想法是高尚的，但却十分危险。一旦失败，代价将是灾难性的。风行一时的鼓吹裁撤军备和不惜任何代价追求“和平”反而让德国等国占了便宜，他们对在上一次战争中加诸己身的合约条款深恶痛绝，迫切希望将其废除。同样，日本和意大利尽管在 1918 年属于战胜方，但也对 1919 年和会上分给它们的那一点点战利品心怀不满。

对澳大利亚来说，这些愤愤不平的国家重新结盟将是一场巨大灾难。在第一次世界大战中，意大利和日本曾与澳大利亚并肩作战。载着大部分后来参与了突袭加利波利的士兵的一长串运兵船，正是在一艘日本巡洋舰的护卫下横跨了印度洋。从 1915 年到 1918 年，意大利海军在地中海沿岸保持的军事力量，确保了那片海域安全地处于协约国的控制下。然而，到 1940 年 6 月，意大利已经成了敌人，它的海军足以扰乱地中海东部地区的秩序，并由此殃及穿过苏伊士运河前往澳大利亚的主要海上航线。日本构成的威胁甚至还要更大。W. M. 休斯曾经一再预言如果日本改换阵营的话便会发生一场危机。他指出，十分精干高效的日本海军假如在 1914 年到 1918 年间是作为敌方参战的话，可能会分走英国海军在北海的许多兵力，从而让德国海军在那里赢得胜利。

到 1940 年时，日本海军和空军已经是敌非友，它们有能力对一个孤立无援的澳大利亚构成重大威胁。

1940 年 6 月，希特勒击败法国，这进一步沉重打击了澳大利亚的防务。在战争爆发以前，曾经达成协议，英国和法国海军将在与德国或日本开战时分担保护责任。如果日本军队表现出有可能向东南亚发动袭击的迹象，法国海军将会担负起地中海沿岸的防卫，从而让英国可以派遣大部分海军力量到新近在新加坡建立的海军基地，形成一支直插日本海军要害的矛头。法国出乎意料的溃败，意味着它的海军将不再能够站在英国的这一边。此外，法国的溃败也意味着其在印度支那的殖民地与位于今天越南境内的海军和空军基地也都可能落入日本手中，被当成向新加坡和菲律宾发动袭击的跳板。

* * *

对于这场最终演变为第二次世界大战的战争，澳大利亚的关键准备工作开始得或许晚了两年。执掌布罗肯希尔控股公司的工程师埃辛顿 · 刘易斯在 1934 年参观日本造船厂和钢铁厂时得出结论，日本最终将参与战争。两年后，在政府的支持下，刘易斯组成了一个私营辛迪加，开始在墨尔本港建造一家带有机场航空站的飞机制造厂。该厂制造的第一架飞机——速度缓慢的“挑战者号”[1] 教练机——于 1939 年 3 月试飞成功，它是那些或许刚刚能赶得及在战争中使用的速度更快的飞机的先导。

在战争的第一年，澳大利亚向英国派出了飞行员，向北半球派出了军舰，还向地中海东部地区派出了一支军队。这支军队的主要对手是北非沙漠中的德国和意大利军队。而在本土，在埃辛顿 · 刘易斯的领导下，人们成功开动马力制造出了种类繁多的军需品。当然，本来能做到的事还会更多，但因为在新南威尔士煤矿中举行的数起罢工事件，舆论上很不愿意接受牺牲让步，在堪培拉形成了政治僵局。

约瑟夫 · 莱昂斯去世后，罗伯特 · 孟席斯于 1939 年成为联邦总理。1940 年 8 月，一架轰炸机在堪培拉降落时坠毁，机上载有他的 12 名内阁部长中之 3 位，以及他的总参谋长，所有人全部遇难。一个月后举行了联邦大选，孟席斯对石油实行定量配给的决定，以及这次坠机事故所导致的原本牢牢掌握于自由党手中的席位变为独立席位，都影响了他的支持率。孟席斯是否还能执政取决于两个对他表示支持的独立议员之手。但他们的支持却在消退，而孟席斯自己的班底内部的关系也日渐紧张。在至为关键的这几个月中，当澳大利亚、加拿大和英国是对抗德国及意大利的主要盟军时，孟席斯常常不得不将注意力平均分配给党派政治和战争这两

1 这一名词源自土著语 Wirraway。

者。1941 年 10 月，两名独立议员改变了原有的政治立场，约翰·科廷上台，开启了将持续八年的工党执政时期。在第一次世界大战中，科廷曾反对澳大利亚全面参战，如今，在危险日益迫近之时，他不得不对这个国家进行动员。两个月后，日本突然对珍珠港的美军舰队发动袭击，并入侵了马来半岛，而澳大利亚士兵和飞机已经等在那里、做好战斗的准备了。

日本的袭击并非全然出乎意料。更令人吃惊的是它居然能够成功。日本飞机轻而易举便赢得了制空权，而在马来海域，他们击沉了“威尔士亲王号”和“反击号”这两艘强大的英国军舰。构成了澳大利亚空军半数以上作战力量的新型“挑战者号”飞机，不得不被用作战斗机。尽管要比以新加坡为基地的许多英国飞机行动迅速，它们却没法和日本飞机相媲美。1942 年 2 月 15 日，新加坡岛落入日军手中。

大多数坐船从北非交战前线赶回与日本作战的澳大利亚军队，都来得太晚了。那些在荷属东印度登陆的士兵，一到那里就被征服四方的日本军队俘获。在东南亚，2.2 万名澳大利亚人成为战俘，超过三分之一的人在战俘苦役营中死去。

在东南亚，战争最开始的几个月就如同一场没有光荣可言的加利波利战役。在热带丛林中，在海滩上，在城镇里，的确涌现出过英勇事迹，但那远远不够。尽管在 1915 年的加利波利，澳大利亚士兵最终光荣且安全地完成了撤退——因为他们的武器更先进，作为盟友的英国也拥有制海权——

但在这里，澳大利亚士兵却几乎没能在任何一点上占上风。更重要的是，他们的盟友英国战线拉得实在太长，不能派出盼望中的兵力。英国正在尽力与北非的德军和意军作战，与它们的潜水艇和军舰在地中海和北大西洋作战，与德国空军在欧洲较量，还要在有可能的时候向装备不良的苏联军队提供军事援助。早在珍珠港袭击前不到 6 个月，德军便已入侵了苏联。

澳大利亚只有 700 万人口，而他们过于依赖自己长期的盟友英国。1941 年到 1942 年间发生的这些事件确认了一个难以回避的事实，那就是每一个联盟都有自身的弱点。忙于同德军作战的英国，无暇为澳大利亚提供后者所期望的援助。而自顾不暇的澳大利亚，也没能给英国提供其想要得到的支持。半个世纪后，联邦总理保罗 · 基廷将会斥责英国未能更倾尽全力地保护新加坡。他并没有意识到，数千名澳大利亚士兵之所以会在新加坡被日军俘获，部分原因在于他们自己的祖国没有为他们做好充分的参战准备。在防御那些东南亚的共享军事基地和战略要地上，英国的贡献事实上要比澳大利亚多得多。

日军如巨浪般袭来。这是战争史上最令人印象深刻的几场战役之一。荷属爪哇陷落了，然后是盛产石油的苏门答腊。缅甸、帝汶和菲律宾也岌岌可危。昔日的德属新几内亚境内的拉包尔曾在 1914 年迅速落于澳大利亚军队手中，如今则以同样的速度被日军攻陷。新几内亚主岛遭到入侵，澳大利亚自身面临外援断绝的危险。

1942 年 2 月 19 日，就在新加坡陷落 4 天后，一个澳大利亚港口成了敌军的目标。日本的 4 艘航空母舰出动了 188 架轰炸机和战斗机，向澳大利亚北部沿海主要港口、空军基地达尔文发动袭击。达尔文收到了来自巴瑟斯特岛上一个土著居民教牧区的无线电报警信息，那里的一名牧师看到了从北面飞来的日本空军中队。他的报警被无视了。日本战斗机和轰炸机重创了城市、港口和船只，在这第一场发生于澳大利亚本土的空袭（日后还会有许多次）中，至少有 243 人丧生。政府担心影响国内的士气，开始时只宣布有 17 人死亡。在另一次日军空袭中，仅仅 9 架零式战斗机便摧毁了 24 架停泊在西澳大利亚布鲁姆的水上飞机。许多军事观察家认为，空袭将成为入侵的前奏。他们发问道：海浪为什么要戛然而止呢？在某个时间点上，日军本可以轻而易举地夺下澳大利亚北部和西北沿海的几座港口。

* * *

道格拉斯·麦克阿瑟将军是美军在菲律宾的指挥官，在那里，日军已经处于胜利的边缘。1942 年 3 月，他经过一段危险的旅行，不声不响地来到澳大利亚，那时，他刚刚被任命为将整个西南太平洋都包括在内的一个巨大战区的盟军最高指挥官。在屡遭轰炸的达尔文上岸后，他和妻子及幼子赶到艾利斯斯普林斯，在那里乘上了缓慢的蒸汽火车前往阿德莱德。在这条路线上，有个颇负盛名的主产小麦的小城特劳伊，因为轨距的变化，所有乘客都必须在这里换乘火车。当麦克阿瑟到达时，已经有记者在等候他了。3 月 20 日，便是在那里，他发表了这场战争中最著名的宣言之一。尽管冗长的第一句颇显浮夸，但第二句却简洁有力，令人难忘。对着那些手持铅笔、耐心等待的人，他说道：

> 美国总统命令我突破日军防线，从科雷希多一路行至澳大利亚，按照我的理解，这样做只有一个目的，那就是组织起一轮针对日本的美军攻势，主要是为了解救菲律宾。我闯过来了，我还会回去的。

他的话意义重大。澳大利亚得到了一个新的、强有力的盟友。英国的货船和海军舰船在这场战争余下的时间里对澳大利亚依然十分重要，但在空中、陆地和海面上，美军的力量才是至为关键的。

1942 年秋天，悉尼和墨尔本都处于忐忑不安中。所有的遮光帘都会在夜间被拉下来，车灯和街灯也被调暗了，这样一来，假如日本的轰炸机飞近，城市也不会成为可见目标。在公园和学校操场上挖出了“之”字形的战壕，让孩子和成年人在日军飞机飞过上空时有处躲藏。数千名儿童被仓促疏散到乡村市镇。从海路抵达的美军士兵的存在，对于提振士气有所助益，但他们大手大脚花钱的样子，却经常成为忌妒之源。

经济生活受到了自流放犯时代以来前所未有的严格控制。各项法规条例详细规定了人们能在哪儿工作，怎么付房租，能借多少钱，能赚多少工资，哪些商品可以被送到家中，以及是否可以乘坐火车跨州旅行。新的汽车不再对外销售，许多零配件只能在拆卸废旧汽车、回收部件的车场买到。在日军占领全球绝大部分位于东南亚的橡胶种植园后，橡胶——还有汽油——变得极其稀缺，成千上万的汽车只能在这场战争余下的时间里停在车库中。家庭主妇只能做牛做马，把那些在实行汽油定量配给前通常可以被送上门的商品背回家。因为材料和劳动力短缺，新建房屋事实上完全停顿了。在1919年到1939年间一次都没实现过的全面就业，终于到来了。

啤酒、烟草和卷烟全都很稀缺，衣服、糖、黄油和茶也都是定量配给的。每个人都必须带着一个定量供应本，除非递过去数额正好的定量供应券，否则商店是绝对不会提供特定商品的。一些小食杂店和糖果店里的货架空空荡荡。不过，典型的澳大利亚公民体验到的匮乏，与大多数欧洲人所经受的比起来要算是小儿科了。事实上，在1942年，贫困和由此导致的饥饿要比大萧条那几年的情况好多了。

人们仍旧担心日军可能会入侵澳大利亚。但与之相反，日本的计划却是仅夺取印度尼西亚群岛和新几内亚，再攻下萨摩亚、斐济和新喀里多尼亚，来达到实质上孤立这片大陆的目的，进而切断美国和澳洲东海岸之间的主补给线。很快，步行跨过新几内亚东部山脊的日本军队，离莫尔斯比港的主城就只有 60 公里了。在科科达小径和米尔恩湾，他们遭到了澳大利亚军队的阻击——这是日军在一连串令人吃惊的胜利后首次在陆上遭遇挫败。

当日军撤退时，他们留下了奇怪的垃圾：他们曾打算骑着进入莫尔斯比港的自行车的车架，日本将军骑过的一匹白马的尸首，以及所有的阵亡士兵。比前锋部队晚一两天赶到的澳大利亚士兵沿着一条高低起伏、十分险峻的昏暗泥泞小路前行，从那些用粗壮的藤蔓做成的步行桥上跨越湍急的溪流。对于那些曾在如此险恶的疲军之地上作战的同胞和背负着给养的本地人，他们只有崇拜而已。

日军派出了大批海军从海上绕道来袭，希望能够一举拿下莫尔斯比港，但却在 1942 年 5 月的珊瑚海战役中遭到挫败。这是历史上第一次交战舰队并未向对方开火的海战。相反的，他们从航空母舰或陆上基地派遣飞机，在空中作战。部分战斗是在距离大堡礁和凯恩斯港不足 1000 公里的海面上进行的。日军被迫掉转方向。他们的优势地位主要依赖相当于一个移动飞机场的航空母舰，但在 1942 年 6 月的中途岛战役中，他们失去了许多这种浮在海面上的飞机场。日本大占上风的那几个月已经结束了。

将日军从新几内亚、荷属东印度群岛和菲律宾境内驱逐出去的这项艰巨而又缓慢的任务，正在进行之中。近三年后，1945 年中时，身处前线或前线附近的澳大利亚士兵人数要比前一战争阶段时多得多。1945 年 8 月，当最早的原子弹被投向两座日本城市，从而促成日本迅速投降时，将日军赶出热带群岛的任务还远未完成。

1941 年后，澳大利亚在欧洲和地中海沿岸的战斗中贡献微乎其微，而空战是一个例外。许多英国皇家空军最优秀的飞行员和机组成员都是澳大利亚人，他们承担了多起危险空袭的飞行任务，其中就包括 1944 年驾驶蚊式飞机对位于法国亚眠的盖世太保监狱进行的低空空袭。

尽管空军的风头更胜一筹，澳大利亚还是严重依赖海军将士。大多数海战都在离本土很远的地方进行，但两起大规模的悲剧就发生在澳大利亚海岸附近。1941 年 11 月，在离西澳大利亚的卡那封不远的地方，“悉尼号”拦住了一艘挂着荷兰旗的形迹可疑的船只。这个可疑的家伙，乃是德国的破袭舰“鸬鹚号”，它之前已经在大西洋和印度洋上摧毁了许多同盟国的船只。“悉尼号”的指挥官下令靠近“鸬鹚号”，但却不太明智地进入了后者的火力范围。一场短兵相接的战斗发生了，两艘船都起火沉没了。“悉尼号”上的 645 名军官和士兵无一幸免。

18 个月后，在大陆的另一端，澳大利亚的医疗船“半人马座号”正在朝着新几内亚急速向北航行，要将那里的伤员带回家。在一个没有月亮的晚上，她在斯特拉德布罗克岛的东边、离布里斯班不远的地方遭到了一艘日本潜水艇的袭击。鉴于这艘船上灯火通明，而且船身两侧都喷涂着任何一艘浮到海面上的潜水艇都能见到的红十字标志，她所遭到的毁灭性打击是一种违反国际法的行为。“半人马座号”上着了火，最终沉没，268 名澳大利亚人失去了性命。

土著居民也在战争中发挥了作用，有些人当了兵，还有一些人担任海岸警戒队员。此外，在 1944 年 6 月同盟国攻克法国的战斗中，他们的一种药物起到了十分重要的作用。世世代代以来，生活在澳大利亚内地部分地区的土著居民一直会摘取一种轻木（澳洲毒茄）的叶子，将其扔进小水塘里，等鱼药昏后浮上水面。1944 年，这种叶子在昆士兰被大量采集和批量处理，以提取天仙子碱和阿托品。这些药物是战争期间少数被空运到英国的物资之一。英美联军之所以能成功进入德国占领下的法国，有赖大批部队几乎未受晕船之苦。这种古老的土著药物为许多人提供了他们所需的安慰。

* * *

在 1941 年到 1945 年担任联邦总理的约翰 · 科廷，威望日隆。他手腕灵活地处理了在前一个十年令新南威尔士的工党四分五裂的那些派系斗争。在苏联于 1941 年 6 月参战之后，煤矿工人中较为激烈的那些人通常会对与战争有关的事项表示支持而非加以阻挠，而科廷则因这些人改变立场而获益颇多。他将埃辛顿·刘易斯和那些已经在动手组织军火和飞机制造的实业家吸纳入了自己的团队。他说服工党缓和态度，允许征召的士兵在澳大利亚和巴布亚以外的土地上作战，而自从1917年以来，工党一直强烈反对这么做。从1943年起，这些被征召入伍而非志愿参战的士兵可以被派往北至赤道的地方作战，有时甚至还会超出这一界线。

科廷还得以在乡村地区推行统一的税收制度，1942年，6个州也废除了自行征收收入所得税的实践。他在处理与英国和美国这两个主要盟国的关系时，显示出了最大的技巧。但他或许有些太热衷于接受麦克阿瑟的建议或命令了。此外，他也未能像今天人们道听途说中那样坚定地谋求澳大利亚自身的战略利益——这与温斯顿·丘吉尔的全球战略有所背离。他怎么可能那么独立呢？在这一场全球联赛中，他不过是一支弱队的队长而已。

科廷对澳大利亚民众的广播讲话真诚而庄严，他的一些辞藻略为华丽的演说甚至令人难忘。他的恪尽职守默默为他赢得了许多崇拜者。在战争期间，一位联邦总理必须长时间待在作为军方总部和大多数联邦政府部门所在地的墨尔本，当科廷离开他暂住的位于小柯林斯街上、不售卖酒水的酒店时，认出他的人有时候会对他鼓掌，尽管掌声所表达的更多的是深深的敬意，而不是发自内心的喜爱。作为一个不愿引人注目的老派男人，他已经成为一名真正的领袖。

100万澳大利亚人中，有四分之三的人被征召入伍或参加武装部队，其中有十分之一为女性。死亡率只有前一场战争的一半，部分原因在于没有再度发生曾在法国持续很久的僵持堑壕战。此外，在第二次世界大战中，医疗的进步拯救了许多生命，这其中包括青霉素和磺胺类药物以及输血技术。

作为一个军火库，这个国家制造出了远比前一场战争多得多的军需品。军工制造加速了澳大利亚的工业化，15 万男男女女受雇制造军火，还有数十万人制造着对战事十分重要的其他商品。到 1944 年 7 月，总计 4.4 万人——其中大部分此前从未在工厂工作过——从事着军用飞机的制造。在整个战争期间，总计建造出了多达 3500 架战斗机、训练机和轰炸机，而这些轰炸机抵挡住了日军的袭击。战争结束后，海外的实业家惊讶地看着那些由澳大利亚人制造出的种类繁多的武器：从高射炮、迫击炮弹、欧文冲锋枪、光学制导武器、地雷和坦克，一直到军舰和高速飞机。这种能够为制造军械和设备而生产出多种多样的机器工具的能力，日后被证明在和平年代的工业发展中也至关重要。

在战争结束时，一个事实摆在眼前，但难以为澳大利亚人所理解，因为他们中的大多数或是不愿相信，或是觉得这件事无法想象。英国赢得了战争，却输掉了它在世界上的崇高位置。在 1940 年年中法国陷落到希特勒一年后入侵苏联这段时间，英国独自肩负起了与希特勒作战的任务。在那 12 个月里，澳大利亚在以英国为首的寒酸且数目不断减少，但仍在与希特勒为敌的盟国名单里排到了第二位或第三位。然而，当战争终于结束，英国作为一个军事力量已经远远落在了美国和苏联之后，其作为制造大国的地位也在衰落。它已经无法自信还能维持其全球帝国了：比如印度，就几乎已经确定将会斩断与大英帝国的关系了。

经过这场战争，美国与澳大利亚结下了血脉相连的情谊。没人在战争开始时能预见到这种改变。的确，那些在1939年爱在电影院里度过周六晚上的人，看到的好莱坞电影要比其他地方出品的电影更多。他们还会更多地购买美国汽车而不是英国汽车，用口哨吹出的旋律是直接从美国传来的热门歌曲。在战前，也的确有少数“澳大利亚人”在美国得享大名，其中包括把自己的化妆品生意从墨尔本转移到美国的赫莲娜·鲁宾斯坦，在霍巴特度过童年、父亲在那里担任生物学教授的演员埃罗尔·弗林，以及曾就读于墨尔本近郊一所天主教学校的哈里·布里奇斯，作为海员的他将自己勇于斗争的精神带到了旧金山，在那里组织起了势力强大的海员和码头工人工会。但在战争发生之前，两个国家的政治联系十分微不足道。1939年执掌大权的那些澳大利亚政客，很少有人曾经履及美国。与加拿大和南非不同，澳大利亚直到1940年才向华盛顿派驻了第一位大使，资深政客R. G. 凯西接过了这个职位。

与华盛顿的接触因为珍珠港事件而加快了脚步。在三年半的时间里，两个国家的军队在太平洋的许多岛屿上并肩作战，有时候上层会发生口角，下层则互喝倒彩，但一般都能和谐相处。一大批美国军人——其中就包括未来的美国总统林登·约翰逊——曾在澳大利亚境内或附近服役。从长远来看，在澳大利亚的防务问题上，华盛顿将变得比伦敦更加重要。

在1939年，更少有人预料到的是印度尼西亚的崛起。几十年来，澳大利亚仅有的几个近邻，都是由欧洲直接管辖或是派人治理的土地，远在西北方向的泰王国和东边的汤加王国是少数例外。在这样的背景下，印度尼西亚更多地被视为荷兰而不是印度尼西亚人自己的国家——直到1941年至1945年间日军的占领削弱了荷兰的统治权。尽管尝试过，荷兰却无法重新赢得昔日在印度尼西亚的权力。一场独立战争于1947年7月爆发。澳大利亚政府和滨水区工人对印度尼西亚人深表同情，工人们甚至禁止荷兰船只进出澳大利亚港口。[1]1950年，一个独立国家崛起于印度尼西亚群岛。澳大利亚第一次与一个既没有欧洲血缘，也不信奉基督教的潜在大国成了门对门的邻居。

在维多利亚女王时代，澳大利亚人对伊斯兰教几乎不感兴趣。的确，加利波利之战的对手是伊斯兰士兵，但战争本身并不是冲着伊斯兰国家去的。一般人并不存在对伊斯兰世

1 指在1945年到1949年间由澳大利亚滨水区工人联盟领导的一系列为声援印度尼西亚独立而针对荷兰商船的罢工事件，史称“黑色舰队事件”。

界的恐惧，哪怕只是一点恐惧的影子。即便是在中东，伊斯兰领导人也还没有表现出那种宗教狂热，只是随着以色列的崛起和阿拉伯石油产量的提高，才会在未来从两个方面挑起并维系那种狂热。在第二次世界大战结束后的二十年里，许多澳大利亚人的恐惧并非源于印度尼西亚是一个信仰伊斯兰教的国家，而是在于它可能的左倾立场。日本的战败看上去只不过是以一个威胁取代了另一个威胁而已。

第十五章

一辆车，一座山

1945 年 8 月 15 日，在那些工作于某台收音机附近的澳大利亚人中，至少有一半听到了新上任的总理本·奇夫利发表的特别广播讲话。从来不曾有哪一条信息被这样热切地期待着。他以沙哑的嗓音说道：“各位国民们，战争结束了。”在号召全体国民为了这一胜利“向上帝献上感恩之情”的同时，他也向那些“我们所深爱的无法归来的英勇战士”表达了敬意。

在这之前 3 个月，空军飞行员已经结束了对希特勒的战争，陆续打道回府。很快，士兵、护士、水手、商船上的海员和商业飞机的飞行员、陆海军中的准尉副官、空军中校、一等水兵和数百个担任其他军衔的军官便踏上了返乡之路。一些来自新几内亚和其他群岛的军人很容易就能被分辨出来，因为他们的皮肤颜色很黄，这是他们服用抗疟药物产生的副作用。在冬日里，过着平民生活的这些退伍还乡的士兵外表十分与众不同，他们穿着厚厚的棕色军大衣或蓝色的空军制服，衣服上厚重的大领子常常会被立起来以抵御寒风。

年长一辈不可避免地注意到，与第一次世界大战相比，参战军人受到的永久性伤害要少多了。回来的人很少有缺胳膊少腿的。那些得胜而归的战士从联邦政府和州政府那里得到的各种权利和殊荣要比他们的父辈多。数千人上了大学，在接受免费教育的同时还能享受生活津贴，在一些大学校园里，不得不建起长长的军营，作为这些大量涌入的学生的教学场所。大片土地再一次被开放给退伍军人开拓者，但在一个更加城市化的国家，成为农场主的渴望不再那么强烈了。

* * *

对于今天的年轻人来说，他们回到的这个澳大利亚看起来或许更像是一个异乡。许多商品仍在实行定量配给。顾客们在购买肉、糖、黄油和茶的时候必须递上一张定量配给券。啤酒和卷烟，还有那些喜欢自制卷烟的大烟鬼们偏爱的预揉烟丝都经常会连续几周供应紧缺。在一些城市，很难找到出租房屋，甚至是那种与大家共用一个位于走廊尽头的浴室的出租房都炙手可热。汽油直到 1950 年还是定量配给的。一些返乡士兵在乡村火车站与家人重逢时，会注意到家庭轿车的后面挂着一个小拖车。这是一个煤气发生炉，里面装满了成块的木炭，由它产生的燃气驱动汽车前进。在夏天，掉落的炭屑有时候会意外地点燃路边的干草。新车很稀罕，甚至连买一辆二手的福特、雪佛兰、道奇、埃塞克斯或拉格比也并非易事。几乎所有的通信方式都还在受监管。1942 年，发送祝贺圣诞节、新年和母亲节的电报被禁止了，因为电报要由一个骑着公家自行车的男孩送到家中或办公室里：自行车和轮胎都很稀缺。直到战后的第一个圣诞节，祝贺电报才又重新出现。

堪培拉正式颁发的战时法规和条例条目繁多，就像是一部百科全书，就算是资深官僚或政客也几乎难以尽知。管控无所不在，有针对房租的，有针对食物价格的，还有针对新建房屋的大小和设计的。法规限制跨州旅行，还会细致规定牙医的工作场所。布罗肯希尔控股公司和其他公司的股票在股票交易所中不允许涨过某一特定价格。

战争结束时，乡村的影响力仍很大。或许在八成的边远地区中，当年农场主的人数都超过了现在，在数百个道路交会处，曾经伫立着教堂、学校、百货商店和邮局，它们都在之后的半个世纪里渐渐消失了。然而，在生活便利设施方面，乡村远远落在了城市的后面。超过半数的农场住宅没有电灯和冰箱。干旱令大陆的东南角陷于瘫痪，许多城镇几乎终日被遮天蔽日的沙尘暴所困。1944 年 11 月，几列维多利亚火车因被风刮到铁轨上的沙堆而停驶，长达数英里的灌溉水渠里面填满了沙土，而不是流淌着清水。所有边远地区银行的管理者都担心，他们的客户无法预见到即将到来的边远地区大繁荣——一段长时期的风调雨顺会有助于这场繁荣的到来。整个世界都需要食物，而且愿意为之买单。

从战争中归来的护士和军人会在见到这些熟悉的景象后心中释然。一家人坐在一起用餐仍是一件正事，每天至少要有一次，桌子上要铺好桌布，刀叉要摆放整齐，切面包的案板上放着一大条白面包，旁边还有一把精美的面包刀；袋装的切片面包这时还不为人所知。双亲家庭是正常现象。“伴侣”这个词主要用来指舞厅里的“舞伴”，没结婚就住在一起的人会被疾首蹙额以对。如果两个人最终决定结婚，他们会按照规矩在教堂里举行婚礼，时间选在某个星期六的下午。典型婚姻的双方都拥有相同的宗教信仰——大多数卫理会信徒将会与卫理会信徒结婚，几乎所有的天主教徒都会与另外一个天主教徒成为夫妇。离婚是会被人指指戳戳的。在整个国家，典型的一周里发生的离婚案例不会超过 60 宗，尽管对于那些老夫老妻来说，这已经是一个令人震惊的数字。他们会回忆起每一桩离婚案都会成为街谈巷议的大新闻的当年。

蜜月通常会在附近的海滩度假胜地或城市中度过。超过 200 公里的旅行仍是一场非同寻常的冒险。坐飞机飞到某个地方度蜜月是不可想象的，飞机票又贵又抢手。就算是一对新婚夫妇在父母的影响下真的搞到了飞机票，他们也很可能在最后一刻被赶下飞机，因为某个重要的政客、将军或官僚临时起意要出门远行。坐飞机去海外是一件会招来忌妒的事。1946 年，这个国家最著名的科学家大卫 · 里韦特爵士决定进行自己在近十年时间里的第一次海外访问。他在马斯科特机场登上一架只有 9 个座位的噪声巨大的兰开斯特人客机，很高兴自己只需度过极其不适的 4 天 3 晚便抵达了伦敦。大多数前往英国工作或学习的人，都需要在海上漂泊一个月。在战前仅占很小份额的全球旅游业，战后所占的份额甚至还要更小。

在战争持续期间被放在一边的国际赛事，如今正被饥渴的运动迷们热切期待着。英国板球队什么时候才会来访？甚至连那些从东亚返回的战俘，一路上都在讨论着这个热门话题。最后，在 1946 年底，英国板球运动员终于乘着远洋班轮来了，在闷热潮湿的布里斯班举行了第一场对抗赛。当唐纳德 · 布拉德曼走向三柱门之时，全国至少有一半人把耳朵贴近了收音机。没什么能比这一事件更一击惊人地预示着和平年代的到来。

许多人在回忆战后的最初那几年时，看到的主要是乌云。许多关乎生死的严刑峻法仍在实施当中。死刑和针对男性囚犯的鞭刑仍未被废止。1946 年，在塔斯马尼亚和南澳大利亚，一名囚犯被处以绞刑。同性恋是一种禁忌。绝大多数地方禁止在星期天于公共场地上举行体育比赛，只有内地城镇除外。许多表演艺术都仅限于业余爱好者之中。教育变革缓慢，大多数女孩和男孩在八年级之后便离开了学校。然而，那时的老师却比现在更受人尊敬，因为教学和银行工作通常都会吸引乡村城镇中最优秀的年轻人投身其中。

本土的笑话和幽默仍有很大市场。这是一个各种新发明的名词和绰号不断涌现的时代。1945 年，西德尼 · J. 贝克推出了截至当时最好的一本关于澳大利亚特有词语和用法的书，他在其中列出了一栏又一栏主要诞生于战争期间、当时已经被广泛使用的词语。游手好闲的懒人被称作 spine basher 或是 bludger。一团糟叫 balls-up，蠢货和废物是 drongo、galah、nitwit 或 no-hoper。以过分自信的口吻说话，形同于 shoot one's head off。女朋友可以是 Mabel、sheila、sort、bit、bag、floosie 或 popsie。一个富有吸引力的年轻女性是 a tasty drop，而她的男朋友要是作风太浮夸的话，就会变成 a two-bob lair。two-bob 这个词是对两先令硬币的昵称，伴随着两次世界大战过程中的通货膨胀，它慢慢变得越来越不值钱。

在 1945 年，让人发笑是一个正经行当。擅长讲故事的人——他们被称为 yarn-spinners 和 tellers of jokes and tall stories——可能多达 100 万。新移民经常会猝不及防地发现自己成了笑话的靶子，但几乎每个人都会成为笑话嘲笑的对象，也都会被起上几个外号。

大多数城市居民的早晨以打开报纸开始——报童会把报纸送到他们的家门口。他们会翻到载有漫画的那一版，《红头发淘气鬼》《列兵瓦利和上校》《带裤套的丛林探险家比尔》，以及关于一对邋里邋遢的大兵的《红毛儿和卷毛儿》会在这里尽情发挥他们直白的幽默：

> “这儿的蚊子是咋个样哩，老兄？”新兵问道。歪戴着军帽、嘴上叼着根烟卷的红毛儿热心地解释道，就在前两天晚上，“一群蚊子嗡嗡地就冲过来了，好个乖乖，它们一拥而下，把帐篷和缝纫机都卷走了”。

* * *

在战争即将结束时，政治突然急转向左。1945 年 8 月，在弗里曼特尔选区举行了一场特别选举，这个摇摆席位之前是由刚刚身故的工党政治家、前总理约翰·柯廷所把持的。当听到选举结果时，新上任的联邦总理本·奇夫利高兴地点起烟斗一阵吞云吐雾。自由党只赢得了堪称羞辱的 33% 的选票。来自武装部队的大量投票纸被单独清点，只有 20% 的选票投给了自由党的候选人。

奇夫利和执政的工党在战后的四年中重塑了澳大利亚。他是那种典型的老派工党领袖，与乡村和城市保持着同样密切的联系，一双粗糙的手泄露出他们曾经从事过体力劳动的出身。他出生于蓝山山脉西边的巴瑟斯特，是个铁匠的儿子。1951 年，他将被安葬于那里，3 万名群众和他最喜爱的乐队（巴瑟斯特本地的铜管乐队）参加了葬礼。在蒸汽为王的时代，年轻的奇夫利曾是最棒的机车司机之一，他是一个热忱的工会主义者，向来坚持自己的原则，哪怕会受到严厉的惩罚。他年轻时没受过什么正规教育，年纪稍长之后才通过书本自学成才，但他总共只在议会中待了四年时间，便于1941年被任命为联邦财长。他的长相颇像一只大丹犬，嘴里常年叼着一支烟斗。

他热爱经济学和国民核算。如果有选民跟他讨论起羊毛或石油的价格，他便会激动地脸上发光。他喜欢监管：赤裸裸的资本主义令他担忧。他相信大政府。将所有的私营银行收归国有是他的决定：只不过最高法院叫停了他的计划。他还曾不太当真地考虑过将所有私营广播电台和航空公司国有化的方案。

战争为人们注入了一种使命感。政治上的对立虽然尖锐，但却暗藏着一个各主要政党都能在其上达成一致的宽广舞台：失业是那一代人所面临的诅咒，对它的恐惧十分强烈，但大多数澳大利亚人如今都相信，只要下定决心，他们就能够解决这个问题。1945年5月，顶着战后重建部部长这一不言自明之头衔的J. J. 戴德曼，在联邦议会中提出了正式的工党全面就业解决方案。他的任务不是重建为数无几的受损建筑物，而是重建整个社会体系。他对威廉·布莱克那首广为流传的赞美诗略加改动，以表达自己绝不会停下这心灵之战的承诺："直到我们把耶路撒冷，重建在澳大利亚美好的大地。”[1]

日本的军事突袭带来一片震惊之后，所有党派都一致同意，这个国家应当做好再打一仗的准备。只有寥寥无几的观察家预计和平可能会持续很长一段时间。尽管1919年时大多数人都期待着一场长久的和平，他们却未能如愿，而到了1945年，人们反倒认为一场危机会早早到来，更可能会演变为另外一场战争。人们普遍担心核武器意味着一场主要战争将会导致比如今结束了的那场战争更惨烈的伤亡。对世界岌岌可危这一点的认知，夺走了和平所带来的安慰。和平将必须通过斗争来争取，而奇夫利将他的希望寄托在了他的同事H. V. 伊瓦特博士出力缔造的、新成立的联合国组织上。他还将希望寄托于防御，在很多年里，澳大利亚都在日本驻有大量军队。

曾经在之前那场战争结束后被骄傲地立于每一个市镇和城区的战争纪念碑，如今少了许多。旧的纪念碑宣称，这些人是为了上帝、英王和这个国家而战，他们没有白白牺牲，他们将“万古长青，而我们留下来的这些人却会慢慢变老”。在1945年，为新的战争纪念碑构思铿锵有力的词句就没那

1 这首名为《耶路撒冷》的赞美诗最早是布莱克在《〈弥尔顿〉序》中写下的一首诗，1916年由英国作曲家休伯特·帕里（Sir Hubert Parry）谱曲后，成为在英国及英联邦国家广为传唱的歌曲。原诗最后一段是“我将不停这心灵之战，也不让我的剑休息，直到我们把耶路撒冷，重建在英格兰美好的绿地”（王佐良译本，引自《英国浪漫主义诗歌史》）。本书作者和戴德曼在这里都玩了一下文字游戏。

么容易了。大多数市镇都重新利用了一下 1914 年到 1918 年的纪念碑，只不过加上了一列新的名字。

澳大利亚下定决心，日本的国家领导人和所有曾残酷对待过战犯的人，都要接受惩罚。澳大利亚法官威廉 · 韦布爵士主持了审判主要日本战犯的国际法庭，并为他们正式定罪。在东京，为了向麦克阿瑟将军提供管理日本的建议，成立了同盟国对日理事会。一位澳大利亚哲学家威廉 · 麦克马洪 · 巴尔（与苏联和中国代表一道出席了这个理事会。在和平到来后的最初几年中，人们完全无法想象，日本将再度崛起，在澳大利亚经济生活的众多领域占据支配地位。人们更无法想象，就在战争结束四十年后，借着强劲的日元走势，日本每天都会将成群结队的游客送到堪培拉来。

社会保障制度成了堪培拉的工作重点。联邦政府重拾在 1914 年被大部分放弃的、作为新的福利救济提供者的角色。推出了针对寡妇和伤残军人的养老金，一个公共医疗卫生计划开始实施，年老和伤残的养老金领取者可以享受政府补贴的葬礼，新生儿的母亲能拿到产妇津贴，还有一种名为儿童补助的家庭津贴。1945 年 7 月，联邦政府向失业者发放了第一笔定期救济金：这之前，几个州政府经常以食物和衣服的形式给予援助。新的福利方案成本高昂，但堪培拉的国库收入很高，因为缴纳收入所得税的人要多得多，而且其税率更高。此外，战争本身并没有产生为退役军人提供大量援助的需求。如果伤亡水平与第一次世界大战时相同的话，这些面向大众的福利方案很可能会被削减。

只有 700 万人口的澳大利亚，需要更大规模的人口来保护自己。20 世纪最大胆的移民行动方案被奇夫利新走马上任的移民部长阿瑟·卡尔韦尔策划出来。他在总结自己的计划时，指出了一个简单的事实——日本及其庞大的作战人口曾经对澳大利亚构成了威胁："他们人太多了。我们人太少。"他呼吁澳大利亚同胞领会这一真相：有朝一日，如果人口规模依然这么小的话，"这片宽广的棕色大地"或许将被某个敌人肆意蹂躏。

卡尔韦尔原本希望，每从其他地方吸引来一名移民，就会有十个移民从不列颠群岛而来。开始时，一些从欧洲来的难民被允许进入，但已经身在澳大利亚的亲戚必须为他们提供住处，负责照顾他们——人们担心，他们或许会失业，成为国家的负担。他很快便转向了欧洲大陆拥挤的难民营，从那里获取大量每年需要的移民。他招募了数千名波罗的海地区居民——他们开始时被称为"巴尔特人"或"流离失所者"——以及乌克兰人、波兰人和南斯拉夫人。他欢迎了 2000 名来自纳粹集中营的犹太幸存者，还有更多这样的人将陆续到来。墨尔本将成为许多大屠杀幸存者的家园，后来，他们建起了一座特别的博物馆，并为前来参观的学生担任导览。

在不列颠群岛，人们并没有表现出卡尔韦尔所期待的那种移民热情。从 1948 年到 1957 年的这整整十年中，对应每一个来自不列颠群岛的移民，就有三个来自欧洲大陆的移民。这是澳大利亚人口构成和人群文化发生深远变化的起点。

或许没有任何一个其他国家曾经有意耗费公帑，引入如此大数量的来自其他文化的民众。由此引发的惴惴不安，可想而知。成群结队的“外国人”很容易就能通过口音、衣着、相貌或名字分辨出来，他们有时候会引发人们的怨愤。1947 年，卡尔韦尔发明出了“新澳大利亚人”这个善意说法，希望他们会在各个地方得到欢迎。在最初几个月的陌生感和思乡情绪过后，大多数人的确感觉自在起来。他们比生活在欧洲任何一片国土上的人都拥有更多的食物，收入也比在家乡时高。对于那些带着高学历和资格证明而来的人，转变却是困难的。他们或是缺乏与其资历相匹配的语言技能，或是外国学历无法被马上认可，让他们有资格从事医药、法律和工程等专门职业。那些来自中欧名牌大学的人，有理由抱怨他们暂时受到的排斥，但他们并不总是能理解，医学和其他澳大利亚的专业工作尽管棱角略显粗糙，但却设置了相当高的执业标准。

每个到工作年龄的移民都会被安排一份工作，可能是在偏远采矿城镇或建筑工地，也可能是在某家酒店的后厨，但最常见的还是在工厂里。工厂的数目在成倍增加，因为此时已有官方政策规定，任何能够以说得过去的成本在本土制造的产品，都应当产自澳大利亚。开始时，欧洲没能构成什么竞争，因为要重建鹿特丹、汉堡和其他被轰炸过的城市里惨遭夷平的郊区，欧洲自己生产的水泥、钢铁、机器和工具全都会派上用场。在战后的五年中，数千座澳大利亚工厂和车间被建造起来，有些不过是简陋的铁皮棚子，有些却拥有十分气派的厂房，有些位于崎岖不平的土路尽头，还有一些自己就守着一条铁路专用线。它们制造汽车、化学制品、塑料、玻璃、电池、纺织物、卡车和飞机的零备件，以及数百种以前从来不曾在这里制造过的产品。政府不用大肆宣传消费者应当购买澳大利亚本土制造的商品。通常他们也几乎买不到其他的东西。

人们对本土能制造如此种类繁多的产品而深感自豪。当乘坐的火车开近钢铁城市纽卡斯尔，看到庞然大物的钢铁厂上方冒出的滚滚黑烟和白色蒸汽，或是在傍晚时分驶向吉朗，望着新建成的炼油厂在落日余晖下闪耀着灿烂的光芒，他们都会欣喜万分。只有在很少一部分人的日常词汇中，才会出现"污染"这个词。

下午四五点钟的时候，从那些大工厂的大门会涌出一大群骑自行车的人，还有几辆挤满了乘客的大巴车、小汽车、客货两用车和面包车。用围巾把头包得严严实实的女性也混杂其中。这个国家至少半数国民仍辛苦地从事着很可能会让他们下班后满身脏污的体力工作。大多数人工作时是站着的。很少有那种显而易见的超重者——直到廉价汽车的时代到来。直到 20 世纪 70 年代，蓝领工人才开始在人数上被白领工人超过。

在战争的鞭策下，澳大利亚人的工程技术水平突飞猛进。活塞、阀门、散热器芯和数百种其他汽车零部件，都已经在各个城市中被制造出来。如果能在墨尔本造出战斗机，肯定也能在那里制造出一辆从发动机到所有零配件都包括在内的流行汽车。通用汽车–霍顿公司的负责人 L. J. 哈特尼特是一个英国移民，在人们口中，他就是“一个能量球”。当他谈起要制造一辆澳大利亚汽车时，他是认真的。哈特尼特发现，自己可以依仗堪培拉的支持。他的艰巨任务在于用这个主意说服他在美国公司里的老板，因为一辆澳大利亚制造的汽车肯定会蚕食该公司自产汽车的出口销售额。在 1947 年举行于纽约的一场关键会议上，他在摆事实讲道理的过程中被他的美国董事长、大名鼎鼎的阿尔弗雷德 · P. 斯隆打断了。“我不喜欢这个国家，澳大利亚，”斯隆厉声说，“这是个大搞社会主义那一套的地方：政府拥有铁路，对不对？”哈特尼特抓住了这个机会，指出政府不仅经营着铁路，假如斯隆面对这一机遇退避三舍的话，政府还可能会制造汽车。于是，纽约批准了他的计划。

1948 年 11 月 29 日，第一辆霍顿汽车正式亮相。在澳大利亚历史上，没有几个日子能比这一天更令人兴奋。街道上，数百名痴迷于汽车的儿童热切地打量着第一辆霍顿汽车。它拥有一个独特的高高隆起的发动机罩，绝对不会被人认错。事实上，颇有一些好打趣的人形容它是一只戴着假牙的怀孕鲸鱼。这条鲸鱼的六缸发动机——还有它安装于转向柱上的变速杆、80 公里的最高时速以及超级节油的特性——打动了汽车买家的心。许多年里，霍顿一直在公路交通中占有支配地位。早在日本制造的汽车出现于亚洲城市之前，出口的霍顿汽车就已经在当地广为行销了。

身为联邦总理的本 · 奇夫利，内心深处依然是一名机车司机：他的手一直搁在刹车旁边。他对经济应当被严格管控的坚定信念促使他继续推行着不得人心的汽油定量配给制度，尽管战争已经结束四年了。与此同时，他对工党左翼和共产党人的所有要求都毫不让步。黑煤是主要的工业能源来源，但煤矿工人并不总能保证供应。1949 年，当他们举行罢工时，奇夫利做出了一个很有勇气的决定：他将士兵和飞行员派到了露天煤矿上工作，尽管这些人并没有下到更重要的地下矿井深处。

* * *

在 1949 年的联邦大选中，奇夫利被孟席斯及其领导下的自由党击败。许多奇夫利的政策——大举移民、一眼望不到边的烟囱林和社会福利——都得到了延续。但这个国家的意识形态，却被孟席斯在他全新的、卓有成效的执政期间改写了。他的这些政策的优点和缺点，一直都在被激烈地辩论着。但他在澳大利亚战后生活中所扮演的卓越角色，却毋庸置疑。

罗伯特·戈登·孟席斯出生并长大于在维多利亚盛产小麦的小镇杰帕里特，他的父亲在那里的主街上经营着一家杂货铺，他的舅舅则是一份本地报纸的出版人。这个男孩的中间名戈登，和非洲有点儿间接的渊源，它是为了纪念在北非喀土穆围城之战中英勇战死的戈登将军[1]。从背景来看，他是那种平民政治家，他的父亲曾是巴拉腊特的技术工人，他的外祖父当过淘金工人工会的头领。当罗伯特·孟席斯大约11岁的时候，一个颅相学家在摸过这个男孩的头骨轮廓后宣布，有朝一日他将成为一名大律师和公共演说家。“从那一天起，我的人生之路已经标好了方向。”孟席斯回忆道。从那个乡下小镇里，他靠着考取的奖学金，开始在一家巴拉腊特的小型私立中学展露光芒，然后又进入了卫斯理学院[2]和墨尔本大学。作为一名杰出的青年大律师，他将自己的卓越才智带到了国家政治领域。开始时本以为只会当个六七年政客的他，在政坛停留了三十七年之久，而且几乎全部是在联邦政坛。1939年，当战争爆发时，他正在联邦总理任上，但在两年后跌下了权力宝座，而且看起来似乎不太可能东山再起。他无法欣然忍受他人的愚蠢，有时候，他觉得自己完全被蠢货们包围了。

在这片政治的荒野之上，他坚定了自己的决心，学会耐

1 即清末帮助清政府与太平军作战的洋枪队首领戈登。

2 澳大利亚一所历史悠久的顶尖私立中学。

心等待。他建立了自己的政党自由党。尽管英格兰的自由党要比他的政治立场偏左，但他依然将这一党派命名为自由党的事实本身，表明了他对西方世界战后情绪的深入了解。他感觉到，选民们想要一种新的社会秩序，只要这种新的对秩序的渴望不会被导向极端。他本人充满了各种奇思妙想。他让自己的党派与大企业及其资助保持一定距离。他欢迎来自城郊家庭的女性和退伍军人，希望自己的政党能够赢得足以反映战后国家现实状况的为数巨大的成员。在作为自由党早期大本营的维多利亚，一项革命性的规定甚至允许女性在选择自由党议员候选人的会议上拥有半数选票。

与此同时，他在同普通人打交道时也能平易近人，尽管在挤满了前来听他演讲的围观群众的大厅中讲话时，他的词锋有时会十分锐利，颇为得理不让人。作为一个优秀的演说家，他以浑厚的声音和舒缓的语调，向听众指出中间道路的优越性。1949 年，他在堪培拉夺取了权力宝座，与规模较小的乡村党和衷共济，联合执政。他已经从自己之前的失势中学到了另一个教训：党派联盟就像是一座缺水的花园，如果不时时照料的话，很快就会花叶凋残。

他将共产主义视作最严峻的威胁，因为共产主义斗争不仅借助其他武器，还借助强大的思想理念。1949 年以后，他的焦虑加重了。1950 年，当朝鲜战争爆发时，他向那里派出了军队：359 名澳大利亚士兵战死于朝鲜。他还向马来半岛派出了士兵和空军飞行员，与共产主义者作战。他甚至情愿让英国人在澳大利亚内地的广阔空间测试核武器和火箭，光是这一点，便能看出，他认为强大的英国符合他自己国家的利益。

孟席斯知道，如果不在遏制那些由共产党人控制的工会方面做得比奇夫利更成功，他就不可能维持繁荣。孟席斯尝试着推翻澳大利亚共产党的合法地位，但却失败了。这个政党的成员虽然不多，但其政治影响力却与其规模不成比例，甚至堪称澳大利亚已知的最能以少胜多的政党。关于“赤化”的辩论并没能伤害到小个子的共产党，却最终动摇了强大的工党的根基。在四十年的时间里，工党将要受到第三次大分裂的打击。1955 年，在 B. A. 圣玛利亚的思想体系的启发下，工党中信奉天主教的一股分离势力与主流工党分道扬镳，组建了自己的民主工党。在接下来的二十年中，民主工党通常会赢得全国 10% 的选票，而其投票者通常会将自由党列为排名第二的选项，从而令政治天平向着对自由党有利的那个方向倾斜。

孟席斯的所爱和所憎，都有一些似乎远在大海的另一边——共产主义是他头等憎恶之事，而君主制则是他的最爱。他对英国和王室的尊崇，用他自己的话来说，部分原因在于它们在很大程度上提供了“那种简单的存续和坚韧之感，在两次世界大战期间，这个世界得益于这种感觉良多”。在很久很久之后，他的保皇主义将成为嘲讽的对象，但在战争期间，工党政府也曾是保皇主义者，任命了英国国王那位一本正经的兄弟格洛斯特公爵为联邦总督。1954 年，是孟席斯迎来了第一位莅临澳大利亚本土的在位英国君主。女王伊丽莎白二世拥有人们期望在一位现代君主身上见到的那种华丽、尊贵与谦逊结合在一起的气质，此外，她还年轻且富有吸引力。或许有 20% 的澳大利亚人对英国王室保持着一种与其定义为同情，毋宁说是中立的态度，但就算是这一少部分人，也会在女王坐着火车或黑色轿车经过时驻足围观，并且发现自己比预想中的要更加兴奋。在这一年里售出的手持国旗——尤其是英国国旗——可能要比之前二十年中售出的总数还要多。

在英国女王访澳两年后，孟席斯鬼使神差地在对英国的感情方面走得有些太远。1956 年 7 月，埃及总统纳赛尔威胁要将苏伊士运河收归国有。因为这对全球贸易至关重要，英国和法国决定出面阻挠纳赛尔的这一计划。深知这条运河对澳大利亚的重要作用，孟席斯同意以谈判者的身份从伦敦出发，前往埃及。他的内阁并不确定他是否应当去为这种变相的英法炮舰外交充当密使，更不认为他应当去推行一种实际上遭到了作为澳大利亚军事同盟的美国反对的政策。孟席斯未能达成使命，纳赛尔还是将运河国有化了，英国和法国以轰炸予以还击，而美国则威胁站在埃及一方出面干预。这件事从长远来看伤害了孟席斯的声誉，但大多数与他同时代的澳大利亚人都很高兴看到他行走于世界舞台之上，对抗一个潜在的暴君，而后者在他们看来，可是逞尽了全力要扼住通往澳大利亚的海上要道。

尽管孟席斯经常被描述为一个替英国跑腿的家伙，但在他那一代的大多数人眼中，他是一个不折不扣的民族主义者，在令这个国家变得更强这一点上，没有任何前人能与他媲美。在与他长期共事的保罗·哈斯勒克的回忆中，孟席斯从来不会装腔作势，永远都不会“丢掉自己作为一个澳大利亚人的个性”。经常对英国唯命是从的他，也是第一次非英国移民大批涌入的那个时代的主政人。从工党那里继承了这一政策后，他又将其进一步加以推广。

老一代的少数族裔——比如墨尔本和悉尼的犹太人，巴罗萨河谷中和达令草地上的德国人，热带甘蔗田和西澳大利亚金矿中的意大利人，以及内陆地区的阿富汗人——如今迎来了住在大城市郊区中的其他少数族裔群体。与乌克兰正教会和荷兰归正会的教堂一道像雨后春笋般到处出现的，还有波兰和捷克风味的餐馆，拉脱维亚和马其顿人开的俱乐部，以及意大利文和匈牙利文的报纸。然而，每当失业率增加时，移民问题就会被谨慎对待。1952 年，当许多工会主义者失去他们的工作时，政府即把计划于第二年引进的 16 万补贴移民的配额削减了一半。

有那么十多年的时间，最大的移民群体来自意大利和德国这些曾在战时与澳大利亚为敌的国家。他们还越来越多地来自战时的盟国希腊。20 世纪 70 年代中期，访问澳大利亚的游客会特别留意到这些意大利人和希腊人在大城市中留下的独特印记，这些印记不仅体现在工厂和餐馆上，也彰显于政治和专业工作领域。从1945年起，约有350万移民到来。并不是所有人都会留下来，但他们对人口规模的影响确是惊人的。自战争以来，他们在增加人口这方面做出的贡献，要比从第一舰队起算的所有这些年里移民的贡献都要大。

堪培拉终于开始快速增长。当第一批霍顿汽车开到这个城市的加油站油泵前时，堪培拉还只不过是个襁褓中的首都。孟席斯希望它能够在智慧和身量上都茁壮成长：他的第二个愿望实现了。一座名为伯利·格里芬湖的人工湖为这座城市增添了几分魅力，它是以那位壮志未酬的堪培拉设计师的名字命名的。城里的建筑都不高，而且分布很稀疏，环行的大街小巷遍植欧洲树木，青蓝色的群山远远地充当着背景。终于，它将许多长期以来留在墨尔本的联邦政府部门吸引了过来。在20世纪60年代，它很快超过本迪戈和图文巴，最后终于取代了巴拉腊特成为这个大陆上最大的内陆城市。

如果被问及这个国家的象征符号是什么，大多数澳大利亚人的回答恐怕都不会是堪培拉，而是更往南边一些的“雪山工程”。这项工程启动于1949年，奇夫利政府即将下台之际，孟席斯借助巨额美国贷款为它提供了建设经费。该工程开凿了数条巨大的隧道，将之前顺着雪河流进太平洋的大部分水引到了内陆平原上。这是一项充满冒险的政绩工程，但也是一项建国大业，因为这些水电站将帮助悉尼和墨尔本的人摆脱那些偶尔会在纽卡斯尔和肯布拉港附近的黑煤矿兴风作浪的工会主义者。

雪山工程是一个工程师为王之时代的标志，那时候，各种旨在促进“国家发展”的计划激发了人们的想象力，大批新移民可以被集中派遣到远离城市的棚户小镇，而对第三次世界大战的恐惧也还在持续。另一个过于乐观的目标，是驯服雪山融水和潜在的电力，从而创造出几座身处内地、在面对战时的轰炸威胁时更加安全的工业城市。尽管这一工程规模宏大，却来得几乎晚了十年。早在其完工之前，这个世界便已经享受了相当长时间的廉价石油的红利，黑煤被搁在一旁，而水电的魔力也减弱了。甚至连那些刚刚得到灌溉的田地上长出的水果和谷物，也不再被迫切需要。英国于 1971 年加入欧洲共同体，从实质上对许多澳大利亚农产品关闭了其国内市场。

* * *

回头看，这简直是澳大利亚边远地区的印度之夏[1]。当时，粮食产品的价格通常都很高，而羊毛在朝鲜战争期间更

1 Indian summer，发生在北半球——尤其是美国北部——秋末冬初的一种与季节不符的气候现象，在一段时间里天气风和日丽，温暖宜人。

是卖出了令人难以置信的高价。规模大一些的城镇，几乎全都位于离海岸 300 公里的范围内，它们呼吸着乐观主义的空气。在 20 世纪 50 年代，东临南太平洋的麦凯和利斯莫尔，南对南大洋的霍舍姆和芒特甘比尔，还有西澳大利亚的班伯里和塔斯马尼亚的伯尼，所有这些城镇都富得流油。许多从事农业的家庭甚至有能力坐着铁行轮船公司——又名半岛–东方航运公司——的游轮到海外旅游，回来的时候还带着一堆幻灯片。这是用来在亲友聚餐后、投放在自家客厅里的白色幕布或墙面上向大家炫示的。

在孟席斯执政的最初几年，大多数观察家都宣称，澳大利亚矿业岁月静好的那段时光已经过去了：矿产曾经帮助塑造了这个国家，但它们的光辉年代似乎已经告终。矿业很重要，但主要依赖着古老的勘探发现。主要的几个矿区——新南威尔士的黑煤矿、布罗肯希尔的银矿和铅–锌矿以及卡尔古利的金矿——都是 19 世纪的发现。澳大利亚最大的工业和矿业企业布罗肯希尔控股公司，尽管在其诞生之地布罗肯希尔已经不复活跃，但仍是这个国家唯一的钢铁制造商和最大的用钢企业，它还是最大的黑煤开采企业和最大的私人船队拥有者。布罗肯希尔控股公司被视为在许多人看来业已消失的古老的矿业股繁荣的昔日留痕。

然而，令许多人惊讶的是，在 20 世纪 50 年代，采矿潮又卷土重来。尽管这块大陆长久以来被认为完全缺乏许多矿产，但在这个新的勘探时代，一些稀缺的矿产被发现了。生产铝的原材料铝土矿一度被认为在澳大利亚相对稀缺，但在20世纪50年代，在距离珀斯一个小时车程的低海拔山坡和大陆东北角附近的几处发现，令澳大利亚成为世界上最大的铝土矿和矾土矿出口国。铁矿石的出口曾长期被禁——现有矿藏必须保留给澳大利亚自己的鼓风炉——但在20世纪60年代，世界最大的铁矿石港口开始在热带西北部地区崛起，以处理从道路崎岖不平的皮尔巴拉产出的巨大财富。一些专家曾断言，在澳大利亚永远不会发现有开采价值的石油，但1966年，布罗肯希尔控股公司及其美国合作伙伴埃索公司在巴斯海峡的水面下发现了几个大型石油和天然气田。当1973年到1974年间的石油危机打乱了许多其他国家的正常生活节奏，令开车的人在加油站前排起长队、发电厂不得不对电力实行定量配给时，这个国家却几乎实现了化石燃料的自给自足。

光是这些发现的品类之繁多，就已经很引人注目了。在北领地的热带岛屿格鲁特岛，20世纪60年代发现了锰。在西澳大利亚的干旱乡村地区，离一座以前的淘金镇空空荡荡的街道不远之处，发现了坎博尔达镍矿。很快，澳大利亚便成为世界上最主要的锰矿和镍矿开采国。在阿纳姆地，一片巨大的铀矿储区揭开了神秘的面纱。而在遥远的东边，为了供应日本市场的需要，昆士兰鲍恩盆地的几个储量巨大的黑煤矿得到了开采。一连串足以引起轰动的发现至今仍未停止，在20世纪70年代，矿产取代了羊毛，成为这个国家出口收入的主要来源。

在一个多世纪的时间里，这些区域曾听到过许多勘探者的脚步声，它们一次又一次地被考察，然后一次又一次地被拒绝。为什么竟然会在这样的地方有如此巨大的发现？那些在1950年曾预言过大型采矿潮已经结束的人，没能预见到日本的崛起，而它成为许多新发现的主要市场。日本对煤、铁矿石和矾土矿的胃口促成了许多曾被一眼带过，但直到那时一直被人忽略的矿藏的发掘，因为它们以前一直被视为无利可图的。同样，到20世纪60年代，新近被第一位访问澳大利亚的英国首相哈罗德·麦克米伦命名为“变迁之风”的政治动向，为新解放的第三世界增加了某种政治不稳定性，而在那个时候，澳大利亚变得对外国投资者颇具吸引力，因为这个国家不仅政局稳定，而且在采矿租约和税收方面的立法更为宽松，劳资关系也有所改善。更重要的是，许多最新发现的矿区，其诞生都要归功于新的地质学理论和勘探技术。人们的聪明才智和大量资金的注入，打开了许多新矿区的宝藏之门。

虽然更为实际的政客们并不这么打算，但公众却希望有朝一日，地域辽阔的澳洲北半边也会变得人口稠密。但障碍很大。北领地的主要城市达尔文在1974年圣诞节时遭到了一场飓风的毁灭性打击。昆士兰西北部芒特艾萨的矿区，勉力支撑了三十年才开始盈利，尽管最终它支撑起了一座拥有2.5万人口的欣欣向荣的城镇：整个一大片乡村地区最大的城镇。幸运的是，糖料甘蔗在昆士兰沿海的一条狭长地带长势喜人，而在其他地方，为热带牛群引入婆罗门牛的基因之后，养牛业的利润也变高了。

在西澳大利亚，一个秘密的美国海军通信基地及其网罗密布的桅杆和天线，支撑起了西北角的另一个新城。再往北一些，1972 年投入使用的巨大的奥德河水库并没能制造出一片灌溉绿洲。棉花每年必须被喷洒 40 次化学药剂。最后，顽强的棉铃虫成为胜利者。在热带澳大利亚，对于那些试图驯服大自然的人来说，大自然反咬一口的能力是极其可怕的。因此，在 20 世纪 30 年代为了消灭甘蔗犀金龟而从夏威夷引进的昆士兰巨蔗蟾，反而从一剂灵药变成了一个诅咒，它们穿越了广阔的平原，最终侵入到北领地内部。

科学在澳大利亚的南半边要更加灵活机变。自从 19 世纪 60 年代起便在吉朗附近开始大量繁殖、此时已成为乡村一害的数十亿只到处乱窜的家兔，因为兔黏液瘤病——一种由科学家人工释放出、以蚊子为媒介帮助传播的特异性病毒而导致的兔类传染病——而数目大减。此外，肥料也被用来为地力耗尽的土地补充养分。在微量施加的铜、钴和其他矿物质的帮助下，贫瘠的不毛之地开始繁花盛开、欣欣向荣。从阿德莱德到墨尔本的高速公路附近，有一条狭长的干旱地带，人称“九十英里沙漠”，在“微量元素”的滋养下，它变得充满活力。而在西澳大利亚，就在不断受到狂野海浪侵袭的埃斯佩兰斯附近的海岸，一大条乡村地带在引入地三叶和其他固氮植物之后焕发了生机。

即便是大自然，也在向南方的农场主们露出微笑。季节变得对他们有利起来。自 19 世纪 80 年代晚期直到第二次世界大战结束，从昆士兰的罗克汉普顿到南澳大利亚的奥古斯塔港的这一大片澳大利亚东南腹地，一直经受着相对干旱季节的打击，但在 1945 年后，这里的降雨量几乎像变魔术一样增加了。雨水多的那些年份，降雨量变得比以前更大。在接下来的四分之一世纪里，传统上常常是屡败屡战的那种小农场主的收入有了改善。许多边远地区的议席一度喜欢把选票投给工党或乡村党的激进势力，但现在，他们把票投给了孟席斯的党派联盟。马尔科姆 · 弗雷泽是澳大利亚在位时间最长的联邦总理之一，在赢得了维多利亚西部受欢迎的牧区的一个边远地区席位后，他于 1955 年首次进入议会。这个议席如今被视为坚定不移的保守党席位，但在边远地区日子艰难的那些年里，它曾被工党把持于手中。

然而，就人口而言，边远地区却在衰落之中。这里出产的羊毛、谷物和牲畜比以往任何时间都要多，但如今却更多地使用机器，对劳动力的需求反而在减少。当拖拉机取代役马，在耕地和收割上花费的时间和劳动力都变少了。载着大批散装小麦的卡车，替代了那些拉着沉重的成袋小麦的马车，这些装满了小麦的口袋，在从围场到码头和船的这段周转过程中，都要被扛起放下四五回。奶牛场里，挤奶设备也取代了双手。在 20 世纪 30 年代早期，农场中雇用的人数要超过工厂，但在孟席斯时代即将结束时，工厂用工人数已达农场的三倍之多。具有讽刺意味的是，乡村之所以发生人口流失，恰恰是因为它在应用机器替代人力方面的效率太高了，但与之相对应的是城市之所以快速增长，部分却源于城里提供的典型工作没有那么机械化。仍需要成千上万双人的手来制作鞋子和衬衫，制造或修理汽车和电视机，在打字机上打字，在商店和银行里提供服务。

有一百多个乡村城镇走过了它们的巅峰时刻，那里的年轻人读完书后便前往别处寻找工作。这种“漂向城市”的做法，是一种充满目的性的“漂”。对于比较穷一些的边远地区居民来说，尤其是那些手里没有土地的体力劳动者，城市提供了更短的工时、充足的自来水、家里亮堂堂的电灯和四下里的灯火辉煌，此外，还有子女们更好的发展机会。

欧洲移民更喜欢住在城市。墨尔本尤其受到来自欧洲大陆的那些人的偏爱，这座城市在20世纪40年代、50年代和60年代都呈现出快速增长趋势，自打淘金潮以来，这还是它第一次增速超过悉尼。曾有那么一段时间，看上去，墨尔本很可能会在这个世纪末时在人口上超过悉尼。墨尔本的增长，部分原因在于悉尼的旧日强项——黑煤——如今没那么重要了。此外，维多利亚如今使用产自吉普斯兰的大量褐煤，已经可以用低廉的成本发电，满足自己的需要。与墨尔本争夺汽车产业中心的阿德莱德，也经历了一波快速增长。它成为新一批英国移民的庇护所。一件颇为意味深长的事，是利物浦的流行音乐巨星甲壳虫乐队的成员们，在阿德莱德获得了极其热情的欢迎，他们认为，这在全世界都是独一无二的。

每个人都看到了甲壳虫乐队，无论是真人还是影像，因为电视是那个时代的奇迹。第一座电视台开始播出时，刚好赶上了转播 1956 年 11 月在墨尔本举行的奥林匹克运动会。悉尼的弗兰克·帕克和他的电视 9 台在争夺首播权的比赛中获胜。在开幕式当晚，在其对手澳大利亚广播公司的频道上，孟席斯和其他受邀致辞人就像在早年间的电台广播里一样，穿着小礼服出现在演播室中，板球播音员迈克尔·查尔顿担任主持人。当影片放映中断时，他在旁边很快地抽了口烟，喝了些酒。观众们坐在自家的起居室或会客厅中——当时的一台电视太贵了，还不能放在厨房里——眼巴巴地看着空荡荡的画面。演播室中的摄影师觉得，不管怎样，节目都得继续下去，于是冲着毫无防范的查尔顿打开了摄影机。

起初，只有悉尼和墨尔本有电视节目。因为没有陆上线路或卫星信号将这些城市连接起来，每天拍摄下来的奥运会赛事都必须从墨尔本空运到悉尼，用于当晚播出。外国新闻也是以航空形式从海外发来的，一卷一卷的胶片被用厢式货车飞速送往电视演播室。人们从观看每天播放的那五六个小时的黑白影像中得到的愉悦，远比他们从 20 世纪 70 年代到来的全天候彩色电视中获得的多得多。

这些年里，测量方式也发生了迅速转变。其中之一，就起源于1953年的澳大利亚。当时，联邦工业与科学研究组织的艾伦·沃尔什发现了不同原子吸收能量的方式，从而为世界上最伟大的分析化学测量设备之一（原子吸收分析仪）的出现铺平了道路。1966年，澳大利亚转为采用十进位制货币制度，用元和分取代了镑、先令和便士。1970年，联邦议会投票通过，推行公制度量衡单位。赛马是最早做出这种改变的运动之一，播音员也不费吹灰之力就完成了从码到米的转换。

与此同时，计算机出现在几乎每一家大企业中，它最早的光辉业绩之一，便是能用来计算每周工资，这项任务以往要占据一小帮职员的全部工作时间。这种计算机仍然巨大笨重，而且价格极其昂贵。1970年，在这个国家，或许运行中的计算机仅有900台。

在1945年到1970年的这四分之一世纪中，技术在重塑国家这方面要比政治更重要。科学被欢呼为人类的朋友，或许比现在的热情更甚。这个国家的顶尖科学家激起了强烈的自豪感。在1960年到1964年之间，麦克法兰·伯尼特爵士和约翰·埃克尔斯爵士获得了诺贝尔医学奖，而亚历山大·普罗霍罗夫则获得了诺贝尔物理学奖。在苏联科学界因为对激光前体的理论性研究而得享大名的普罗霍罗夫，在澳大利亚几乎无人知晓，尽管他事实上于1916年出生于昆士兰北部地区，而且在移居回自己的祖国俄罗斯之前，曾经就读于阿瑟顿高原上的一所小学校。对科学的高度兴趣，也反映在民众对在南极洲开展研究的热情上。每年都有一艘载着澳大利亚科学家的小船劈波斩浪前往南极，然后在菲利普·劳博士的领导下，在那片冰雪覆盖的大陆上度过一年的时间。而这艘考察船出发的消息，通常都能成为报刊的头条。

* * *

对教育的热情重新回到了政治议程中来，而国家的繁荣为其提供了资金保障。提供免费义务教育曾是 19 世纪 70 年代大多数人口众多的殖民地的一项丰功伟绩，它们很快便成为教育下一代的全球领导者。在这之后超过四分之三世纪的时间里，对于延长普通儿童上学时间，进步一直相当缓慢且顾虑重重。即便在 1945 年，颁发给以差强人意的成绩读完中学二年级的那些孩子的就读文凭，也足以让他们找到许多工作。想加入警察队伍，它简直就是一张通行证。

对于这种在提高教育机会方面的长期拖延，部分解释在于，按照世界通行标准计算，19 世纪 70 年代和 80 年代时的澳大利亚繁荣得令人难以置信，因此可以承受在学校教育方面的巨大花费。在那之后，财富的增长速度变得慢多了。澳大利亚之所以受到打击，还因为它遵循的是英国的文化传统。英国并不特别强调教育。在 20 世纪 60 年代，英国 16

岁到 18 岁的全日制学生在这个年龄段所占的比例，要比瑞典、日本和美国的相应数字为低。

澳大利亚长期以来对高等教育的无动于衷，还有另外一个原因。这个国家的平等主义态度对于教育略有戒心。工党传统上并不把教育放在改革提案的优先位置，而自由党通常对在中等教育这一块占强势地位的私立学校更感兴趣。天主教徒们深知运营自成体系的学校教育代价有多么高昂，他们觉得，任何提高离校年龄的政策都可能会成为一种重负。在第二次世界大战之后不久，这些态度的力量便被削弱了。如今，中学[1]的数量成倍递增，技术专科学校也是如此。这个国家的教师人数增加了一倍，然后很快又开始翻倍。

大学从新一轮的尊重教育之风中受益颇多。那种认为每个大城市只需要一所大学就够了的看法逐渐被淘汰。1945年时的 7 所大学，将在其后的半个世纪里增长超过 5 倍。

孟席斯已经在台上执政了十七年，到了 1966 年的时候，他决定引退。如果将他在战争期间担任总理的那两年计算在内，他作为国家领袖的整个任期相当于澳大利亚联邦历史的十分之三。在他的领导下，发生了迅速的变革，其中许多已经不复存在于公众的记忆中。尽管十分亲英，他依然巩固了与美国在防务上的联系。当 20 世纪 60 年代早期美国介入越南战争时，他是第一个向一场没有英国作为盟军的战争派出

1 澳大利亚的学制与中国不同，high school 相当于中国的初中加高中阶段。

军事力量的澳大利亚领导人。他在文化上对亚洲保持中立态度——如果让他自己选，他永远都不会去巴厘岛度假——但他很高兴看到本国贸易从不列颠群岛转向了亚洲。正是在他执政的最后几年中，日本超过英国成为澳大利亚出口商品的主要买家。

通过谨慎地遴选法官以及任命欧文·狄克逊爵士为联邦首席大法官，孟席斯令自己执政期间的澳大利亚高等法院获得了“在所有说英语的国家中无与伦比”的崇高地位。他大手笔地在大学中设立了众多奖学金：没有任何一个他之前的政治家在振兴高等教育方面比他做得更多。尽管身为长老会信徒，他依然通过控制新成立的民主工党巩固了与天主教徒的联系，而这个小党及其选票帮助他保持了执政地位。他打破了澳大利亚新教主义的头条戒律：“不允许以公款资助私立学校，因为这些学校大部分为天主教学校。”他的政府开始为包括天主教小学在内的所有小学提供资助。19 世纪 70 年代时新教教徒和宗教与教育分离论者所取得的压倒性胜利，就此被推翻。

在新加坡陷落后的那二十五年的大部分时间，澳大利亚都在某种程度上被第二次世界大战的危险所驱动。工党和自由党的领导人都希望让他们的国家变得更自力更生。假如发生另一场战争，一个强大的制造业基地和国防工业或许会让这个国家在孤立无援的情况下依然能够奋起反击。更多的人口会赋予它军事和工业上的活力。在战争中至关重要的社会凝聚力将来自一场吸收同化新移民的宣传攻势。充分就业将消除在战前因贫困和失业而酝酿出的令人惴惴不安的社会紧张对立。到 1970 年时，这些目标大部分都实现了，而新的急需解决的问题和发展目标，也在此时涌现出来。

第十六章

黑色与绿色的复兴

许多长久以来构成澳大利亚人精神食粮的理念和配方，如今再度沸腾于釜中。热度部分来自越南战争。开始时，这场战争看上去并不像是一口会将澳大利亚人的生活搅得不得安宁的社会大锅。它看起来像是一个遥远的事件，在隐秘的丛林之中发生的一场战斗。澳大利亚颇为犹豫地进入了这个丛林，1962 年派遣到越南的第一支武装部队是以“军事顾问”的身份出现的。孟席斯将战争视作确认澳美联盟重要性的一种方式，同时也为了限制共产党领导下的中国的任何南下企图。他夸大了中国的野心，或许也夸大了此事对澳大利亚的威胁，但这些问题在那个时候并不容易回答。就在四分之一世纪以前，就在同一地区，澳大利亚未能提早察觉到日本的各项政策所引发的危险，对于仍记得这一教训的一代人来说，如此回应几乎是自然而然的。此外，这时距澳大利亚和中国彼此为敌的朝鲜战争，也才不到十年。

即便是反对这场战争的工党，也一样担心澳大利亚自身会在这些危险的时刻变得易受攻击。但它将距离较近的印度尼西亚——而不是印度支那——视作主要危险源头。作为工党领袖的卡尔韦尔在1962年2月警告说，印度尼西亚可能会大举扩张：“如果印度尼西亚可以用侵略的方式夺取西新几内亚，为什么它不能贪婪地打起别的算盘呢？或许首先是帝汶，然后是巴布亚新几内亚，最后呢——谁说得准呢？——（也许就是）北澳大利亚。”正是这种人心惶惶的普遍气氛，让所有政治党派联合在了一起：分歧只在于对威胁的定义。

用船送到越南的澳大利亚军队，在20世纪60年代中期人数稳定增加。他们不再是军事顾问，而是战斗人员，需要守卫和平定特定的区域。政府新出台了强行征召年轻男性参加武装部队的政策，以每个月抽签的方式挑选，许多澳大利亚公民都对此心怀不满。他们争辩道，为什么被强制征召入伍的人必须得和志愿兵一道参与这场被他们视为不义之战的战争？如果在征召1968年被派往越南的那8000名士兵时，政府可以全部改为招募志愿者入伍，再辅以高薪，这场战争或许就不会如此严重地分裂这个国家。除了在整个国家陷入危机之时，志愿军一直都是一项澳大利亚传统。

反战运动变成了反正统文化的一个巨大论坛。它尤其能俘获年轻人的热情。在越南作战的澳大利亚士兵感觉到了公共舆论的无动于衷与讽刺嘲弄所带来的刺痛。他们的痛苦变得格外强烈，因为与那些同在越南作战的典型美国士兵比起来，他们的士气要更高，军事技术也更过硬。他们认为，当在情感上受到本国部分人群的攻击时，他们却在以这个国家的名义经受着牺牲自己生命的危险。在越南，到 1972 年底为止，将有 500 名澳大利亚士兵丧生，另外 2400 人受伤。

最后，因为在越南战争中扮演的角色，这个国家遭遇了与第一次世界大战后半段时同样激烈的分裂，那时候，征召年轻男性入伍也是一个争执不下的烫手山芋。大多数澳大利亚人对越南战争表示支持，直到为了获得那个一年一年拖下去的胜利的代价看上去太过高昂之时。热情的反战者也犯了错误。他们将越南北方视作自由斗士，认为其道德上更高尚，代表了一种比西方资本主义更简单却更有意义的生活方式。数十万澳大利亚人上街游行，请求停止战争，但这些人对战败后的越南南方人民最终的遭遇没有丝毫概念。同一国之内出现两极化的、过于简单化的不同态度，这是大多数战争在某个阶段都会呈现出的一个特点。

对越南战争的反对经常以对西方社会的某些主流思想加以拒绝的方式体现出来。尽管越南催生了这些口号，但即便没有战争，许多新的理念可能也会迅猛地流传开来。这些理念加在一起，将以多种方式改变澳大利亚。

* * *

于寂静无声中，于众声喧哗里，涌现出了一种年轻人的邪典文化。他们最喜欢的音乐——摇滚乐——似乎将他们联合了起来。许多人对战争、对上一代人和那一代的陈规旧习的态度，都通过音乐表达出来。从 20 世纪 60 年代早期开始使用的避孕药，为性赋予了新的自由。毒品被流行歌手大加颂扬，而他们的听众则偷偷摸摸地予以尝试。价格更便宜的汽车为年轻人带来了新的流动性，大范围的繁荣和高工资让他们可以更早地离家独立：之前令年轻情侣不结婚就无法住在一起的这一障碍，是基督教道德规范和他们无力负担房租这一严峻现实合力制造的。老一代政客被描述为一群自己待在家里，却强迫年轻人参军甚至可能赴越南作战的暴君，而这进一步加大了新的代沟。

几乎所有被信受或奉行的理念，都遭到了这种自由解放的情绪的挑战。大多数人相信的是什么？答案不再一清二楚，因为人们的意见就像甩干机一样快速地转个不停。编辑们会反复打量那些写给他们的愤慨激昂的信件，信的开头这样写着："致所有右翼思想者"[1]。右翼思想者正在变得越来越少，而且不管怎样，他们可能已经不再能够就何为右翼达成

1　即 right-thinking people，right-thinking 在英语中的本来含义是"思想健全的，头脑正常的"，但在此处是从字面意义上加以理解的。

共识。在新的充满不确定的形势下，对那些以往被认定为过分色情淫秽或过度宣传革命的书籍的审查减少了。裸露的乳房或臀部如今在电视上隐约可见。女权主义者和同性恋加入了被解放者的阵营。崛起的一代人倾向于对教会避而远之：他们拉帮结伙地抛弃了主日学。

为女性争取平等权利成了一句流行的口号。1969 年，联邦仲裁法庭号召以渐进形式分阶段实现同工同酬。更多已婚妇女留在工作大军中，尽管按照古老的传统，全职工作的女性一旦结婚就应当告别职场。1966 年，储备银行允许自己的已婚女员工在快要生孩子的时候请产假，但还能继续领薪水，这掀起了一阵风波。更多的女性赢得了议会席位，在法律、商业和教育领域身居高位。这些变化说不上迅速，却十分稳健，到 1990 年时，两位州长都是女性，而高等法院中也有了一名女性大法官。

这些变革中，有一些已经悬而未决了几十年，但如今，支持它们的舆论已势如风雷。几乎在不知不觉之间，帮助保持社会一致的那些威胁和恐惧如冰雪消融。从教堂的布道坛上发出的下地狱的威胁，不那么无远弗届、无可匹敌了。许多年轻人不再出现于教会的信众之中。英年早逝的风险已经显著降低，除了那些开着自己第一辆车的年轻司机。失业的威胁也一度几乎消失不见，失业者所背负的社会污名变弱了。对意外怀孕的恐惧在消退，许多初为人母者满足于保持未婚状态。1970 年，南澳大利亚成为澳大利亚第一个合法化人工流产的州。这种众多理念的狂飙突进侵入了所有富足的西方国家，轻而易举便渗透入两个深陷越南战争的西方国家：美国和澳大利亚。

自然重新赢得了人们的喜爱：空旷的原野，富有野趣的河流，热带雨林和成片的沼泽地，还有疾风吹拂的山巅，所有这些都成了符号，要不惜一切代价地加以保留。即便是沙漠，也不再那么令人恐惧。在塔斯马尼亚的山区，人们发起了一场运动，要保护静谧质朴的佩德湖及其风光秀丽的海滩不被水电工程淹没。1972 年，一个小规模的绿色党派在议会选举中大打出手，徒劳地试图保住这座湖泊。然而，水电是现代塔斯马尼亚的精神之父，因此，这些人很快便被逮捕判刑。在澳大利亚的领海中，捕杀鲸鱼已经遭到激烈反对，只有奥尔巴尼的捕鲸场还在运营之中。

对自然的极度崇敬令老一辈澳大利亚人深感吃惊。在传统认知上，自然一直都亦敌亦友。干旱、洪水、林区大火和海上航线的狂风大作都曾与澳大利亚的开拓者们为敌，有时候还会胜出。亚当·林赛·戈登曾经极度流行，部分是因为他的诗将自然描述为一个“长发上有火焰腾起，旱魃为虐”的红颜祸水。但到 1970 年时，原生态的大自然已经不再被视作如此可怕的威胁。对于一个主要由城里人——许多人除了在电视上甚至从来就没见过一条毒蛇——构成的国家，它的危害可能已经小多了。

到 1970 年时，对自然的喜爱——一种全身心的喜爱——赢得了众多狂热的支持者。成立于五年前的澳大利亚自然保护基金将左翼和右翼的热衷环保者团结在了一起。在其中身居高位的，不仅有政治激进分子，还有首席大法官加菲尔德·巴威克爵士和矿业领袖莫里斯·莫比爵士，他们曾经是一个更早的、地区性的绿色运动的成员，在那场发生于20世纪30年代晚期的运动中，一群热衷于野外考察的博物学爱好者以他们切实可行的主张实现了对布罗肯希尔的重新绿化，改变了这个尘土漫天的城市的面目。

信奉经济增长，但也坚持要保护珍稀物种和拥有罕见美景之地的“浅绿派”，仍处于上升趋势。后来，他们会在无意之中成为少数专注且以此为业的“深绿派”的俘虏，后者反对一切形式的经济发展。深绿派把自然比作伊甸园。随着共产主义逐渐失去吸引力，许多很可能会对其持同情态度的年轻人变成了深绿派。而以前曾经走中间道路的那些热衷于郊区生活的人，也大举改变立场。尽管共产主义者传统上崇拜技术，深绿派却向技术发起了挑战。铀和核技术就是他们的靶子之一。20世纪70年代早期，在后来成为卡卡杜国家公园的那一地区做出的一系列惊人发现，使北领地成为世界上最主要的铀矿资源储藏区。但是，禁止开采铀矿的斗争取得了部分胜利。

对于那些下定决心保护自然的人来说，澳大利亚是一个理想的论坛。这里不仅盛产煤、铀、铅和其他会造成污染的矿物，而且还是众多独特却脆弱的动植物物种的家园。澳大利亚还拥有令人垂涎的南极的大片区域，这是唯一一块可以免遭人类侵入的冰清玉洁的土地。

人口过度增长被单独列出来作为世界上最严峻的危险之一。事实上，在 20 世纪 70 年代早期，许多欧洲和北美的科学家都做出预测，认为接下来的十年中可能发生一场全球粮食和能源短缺，但这个广为流传的预测却是错误的。国家不应当继续以人口增长为傲的主张，深得澳大利亚人之心，借助移民，这里的人口增长速率在过去二十年中一直是工业化国家中最快的。失业人数在增加，移民配额遭到削减。此外，出生率不断下降而又高度繁荣的欧洲，不再是满怀热切盼望的移民的一个来源。

深绿派所传达的信息，对经济增长——奇夫利和孟席斯多年以来渴盼达成的目标——以及热衷积累物质财富的做法深表怀疑。艺术恰到好处地迎合了这种反对物质主义的态度。与教育相比，艺术从州政府那里得到的资助微乎其微，而在更财大气粗的联邦政府那里，拿到的钱甚至还要更少。但这一领域的声誉和影响力却在上升。1969 年，联邦总理约翰·戈顿设立了在某种程度上以加拿大艺术理事会为模板的澳大利亚艺术理事会，推广促进芭蕾舞、歌剧、土著艺术、戏剧现场表演、陶瓷和其他手工艺。与文学和绘画不同，这些艺术项目很少能获得政府资助。

在悉尼港湾的岸边，一座由丹麦设计师约恩·乌松设计的歌剧院已经动工兴建了好几年。开支远远超出了最初的所有预测，乌松掉头而去，再也没有回来看一眼他的建筑彻底完工时美轮美奂的样子。于 1973 年正式开放的悉尼歌剧院，成为这个快速增长的国家一个新鲜而又令人兴奋的符号。琼·萨瑟兰是当时世界上最伟大的女高音歌手，她能经常在自己家乡城市的崭新舞台上演出这一事实，进一步增加了这座歌剧院的吸引力。在墨尔本和悉尼，如今歌剧观众占全部人口的比例，要比巴黎和伦敦还高。著有观察入微、细节生动的《澳大利亚腔》一书的报纸编辑约翰·普林格尔认为，这座冲着海岬扬起风帆的歌剧院就像是威尼斯的某座庄严教堂，被一个比亚得里亚海岸还要富有魔力的蓝色海湾所环绕：

> 它就立在那儿，仿如威尼斯城里、潟湖之上的安康圣母教堂，一个将城市与海连在一起的完美符号，它那大张着双臂迎接驶入船只的弧拱，或在夏日艳阳下熠熠生辉，或在泠泠月光里清辉流转，感觉上是现代的，却又让我们想起另外的那些时代，那些为了荣耀上帝之尊或炫耀君王之威而建起一座座伟大建筑的时代。

悉尼歌剧院的建筑理念源自丹麦，但很快，它便被视作澳大利亚民族主义的一种表达方式，一种对澳洲风土及其周边海洋日益增长之热爱的一个传递媒介。才华横溢的年轻电影制作人分享了同一种民族主义，并对其加以推广。一系列引人注目的电影长片——以1975年彼得·威尔的《悬崖上的野餐》为起始——间接地颂扬了澳大利亚的风景。电影中女学生的野餐是在离墨尔本不远的陡峭山岩间举行的，而《雪河来客》的主人公，则骑着自己的马奔驰在堪培拉南边令人印象深刻的群山之间。按照剧情设定，《驯马人莫兰特》主要发生于布尔人占领下的南非，但位于南澳大利亚巴拉的奇异圆顶山丘却被摄影机移花接木地用在了片中，而电影《加利波利》开始时那令人提心吊胆的几幕，便拍摄于西澳大利亚离城镇较近的内陆地区。两部电影都主要讲述了与英国士兵一道在远离家乡的战场上作战的故事，但它们却呼唤出了一股反英情绪，而这成为卷土重来的澳大利亚民族主义的一个关键部分。作为可能是所有澳大利亚电影中最有影响力的一部，《加利波利》首次上映于1981年。它为新一代年轻人注入了激情，让他们对一个看起来已经从这个国家的想象力中消失的标志性事件产生了强烈兴趣。

* * *

澳大利亚人对他们生活于其上的地球的这片区域，变得更加警惕了。作为离亚洲很近的主要以浅色皮肤的欧洲人后裔组成的人群，他们在人种和文化上显得特立独行。他们的白澳政策已经被废除了，从1940年以来，“白澳政策”这种说法遭到了官方否认。它对亚洲人太具有侵犯性，而且所反映的是一个已经逝去的世界。在澳大利亚还是一个年轻的民主国家之时，在那个隔在中国农民与澳大利亚工人之间的宗教信仰、文化、语言和技能鸿沟宽到难以弥合的时代，它曾对澳大利亚的幸存起到了关键作用。但如今，文化上的鸿沟已经变窄了，许多根据1950年外交部部长珀西·斯彭德构想的科伦坡计划来到澳洲学习的亚洲学生都意识到了这一点。

数百名亚洲移民，包括澳大利亚军人的日本妻子，被默默允许生活在澳大利亚，并最终被授予公民权。在20世纪50年代，澳大利亚从英国那里接管了印度洋上的科科斯和圣诞岛基地，那里的居民主要是马来裔和华裔。在一段时间的推诿扯皮之后，他们被赋予了在澳大利亚定居的权利。有时会在某些港口进行的、针对不受欢迎或不合法的移民的旧式听写测试，已经在1958年被废止。在这之前的几年中，它很少会被施行。

官方偶尔还会出面为几乎已经消亡的白澳政策辩解。据说，它在很长一段时间内防止了“可能源于永久性的族群势力割据和一个四分五裂的国家的种种摩擦争执和紧张对峙”。大多数新成立的亚洲国家的领导人理解这一理由。他们自己也并不打算打开大门迎接不计其数的外国移民，哪怕这些人就来自邻邦。事实上，在放宽移民和入籍法规这一点上，澳大利亚已经比那些偶尔还会颇为正义凛然地指责其种族偏见的亚洲国家做得多得多。与此同时，一些亚洲移民的忧虑也情有可原，他们担心，有朝一日，白澳政策还会在他们新的国度里改头换面卷土重来，从而令他们成为低等公民。1966年之后，这种白澳政策复苏的可能性变得微乎其微。

澳大利亚人继续管理着巴布亚新几内亚，但殖民时代正在迅速走向终点。1975年9月，巴布亚新几内亚正式成为一个独立国家。时机可能尚未成熟，但美国表示，多早都不嫌早。莫尔斯比港的议会充满勇气地开始指导和治理一个全世界内部分裂情况最严重的国家：一片拥有数百个部落、讲着数百种语言的国土。来自澳大利亚的资助如潮水般涌入，其中一些也流入了这个国家精英阶层自己的口袋。但只要听一听在莫尔斯比港的新议会大楼中举行的辩论，看一看听众席上那些被这一景象和辩论内容迷住了的旁观者俯身倾听的身影，一个人便能意识到，对民主的共鸣正在迅速增长。在非洲新成立的国家中，很少能在维持民主体制正常运行上做得如此成功。

在本土，内陆地区的土著居民不再被遗忘。如果大自然如今成了宠儿，那么他们也必须分一杯羹，因为他们的生活本就亲近自然。他们曾经在澳大利亚生活了如此之久的惊人事实已为人知，这迅速增加了人们对土著居民的兴趣。1956年，考古学家约翰·马尔瓦尼在南澳大利亚曼纳姆附近进行了一次考古发掘。在蜿蜒曲折的默里河上方某个适合人居的岩洞中，借助新的放射性碳定年法，他发现，土著居民早在五千多年前便已经居住在那里。这个年代判断很快就被改写了。1968 年，在默里–达令盆地的深处，发现了距今超过两万年的人类火葬的灰烬。最早的土著居民占据澳洲大陆的时间，被推回到了四万年前，甚至还可能更久远。某个从澳大利亚起飞、前往意大利度假、宣称他们渴望置身于远古历史之中的家庭，如今必须改变一下他们的表达方式了：他们的故土也拥有漫长的人类历史。

随着众多非洲和亚洲的殖民地将自己的命运掌于手中，而欧洲国家如今也在不断被教训着他们曾经对土著居民的做法是多么糟糕，澳大利亚不得不坐直了接受耳提面命。有朝一日，在国际法庭上，它或许也会被推上证人席，甚至作为被告关在隔起来的被告区，尽管它这一方也有自己的强硬辩护和无力辩解。

大多数拥有部分土著血缘的人或多或少都属于澳大利亚主流人群的一部分，他们会在战时应征入伍，平日努力工作养家，在选举日投出自己的一票。在城市里，这些人中的大多数不知道——或是没兴趣知道——他们是否拥有深色皮肤的先祖。而在另一个极端，则是那些清楚地知道自己的祖先且深以之为豪的纯血土著居民。到底有多少“部落土著”“丛林土著”或“纯血土著”幸存下来，我们并不确定。1966 年的人口普查试图对他们加以统计。得到的数字为拥有一半以上土著居民血缘的人有 80207 人。在其中，或许有 45000 人真的如此。或许只有几十个人实际上还在过着他们的祖先几千年来所遵循的那种流浪生活。

土著居民如今拥有了更大的讨价还价的余地。曾经运作着那些教牧区的教会提议撤出。一些强有力的土著居民开始发声，有些人倾诉那些早就应当得到补救的冤屈不平，另外一些人则对土地提出权利主张：1967 年，古林德基人占领了北领地波浪山[1]的牧场。联邦仲裁委员会赋予了在牧场工作的土著居民同工同酬的权利，这一决议增加了土著居民的自豪感，但却损害了土著畜牧工人的利益，他们的数目迅速减少。许多以正义之名针对土著居民实施的福利措施，效果都是好坏参半，在内陆地区，他们在工薪阶层中所占的比例显著下降。将大多数土著居民同化入主流社会的政策，被某种形式的种族隔离主义所取代，而后者的缺点和优点均十分明显。谁才是真正的土著居民？这个问题很大程度上留给了个人和群体自己决定。十六分之一的土著血统已经足够了。

人们曾普遍相信，在 1967 年前，即这一年的联邦公民复决以大多数支持票通过前，土著居民不允许投票。事实上，大多数人已经拥有了选举权。几十年里，土著居民的投票权在每个州都有所不同，甚至在联邦选举和州选举中也有差异。在澳大利亚的南半边，通常而言，拥有少于一半土著

1 即 Wave Hill，一些学术著作译为“招手山”，但在由澳大利亚内务部出版的澳大利亚入籍考试参考书《澳洲公民身份：我们的共同纽带》中文版中，官方采用的是“波浪山”的译法。

血缘、住在城镇附近的人都被允许投票，但很少会有纯血土著居民拥有投票权：在北领地，他们直到 1962 年才拥有投票权。1971 年，在昆士兰的内维尔 · 邦纳成为一名联邦参议员的那天，他的土著居民乡亲父老们都十分自豪，但其中许多人仍对他们在如此长的时间里身为二等公民、自己的文化也经常遭到诋毁的事实心怀怨恨。

* * *

每一类人似乎都坐在过山车上，有些人下坠，有些人上升。教会到 20 世纪 60 年代时一直在衰落中。每个星期天，它们不得不第一次与其他娱乐活动展开竞争。二十年前，能够载上一家人在星期天外出兜风的汽车很少，电影院和城里的商店都不开门，也没有电视让他们在星期天晚上待在家中。酒店的大门在星期天从早到晚都是锁着的，只有那些真正的旅行者可以进入，而这些人寥寥无几。对于那些星期天待在家中的人，要想在上午 11 点或晚上 7 点打开收音机、听点儿教会礼拜以外的内容，必须得把旋钮转上好几回。

一项通常被称为《守安息日法》的法律禁止在星期日举行正规的观赏性体育比赛，而在一些农业区，在星期日耕作的农场主不是被横眉冷对，便是会在离自己最近的城镇中遭到斥责，在收割季节前后可能会遇到天怒。然后，到了 20 世纪 60 年代晚期，星期日开始洗去身上的宗教色彩，与新的世俗时代保持一致。教会遭到了打击：开始时是长老会信徒、卫理公会信徒，以及其他不信奉英国国教的新教教徒，他们的教会出席率一度很高，后来则轮到了天主教徒。到20世纪90年代早期，不到四分之一的澳大利亚人口定期去教堂。教会的衰落是一场全面的社会革命，因为在教化澳大利亚人这一点上，教会比任何其他公立或私立的机构做得都要更多。

这种衰落让神父和牧师们深感不安。它改变了曾经以教会及其附属的网球场和无数俱乐部为中心的社交生活。传统上，对于那些竞选最高职位的人的宗教信仰或宣称的宗教信仰，大多数选民都有所了解，像本 · 奇夫利作为天主教徒而他的妻子据传却是长老会教徒这件事，在选民心中是颇为重要的。1955年的工党曾经因宗教信仰上的分歧而分裂。但到了20世纪末，州长或联邦总理的宗教信仰还是经常会被提及，但却不再被视作争取选票的决定性因素。

这些针对土著居民、大自然、女性或宗教的新态度，开始时被称为一种流行趋势。它们常常带着一丝反叛气息。它们标志着以孟席斯为代表的自由党时代与以鲍勃 · 霍克为代表的工党时代之间的分水岭：前者会对这些态度浓眉紧锁表示怀疑，而后者则在20世纪80年代向其中大部分表示了欢迎。高夫 · 惠特拉姆是连接两个时代的人桥，他于1972年12月赢得联邦总理职位，从而结束了自由党二十三年的执政期。他主要是在堪培拉接受的教育，是一位政府高官之子，作为一名律师，他出口成章，才思敏捷，而他也将其作为自己的优点大加利用。身为一个喜欢发号施令的人，在时代大潮中前行时，他无法控制自己不去命令浪潮停止或加速。

在堪培拉，许多新态度已经被转化为法律，但惠特拉姆还要更进一步。甚至在选定内阁班底之前，他就已经实施了许多自己承诺的变革。在上台后的头几天里，他亲自接管了 13 个政府部门，在其中大部分部门事必躬亲。他及时采取步骤，开启了与中国的外交关系，他废除了避孕药的销售税，他开始从越南撤回最后的驻军，他还让电影《波特诺伊的怨诉》[1] 通过了审查。稍稍歇过一口气后，他又马不停蹄地做了更多的事。

那些新潮思想的弄潮儿认为他们找到了一个英雄。多年后，他的一个反对者——詹姆斯·基伦爵士——颇为大度地概括了他的一生，将其称作“这个国家历史上最令人着迷也最复杂的政治人物之一”。

在三年时间中，惠特拉姆和他的内阁部长们向艺术领域注入大笔资金，废除了大学的学费——这一做法主要惠及富

1 即 *Portnoy's Complaint*，由美国小说家菲利普·罗斯（Philip Roth）极富争议的同名小说改编的电影。1969 年，这本书曾在澳大利亚除南澳以外的其他地方被列为禁书，出版它的企鹅出版社甚至因为私下销售此书而被起诉。1972 年，美国著名编剧和导演欧内斯特·莱曼（Ernest Lehman）将其改编为同名电影，引发了巨大争议却并未获得很好的票房。

有家庭而不是贫困户。他们划出大片区域作为国家公园，并计划将北领地——堪培拉控制下的唯一一块大片领地——的土地所有权让渡给土著居民。他们试着改革公共医疗卫生服务，土著居民的也不例外：这是一个人们相信钱几乎可以包治百病的时代。他们设想出了澳大利亚勋章这一表彰系统，它最终取代了封爵制和其他大英帝国的表彰奖励。此外，他们还资助了一项民意测验，用以选出新的澳大利亚国歌《前进，美丽的澳大利亚》的曲子，虽然歌词尚未确定。

惠特拉姆的想法很宏大。为了与这些想法匹配，他也大举举债。缺乏耐心的他试图用最短的时间完成尽可能多的事情。他的各项政策严重削弱了澳大利亚的经济，而在那个时候，世界经济形势正处于不稳定状态。最后，那头被他不停挤奶的奶牛终于几近枯竭。到这时，他已经失去了对参议院的控制，尽管在众议院中仍占有绝对优势地位。两院处于僵持状态。每个政党都有自己合情合理的理由，但这徒然加剧了对方感到的愤怒。而一场公债丑闻前所未有地削弱了工党的民众基础：一个巴基斯坦掮客蒂勒特·哈米拉尼先生在中东秘密就此展开谈判，但他的所作所为却没有披露给议会，也几乎不为所有有权知晓此事的其他负责官员所知。

1975 年 11 月，澳大利亚总督约翰·克尔爵士出面介入了，这令许多忠诚的工党支持者义愤填膺，而他们的对手则如释重负。尽管总督本人是由惠特拉姆提名的，他却解除了惠特拉姆的总理之职。克尔任命自由党领导人马尔科姆·弗雷泽出任临时总理，然后下令举行联邦大选，从而可以由人民自行解决僵局。弗雷泽在选举中大获成功，在众议院的127 个席位中，工党仅得以保留 36 席。

1975 年 11 月是一个政治火山频频爆发的时段。由此产生的灰烬用了几年时间才尘埃落定，它令整个政治天空一片昏暗，影响了惠特拉姆和弗雷泽在人们心中的形象。人们当时并没有意识到，作为激进主义和保守主义的一个非同寻常的结合体，弗雷泽事实上接纳了惠特拉姆的部分政策，同时完善或剔除了另外一些。他促成了北领地的大片区域转移到土著居民手中，欢迎了第一拨越南移民，继续资助艺术活动。他还倡议发起了多元文化政策（虽然这个词可能存在多重含义），开通了一个专门的针对少数族裔的电视频道。尽管笃信经济发展，但他还是将位于北领地的风景优美的卡卡杜设为国家公园，叫停了弗雷泽岛上的采矿活动，并颁布了捕鲸禁令。在外交政策上，他坚决反对苏联式共产主义，这种态度反而为他赢得了许多中国共产党朋友。作为英联邦国家中的一个强势领导人，他是新成立的津巴布韦共和国的有力赞助人，而在随后一切欣欣向荣之时，他又挺身成为南非改革的热诚拥护者。正如人们所预料的，他努力控制了联邦开支。

在马尔科姆 · 弗雷泽赢得 1975 年的大选后，大多数评论家都预计会出现连年的政治动荡。这在某种程度上是由弗雷泽的个性使然：他非同寻常的成功之路埋下了引子，而工党的愤愤不平似乎也会起到推波助澜的作用。令人好奇的是，一种诡异的稳定状态却缓缓地落了地。弗雷泽执掌政府的时间比孟席斯以外的任何一位前总理都长。而弗雷泽的继任者鲍勃·霍克，任期超过了以往所有的工党总理。因此，在连续十六年的时间里，澳大利亚仅有两位总理。几年后，自由党的约翰·霍华德上台，他在政坛的活跃时间，将令弗雷泽和霍克都甘拜下风。

第十七章

流浪中的国家

1980年，整个世界的政治前景令人沮丧。苏联在阿富汗激战正酣，冷战仍在继续，而大国强权之间“星球大战”的威胁也即将浮现。刚刚获得诺贝尔奖的小说家帕特里克·怀特挺身而出，为那些举着反核标语在基督教的棕榈主日举行世俗游行集会的澳大利亚人辩护。他警告说，一场核战争也会对那些最开始幸免于难的人构成威胁。它将慢慢感染“并没有直接牵涉其中的那些地球表面——因为它会在太空中循环——以它遭污染的裹尸布割刈地上的生灵”。世界经济也波动不安，失业率持续上升，通货膨胀的幅度几乎比第二次世界大战结束后的任何一年都更大。每一种硬币和纸钞都在大幅贬值，以至于最小面值的硬币几乎一钱不值。最后一批澳大利亚的1分硬币和2分硬币在1990年被铸造出来，很快，就很难在收银台前见到它们的踪影了。在这之前的六年里，出现了另一个物价暴涨的信号：新发行的 100 澳元纸钞，其面值是以前流通货币中面值最高的纸币的两倍。

* * *

在越南的战事已经结束，西贡很快便于 1975 年 4 月落入越南共产党手中。成立于 1976 年的越南社会主义共和国统治着整个国家。在接下来的几年中，成千上万人逃离了越南，还有许多人从柬埔寨和老挝逃脱。大多数人去了泰国和马来西亚，挤在沿海的难民营中。

在越共进入西贡后，数百名越南难民被给予了澳大利亚的入境签证。他们之中包括在越南出生的澳大利亚公民的妻子和孩子，34 名天主教修女，以及至少 283 名战争孤儿。澳大利亚有责任接收更多的这种难民，但为数多少呢？这是一个困难的决定。惠特拉姆及其领导下的工党一直反对澳大利亚介入这场令这些难民流离失所的战争。他还认为，大多数难民都会是反共分子，因此很可能会在成为澳大利亚公民后投票给自由党。鲍勃 · 霍克和他领导下的大多数工会起初对这些难民心怀同情。但在这个高失业率的节骨眼上，他们可能会抢走本已稀缺的工作机会。新成立的弗雷泽政府更富同情心。马尔科姆 · 弗雷泽曾任陆军部部长，而在澳大利亚士兵赴越作战的那几年里，他是国防部部长。此外，他很愿意欢迎那些曾经在战争中作为忠实盟友，但如今在自己的家乡面临迫害的南越人。但即使是他，也没有立即提出要给予大规模的援助。他的政府不能无视舆论，而此时民意对这件事相当谨慎。这些彼此冲突的态度，将在2001年一场类似的辩论中重演，届时，将有更多的船只载着亚洲难民而来，而时间点恰好在一场联邦大选的前夜。

第一艘载着越南难民的船不声不响地在1976年4月驶入达尔文，这之前，它已经在海上航行了6000公里。船上的少数乘客被接上岸，以飞机送到南部首府城市中的移民收容所。他们在那里分到了房子和食物，还有人教给他们英语，所有一切都由政府出钱。那一年晚些时候，另外106名越南人乘着两条渔船来到达尔文。第二年，在非法入境可能会成为主要议题的一场联邦大选的前夜，更多的越南人来到了达尔文。光是11月21日，就有6艘船到来，达尔文市长开始纳闷，这股日益加速的难民流会不会变成一场难民潮。一个星期后，另一艘渔船“小河12号”载着包括3名越南士兵在内的160人偷驶进了达尔文港。越共当局要求将这艘船和船上的乘客遣返回西贡，据称这艘船是被这些“海盗”劫走的。到此时为止，已经有总计5000名印度支那难民以合法方式来到了澳大利亚，大多数人是坐飞机来的，且持有堪培拉签发的有效签证。然而，这仅仅是个开始。

1978年，越南政府开始以排挤或强行驱逐的方式，将华人家庭赶出如今已改名叫胡志明市的西贡。华人曾经是十分活跃的资本家，但在这个新转变成的社会主义经济中，他们如今不再受欢迎了。此外，越南政府和中国政府正针锋相对，当地的华人聚居点因此有了第二个被惩罚的原因。于是，又有数千人出发，加入印度支那难民的队伍，而后者当时已经生活在泰国和马来西亚两国沿海和边境的难民营中。另外一些为躲避柬埔寨和老挝境内战乱而逃亡的人，进一步增加了压力。难民营变得拥挤不堪，卫生状况每况愈下。厌倦和绝望的情绪四处蔓延。当雇来的渔船必须突然起航时，许多成人或孩子被留了下来，许多家庭因此分崩离析。

澳大利亚从拥挤的难民营中挑选了更多的家庭和个人，然后用飞机把他们送到悉尼和墨尔本。到 1982 年时，共计 7 万名印度支那难民来到澳大利亚。在公众眼中，乘船而来的这两千人似乎颇为典型，但他们却是个案。到这个十年结束时，流入的印度支那难民总数超过了 12 万人。在所有接收了这些难民的国家和地区中，澳大利亚和中国的香港接收的难民按其自有人口计算，所占比例最高，

在澳大利亚的人口构成问题上，这次难民流入成了一个转折点。从第二次世界大战起，政府的移民政策一直试图阻止在城市中形成少数族裔的聚居区。这一时而被忽略的目标，如今已经在实践中被静悄悄地废止了。新来的印度支那移民待在一起。很快，城郊的某些角落和一整条商业街就开始冠上了“小越南”的名字。与此同时，政府允许了更多的欧洲移民进入，尤其是家庭团聚式移民。传统上，新西兰

人被允许自由移居至澳大利亚，而他们本国屡出问题的经济也促成了这种移民，尤其是以悉尼为主要目的地的移民：海滩边上的邦迪简直成了奥克兰的一个郊区。尽管澳大利亚在20世纪70年代时经历了较低的移民率，但在20世纪80年代晚期，人口的流入幅度却可能是发达国家中最高的。

* * *

在移民、旅游业和投资流入方面，澳大利亚日益成为一个亚洲国度。日本送来了人数最多的游客，他们经常住在东京某财团拥有的酒店中。日本是澳大利亚出口商品的最大买家，而在本地道路上，日本汽车则与本地制造的霍顿、福特和克莱斯勒争夺着空间。但日本人和其他亚洲人不一样，对移居他国没什么兴趣。

在英国文化占支配地位的末期，墨尔本一所学校的校长A. A. 菲利普斯观察到，许多澳大利亚人都会向一度被他们充满爱意地称作“故国”的那个国度表现出一种“文化上的卑躬屈膝”。如今，这种卑躬屈膝有时候会以亚洲为对象，而不是英国。当年迈的裕仁天皇1989年于东京逝世时，霍克政府下令，让公共建筑上的澳大利亚国旗降半旗。官方记忆可谓健忘。在第二次世界大战结束时，如果堪培拉的主张被采纳，这位天皇可是要作为战犯接受审判的。

廉价航空旅行重塑了移民的行动过程。在20世纪60年代中期，有史以来第一次，大部分移民从空中而不是海上来到澳大利亚，而在十年之中，那些乘坐客轮而来的人便已寥寥无几。此外，绝大多数移民都来自地理位置更近的岛屿。长久以来，移民都会得到政府补贴，以吸引欧洲人不远万里前来澳大利亚，但如今，他们并不想离开繁荣而和平的欧洲。他们的位置被亚洲人所取代，而后者不用补贴也会欣然前来：从亚洲国家飞来的机票很便宜。

到 1985 年时，超过一半以上来到澳大利亚并留下来的移民是亚洲人，其中许多人是难民。悉尼、墨尔本、布里斯班和珀斯的几个特定郊区——穷人区和富人区都有——稳定地吸引着比较大的几个少数族群，比如华人、印度人、马来西亚人、斯里兰卡人、菲律宾人、韩国人或印度支那人。二十年后，墨尔本的电话簿表明，越南人的姓氏阮和印度人的姓氏辛格——两者中间隔了 60 栏名字——迅速追赶着史密斯和布朗这样的英国常见姓氏。在悉尼西部的几个特定郊区，作为中东移民的安全港，那里造价昂贵的新清真寺要比新建的基督教教堂更常见。

两波战后移民浪潮并不相似。第一波移民来自欧洲各地，到了之后很快就找到了工作。舆论上总体对他们表示欢迎，因为这个国家需要有人来保护自己。与之相对应，第二波移民在文化上和人种上要更加多元，而他们到来的那个时代，失业率高居不下。不幸的是，这些移民中的许多人都被疏导到了衰退中的工业区里的公共住房，那里的失业问题更加普遍。同样，青睐高移民率的流行意识形态当时已经不复存在。绿色环保运动对快速增长的人口抱有戒心。大多数土著居民领袖也反对快速增长，尽管他们的观点很少会得到媒体报道。

一种慷慨大方和自私自利相混杂的心理，成为最新的这一次移民流入的后援。政党们争夺着少数族裔的选票，而在家庭成员团聚的口号下，选择了过多缺乏技能的移民：一些新移民体验到了极高的失业率，甚至在定居三年之后仍无改观。1990 年，新来的印度支那和黎巴嫩移民的失业率将近 30%。与之相对应，大多数其他族裔的新移民——尤其是那些拥有较强的技能和语言能力的——很容易就能找到一份工作。他们将澳大利亚视作一个独特的希望之地，尤其是对他们的孩子而言。他们会说："我们还能在什么其他地方找到这样的自由和机遇吗？"

最新的这一次移民流入，得到了一种名为多元文化主义的意识形态的拥护。这种意识形态很大程度上借鉴自加拿大，有时候是追求民族同化的那种老政策的反面。保罗·基廷自然希望，所有澳大利亚人不分出生地点，如今应当"都能感觉到自己确有价值，感觉到自己十分重要"。但一个风险在于，移民群体如今被正面鼓励保持对其故土的忠诚。事实上，澳大利亚的全国足球联赛必须接受重新改组，以平息不同族裔之间的敌意。如今的澳大利亚据说已经成为一个"多元化中的团结"的典范，一个万国之国的雏形。这种说法有一定道理，但如果这一方案最终失败的话，其不利结果的代价也很高昂。可能要等上几十年的时间，才能安全地宣布这个迷人实验的结局：到底是一场胜利，还是得失相抵，或是潜在地促成了一个部落分立之国的诞生。

随着恐怖主义的出现，官方的多元文化政策可能会不得不打起退堂鼓。2008 年，一些移民乃至移民的子女被判犯有密谋在公共场所制造爆炸的罪行，如果他们的计划得逞，澳大利亚国民的死亡数字将会相当之高。在这之后，“多元化中的团结”这一目标开始显得略微天真了一些。

一连串短时间内发生的事件，为 20 世纪的最后二十年增添了几许风味。传统上如此遥远的这片土地，成了吸引外国游客的一块磁石。即便是凯恩斯这样藏身于海边连绵成片的红树林和平原上的甘蔗田之间的小城市，当日本游客大举涌入参观大堡礁和沿海热带雨林时，也变成了一个主要空港。川流不息的喷气式飞机将日本人和其他游客从沿海送到艾尔斯岩或乌卢鲁，这个令人叹为观止的天然胜地于 1985 年正式交回到土著居民手中。有史以来第一次，游客们可以在全沥青路面的公路上开车环绕整个大陆的边缘，尽管路常常很窄，而且在热带降雨过后很容易被洪水淹没。

正如在之前的每一个十年中一样，大规模的洪水、干旱和林区大火来来去去：1983 年 2 月 16 日，燃烧了一整天的猛烈林火——尤其是在墨尔本附近的那些林区——被称为

“灰烬星期三”[1]。在内陆地区，新到来的技术满足了长期存在的需求。1985 年 7 月，是在干旱的蛋白石矿业城镇库伯佩迪被长期纪念的一个时间点，因为一座淡化厂开始向这里供应淡水。1987 年，霍克政府决定建造 6 艘柯林斯级潜艇，这个极其野心勃勃且耗资极为高昂的项目，最终于 21 世纪完成。1988 年，在堪培拉，外观看起来仿如一座堡垒要塞的新国会大厦，由英国女王主持了开幕仪式。同一年，这个国家庆祝了英国人登陆两百周年。在 1988 年 1 月 26 日的早上，置身于悉尼数以百万计的围观者之中，站在山峦起伏的海岸上，看着港湾里的樯帆林立，看着那么多人脸上浮现出的无声的骄傲，一个人仿佛能感觉到所有那些如今已被遗忘的先驱者的在场，而正是他们的艰苦奋斗，造就了一个国家的内核。

在这个十年中，心脏移植手术成为司空见惯之事，而艾滋病导致了第一例死亡。1987 年，出现了第一部移动电话。世界上很少有其他国家如此热衷于这个新发明，曾经一度，装在口袋里的手机突然响起铃声，会打断整座音乐厅和教堂中的寂静。打到世界遥远的另一端的长途电话，通常因为价格极其昂贵而很少被人使用，除非是在圣诞节，但如今在高空卫星的帮助下变得频繁起来。然后，在 20 世纪 90 年代初，个人电脑热出现了，计算机很快不再是一种奢侈品。在

1　英文名同日期相近的基督教节日——圣灰星期三。

霍巴特的一间起居室中输入的私人信息，片刻之间就能到达基辅或圣地亚哥的某个房子里，而且花费微乎其微。

互联网和之前的电视一样，将会对报纸作为新闻来源的支配地位发起挑战。下午出版的报纸已经在急速萎缩。最后一份大众报纸——墨尔本的晚报《先驱报》——于 1990 年并入鲁珀特·默多克集团旗下，而默多克本人就是电子媒体的倡导者。作为全世界最知名的媒体巨头，他的第一项个人资产是一份阿德莱德的下午报《新闻报》，新闻集团及其遍布海外的电视台、报纸、杂志、出版社、电影厂和卫星帝国就是以此得名。每一天，如今以美国为中心的默多克全球帝国，都会将内容发送到几亿人的眼前和耳中。与这个庞大的数字相对照的，是他的祖父也曾在一个更早却力量同样强大的媒介上——墨尔本郊区的一座长老会教堂中的讲坛——将信息传递给在座的 400 名信众。

到 1990 年，日常生活的模式已经与四十年前大为不同。人们的寿命变得更长，同时会选择在退休后搬到温暖的海边小镇——尤其是新南威尔士和昆士兰的那些——颐养天年。离婚变成了一件平常事，单亲家庭在许多城郊街区中几乎成了常见现象。许多已婚女性从事着受薪工作，需要有人帮忙照料孩子，因此托儿所在增长速率上超过了晚年老人之家[1]。在许多郊区，孩子们普遍不再走路上学，而会被开车接送，

1　面向需要专人护理的老人的基督教慈善养老机构。

一直被视为很安全的街道，现在不那么被信任了。尽管一个12 岁的女学生一度连一块腕表都没有，如今，她却可能拥有一部手机。她的祖父祖母在同样年龄时或许从来不曾在咖啡馆或餐厅中用过餐，甚至连生日大餐都没有过，但如今，来自美国的路边餐厅为数百万学龄儿童和他们的生日会及日常互请提供了汉堡包和炸鸡块。

* * *

新闻中出现的姓氏，如今要比休斯、布鲁斯、莱昂斯和孟席斯这些人当总理时更兼容并包各种语言了。1990 年，最大的公开招股公司的老板，是一个出生在爱沙尼亚的家伙，最大州的总理，是匈牙利人的后裔，最大名鼎鼎的心脏外科医生是华裔，而最著名的科学家有奥地利血缘。在新的世界性姓名风潮中，帕尔波、格赖纳、张和诺萨尔[1]只不过是四个例子而已，但在学校里，数千名充满活力、雄心勃勃的学生——华人、印度人、韩国人、亚美尼亚人、智利人和罗马尼亚人——有朝一日将让自己的名字也家喻户晓。与此

1 分别是：阿尔维·帕尔波（Arvi Parbo），曾长期担任美国铝业公司澳大利亚分公司等大公司的董事长或总裁；尼克·格赖纳（Nick Greiner），自由党政治家，曾于 1988 年到 1992 年担任新南威尔士的总理；张任谦（Victor Chang），澳大利亚最杰出的心脏外科医生；古斯塔夫·诺萨尔（Gustav Nossal），在抗体形成与免疫耐受领域做出了突出贡献的生物学家。

同时，女性终于赢得了迟来的高层职位。利奥妮·克雷默夫人先是坐上了如今的澳大利亚广播公司的主席位置，随后又成为第一位跻身于传统上全部由男性组成的主要银行和矿业公司董事会的女性。1990 年，卡门·劳伦斯博士成为西澳大利亚州州长，而琼·基尔纳也成为维多利亚州的州长。她们最初的职业生涯都是在教育界，在成为工党政客的招募基地这方面，这一从业者众多的行业如今与工会展开了激烈竞争。与此同时，在墨尔本杯上，第一位女骑师被允许驭马参赛，而澳大利亚皇家空军也涌现出了第一位女飞行员。

在联邦政治领域，自由党及其在边远地区的合作伙伴国家党长久以来的支配地位如今正在衰退。从 1949 年 12 月以来的三十三年中，除了三年之外，这一政党联盟一直处于执政地位。在 1983 年的联邦大选中，鲍勃·霍克击败马尔科姆·弗雷泽，从而开启了联邦政治历史上工党执政最长的一段时间。身为公理会神职人员之子但本人并不信教的霍克，是工会运动中深得人心的领袖。他很快便违背了工党的传统，推倒了长久以来对大部分经济领域予以保护的屏障。他令更多的工厂直面全球竞争。许多没有做好应对低关税之心理准备的工厂主只好锁起工厂大门，卖掉了他们的机器。事实上，数十万工作从澳大利亚转移到了东亚的工业城镇。

保罗·基廷在担任鲍勃·霍克的联邦财长时，充满了创新精神。他放松了金融监管，让资金可以自由进出澳大利亚。1983 年 12 月，澳元汇率不再由政府强行规定，可以每日浮动。澳元迅速贬值。在二十多年的时间里，澳元的币值要比美元低得多。

银行业仍然被四大银行所把持，它们全部为澳大利亚本土银行，拥有一张遍及边远城镇的巨大分支银行网络。历史最悠久的西太平洋银行是流放地时代的产物，成立于1817年，当时名为新南威尔士银行。第二古老的澳大利亚和新西兰银行（澳新银行），因19世纪30年代的羊毛业繁荣、伦敦金融资本大量涌入盛产羊毛的几个殖民地而诞生。在第一次淘金潮中成立的国民银行，开业于1858年，起初设在墨尔本，但随即便在阿德莱德开设了另一家相互竞争业务的分行。而由安德鲁·费希尔的工党政府创办的联邦银行则于1912年正式开门营业。在漫长的经营过程中，四大银行中的每一家都吞并了许多竞争对手。

四大银行和它们所处的那个安稳的世界，将在1985年受到新的外国竞争对手的强烈冲击。在一年时间里，在澳大利亚开设分支机构的交易银行的数目，超过了此前一百年中的总数。在20世纪80年代末的追星岁月中，新的外资银行与四大银行之间争夺大业务的竞争到了过头的程度。外国资本疯狂涌入。哪怕是一个极不靠谱的联合企业，或是一个胆大妄为的创业者，也很容易在某个地方发现一位友善的银行家伸过来的合作之手。

霍克和基廷将资本置于激烈的竞争之下，但并没有对劳动力如此处置。去监管的政策止步于大型工会的门外。尽管工会会员占全部劳动人口的比例不断下降，他们的政治影响力却处于巅峰。由政府资助的企事业是他们的坚强据点，这一领域当时还未受到“竞争至上”这一新理论的冲击。在堪培拉，公务员成倍增加，这个享受着所有澳大利亚城市中最高平均收入的首都欣欣向荣，而与此同时，许多乡村地区和部分城市地区都处于经济困难之中。

堪培拉之所以能免受外界影响，部分原因在于其自身的繁荣富足，然而几个政府部门的负责人的确发出了警告，日益增长的海外债务正在将经济拖入深渊。经常出言无忌的基廷终于在 1986 年 5 月 14 日向悉尼的广播之王约翰·劳斯承认，压在澳大利亚身上的不断激增的海外债务，很可能会将这个国家变成一个“香蕉共和国”[1]。然而，对于自己发出的这个警告，基廷后来却似乎当成了耳旁风。

与此同时，新的创业者靠着借来的钱——大多数来自纽约、东京和伦敦——扶摇直上。如此明目张胆的炫富——无论是以富丽堂皇的大宅的形式，还是以满天飞的私人飞机的形式——自从挥金如土的 19 世纪 80 年代以来，还从未在这个国家出现过。在急速扩张的珀斯和布里斯班，城中富豪的人数要比悉尼在此前三十年中出现的大亨多得多。开始时，公众还会对一些出手豪阔者的光辉业绩津津乐道，尤其是艾伦·邦德。他当年以一个年轻英国技术工人的身份来到珀

1　指仅出口诸如香蕉等单一经济作物且受外资控制的拉丁美洲小国。

斯，但后来却富得足以组建起一支从美国手中夺走了 1983 年美洲杯帆船赛奖杯的海上帆船队。

那些在很短时间内便变得极其富有的新贵们花天酒地的奢侈生活，令公众瞠目结舌，心烦意乱。旗下公司从电视网络到啤酒厂无所不包的艾伦·邦德——他一度是全世界第五大酿酒商——像买玩具一样买下了纽约的圣莫里茨酒店和当时世界上最昂贵的画作、梵高的《鸢尾花》。1989 年 12 月，在繁荣即将走向尽头时，他驾驶着自己最豪华的一艘游艇——蓝白相间的"鼓点号"——驶入霍巴特，但随即被告知，他受到法庭传唤，要与自己的债主对簿公堂。他很不情愿地与他们见了面，最终锒铛入狱。一些一度富有的企业家选择了逃亡而不是直面债务，他们逃到了海外——马约尔卡的一所农庄，波兰的一间公寓，或是某个其他的藏身之处——将其他人留在家中，从一片废墟中尽可能挽回一点损失。

在这段地产繁荣发展期，城市的天际线被改变了。于 1987 年 10 月基本告终的股市繁荣，让位给建造摩天大楼的狂热。地产价格一路猛涨，到新的十年开始时，贷款者开始东拆西借弥补亏空。在 1990 年到 1991 年，澳大利亚处于经济衰退之中：失业率高达 11%，利率超过了 20%，整个国家的海外债务成为沉重负担。高高的起重机几乎从建筑工地上完全消失了。在悉尼和墨尔本的中央商务区，四分之一的写字楼是空的。一层又一层的空置办公室，让人回想起了近百年前的大萧条期间一栋栋空荡无人的小型摩天大楼。

这场繁荣助长了高层的腐败。在西澳大利亚，两名前总理不得不面对法庭的审判。两人最后都锒铛入狱。这场繁荣也助长了某些大银行的莽撞行事。维多利亚和南澳大利亚的州立银行都冒险超出警戒线大举放贷。它们的损失极其惨重。总部设在吉朗、迅速成为维多利亚行业老大的金字塔建屋互助会，曾深受小储户们的青睐。当它突然倒闭时，他们都惊呆了。西太平洋银行是这片土地上最古老的一家银行，它位于悉尼的总行一度进入紧急状态。一些观察家认为，这家银行很可能会就此垮掉。然而，到了这个十年结束的时候，澳大利亚进入了新一轮长期的矿业大发展，而一个烈火烹油式的繁荣新时代，也缓缓展开。

第十八章

符号在风中飘：女王陛下和马博先生

在 20 世纪最后的四分之一时间里，整个国家的外交关系和象征符号都处在风雨飘摇之中。随着英国移民人数的递减，与英国之间的联系遭到了削弱。此外，在英国加入欧洲共同体之后，对英贸易也滑落到总贸易额的区区 3%。两国之间的游客往来和体育交流依然保持着强劲势头，但在 20 世纪 70 年代，因为澳大利亚推行了新的荣誉表彰体系，并退出了允许持澳大利亚护照的短期访问者免签证直接进入英国的互惠条约，其他仪式上和符号上的联系却在不断被蚕食动摇。英国女王正式成为了澳大利亚女王，新入籍的公民宣誓效忠于澳大利亚，而不是女王陛下。

这些变化是一点一点发生的。霍克担任联邦总理时，并没有大力推行切断与英国的联系。他受公众欢迎的程度或许超过了此前所有的领导人，而他保持自己欢迎度的方法，是在任何自己作为一国之首时提出的议案遭到强烈反对时，立即做出让步，甚至全面撤退。他甚至推动了一项权利法案的通过，而这在欧洲的政治传统中更常见，却不太符合英国的政治传统。它事实上增加了高等法院的权力，而以议会损失部分权力为代价。

霍克自己的权利法案是一个非同寻常的混合产物，其中包括了被郑重宣告的权利——“任何人不得使为奴隶”，也包括了被忽略的权利。拥有私人财产的权利甚至没能列入32条正文之中。法案明确规定，人权委员会在评估权利与过错时，可以保护告密者和匿名举报者。一些批评者将其称为“过错法案”。而高等法院在决定发生冲突的两项权利哪一项应被列为首要考虑时，将可行使一项以前一直属于议会的关键权力。众议院通过了这项革命性的法案，但参议院却犹豫不决，就此进行了长时间的辩论，超过了参议院历史上所有之前的法案辩论时间。1986年，当澳大利亚民主党与自由党联手否决了这一法案后，霍克静悄悄地将其搁置了。

* * *

在1991年取代霍克成为工党领袖的保罗·基廷，已经下定决心，做好了为土著居民伸张土地所有权的准备。依据之前的各项土地立法，大面积的澳大利亚土地已经被土著居民托管委员会和团体组织所拥有，这些土地几乎形成了一条南起南大洋、北至帝汶海、贯穿澳洲大陆的走廊。许多土地的土壤都贫瘠且干旱，但总体上，它占据了这个国家全部领土的 15%。这条走廊很快便得到扩张。1992 年，在一份复杂却文字铿锵有力的判决中，澳大利亚高等法院的多数成员裁定土著居民有权拥有澳大利亚更多的土地。

这个案子最初在埃迪 · 马博和其他对托雷斯海峡的默里群岛主张权利的人的推动下走上了法庭。这些托雷斯海峡岛民主要是美拉尼西亚人，他们的传统经济和土地制度都与土著居民的迥然有异。高等法院裁定埃迪 · 马博和他的族人拥有他们祖传土地的所有权，但也确定了另外一点，即那时还没有成为这一诉讼之主体的澳洲大陆土著居民也有权对大片土地提出权利主张。就其实质而言，被高等法院称为“土著所有权”的这项权利，并没有因为 1788 年英国人的到来而变为无效。因此，高等法院据此推断，更早一些的澳大利亚和英国法官尽管精通法律，但却从根本上误解了习惯法。

马博判决或许是高等法院迄今为止做出的影响力最深远的裁决。它代表了某些法官将这一澳大利亚本土的最高法庭视作立法机构之一的趋势，几乎相当于第三个联邦议院。大多数（但并非全部）法庭成员自视为民意的官方解释者，而在民主政治中，这一任务通常是由被选举出的议会担当的。他们争论说，“澳大利亚人民的当代价值观”要求出台一个针对土著居民的全新特定政策。这话没错：的确需要出台一个全新的特定政策，但制定和通过这一政策却是议会的事儿。在高等法院做出的多数判决中，法庭援引了历史作为依据，但并不清楚的一件事是，法庭的7位法官每个人到底是在什么地方找到了各自的历史版本，因为他们并未正式听取任何有关澳洲大陆土著居民历史的证据。在经大多数法官同意而通过的法庭决议的支持材料中，出现了一些文字感人至深却并无实据的历史陈述，许多历史学家对此欣然接受，但也有许多历史学家深感震惊。多年中一直坚持土地是他们头等重要之目标的土著居民领袖，有理由为此感到飘飘然，因为他们为主张自己的权利打了一场漂亮仗。但在另一方面，那些传统土地位于首府城市以及与之毗邻的草原上的土著居民，却不得不带着失望继续生活下去。他们事实上没有从高等法院那里得到什么东西。

换成有些联邦总理，很可能会拒绝高等法院的这份判决。基廷却大胆地接过了高等法院一手打造的这个汽车底盘，然后装上了自己的轮子。他的《土著所有权法》于1994年的第一天正式开始实施，这个法令授权特别法庭裁定哪些公共土地应当被归还给土著所有权人。这些土地将被集体共有而非个人占有。土地可以被售卖给州政府和联邦政府，但不能卖给其他种族的人，甚至不能卖给另一个土著部落或家族。作为一种善意的尝试，这项确认土著所有权存在的法令对于减轻大多数边远地区土著居民的怨愤做出了一点贡献。但它也激起了许多困惑，因为法令本身并不好理解，就算是有一群又一群相互竞争业务的律师帮忙也是如此。新的土地保有权制度以人种为基础的严格界定，私下里曾让许多长久以来为反对种族歧视而战的改革者们深感困惑。

很快，由议会为高等法院造出的这个汽车底盘安上的轮子，就开始摇摇欲坠。高等法院继续扮演着第三议会的角色，因为它必须做出解释，或是在它自己发明创造的这些基本原则之上继续发挥。此外，这些法官自身也在一些利害攸关的复杂法律和政治议题上发生了严重分化，同时对各自宣扬的那个版本的澳大利亚历史针锋相对、争论不休。

* * *

1996 年，先后以霍克和基廷为首的工党长期执政在联邦大选中被终结。曾在悉尼担任律师的约翰 · 霍华德率领自由党和国家党组成的党派联盟取得胜利。他将在随后的十一年八个月时间里一直把持着联邦总理之位，从而超过了除罗伯特 · 孟席斯爵士——他的英雄偶像——之外的其他国家领导人。霍华德最终在降低失业率和刺激经济增长方面取得了巨大成功。与他的财长彼得 · 科斯特洛一道，他推出了自第二次世界大战以来最野心勃勃的税制改革，但他改变劳资关系法规的尝试并没有取得全面成功。

与之前的任何一位和平时期的联邦总理相比，霍华德都将面临更多的海外危机，而几乎所有这些危机都是出乎意料的。他迎头撞上了亚洲的经济“崩溃”，一场相继在印度尼西亚和东帝汶发生的危机，以及宗教极端恐怖主义的兴起，为了应对后者，他向伊拉克和阿富汗派出了军队。

土著居民事务是另一个长期存在的问题。如何平息土著居民的怨愤？如何改善黑皮肤人种和白人之间的关系？如何分担责任和罪名？所有这些都是会造成国家政治分歧的话题。在北昆士兰维克土著居民发起的一场诉讼中，高等法院做出了最新判决，而刚成立不久的霍华德政府不得不满足这一判决的要求。在一片争议声中，法庭修改了其对土著所有权的观点。占澳大利亚国土面积一半的那些土地的所有权如今陷入了争议之中，大多数土地上只有寥寥无几的工业和屈指可数的居民。很快，各地法庭便面对着堆积如山的权利主张，许多地区成为相互敌对的土著群体的争夺标的。人们过分乐观地希望，法律会带来各种形式的妥协，让争议中的每一方都能得到某种满足。然而在第一部《土著所有权法》颁布十五年后，大片土地仍处于争议之中。

早在新千年开始之时，四分之三的土著居民就已经不再生活在内陆地区，而成了城市或大型城镇中的居民，因此从《土著所有权法》中得不到什么好处。他们过着主流的西式生活。大多数人都是基督徒，很少有人还遵循着自己传统的宗教信仰。只有八分之一的人能以某种土著语言进行日常交谈。与之相对，那些生活在内陆地区和澳大利亚热带地区的土著居民，却经受着两股力量的撕扯，一方面是坚守传统的渴望，而另一方面，则是拥抱来自外部世界的卡车、食物、酒、体育和娱乐的激情。大多数人不是没有工作，就是经常无所事事。只有很少一部分得享遐龄。这些生活在边远地区的土著居民的年幼孩童也很脆弱。他们的耳朵、眼睛和胸部很容易感染患病，经常不到校上课，在15岁时的文化程度要比白人孩子或生活在城市中的土著孩子低得多。他们找到一份靠谱工作的概率微乎其微。

在许多边远地区的定居点中，针对女孩和成年女性的性暴力十分普遍，但澳大利亚政府通常会接受男性土著居民领袖的请求，不会向那里永久性地派驻警察。最后，政府觉得有义务对这些无法无天的定居点进行干预。与之相对应的，则是散布于各地的一片祥和安宁的土著居民的“绿洲”，那里要么推行全面禁酒令，要么就是在进行着其他的社会实验。20世纪90年代中期，在艾利斯斯普林斯西边颇为偏远的纳拿帕地区，这个地区拥有约3000名居民和另外800多名经常往来者，一项实验性的公共医疗卫生服务在此推行，显著降低了幼童的营养不良率和患病率。

在几乎每一个地区和大城市，土著居民中都涌现了一些力量强大、能言善辩的领袖人物。新一代中最杰出者包括诺埃尔·皮尔逊、马西娅·兰顿和沃伦·芒丁，他们说出了以前几乎无法说出的真相：土著居民必须接受，他们对于自己的苦难和社会崩溃也负有部分责任，而且必须找到一条走出困境之路。在主流生活中，其他的土著居民也做出了自己的突出贡献。从橄榄球到田径运动，在某些运动领域，如今从土著居民中涌现出的冠军人数比例远远超过了该人群占全部人口的比例。他们的绘画作品在纽约和巴黎的画廊中受到追捧。更明显的是，数千个混合了欧洲血统和土著血统的澳大利亚家庭，或许在历史上第一次可以欣然提起自己的土著祖先，宣称他们对其个人而言比那些欧洲人祖先更重要。在 1986 年到 2011 年，自称为土著居民或原住民的澳大利亚人数目增加了一倍，总计达 54.8 万人之多，占全部人口的 2.5%，从而创造了一个新高峰。然而，他们只在一个地区形成了一个具有政治影响力的群体。在北领地，土著居民占到了总人口的 27%，而在 2013 年 3 月，他们中的一位政客亚当 · 贾尔斯正式成为该地区的最高行政长官——首席部长。

* * *

对文化和社会事务所持的态度，要比所信奉的经济教条更能分化各个主要政党。对国民性的定义，以及全民的自豪感或愧疚感，是这些党派彼此争论的主要议题之一，而在这些问题上，约翰 · 霍华德坚决拒绝了工党的相关政策。他没时间理会那种以哀悼痛惜的角度看待澳大利亚历史的“黑纱派观点”。

共和政体的问题，是意识形态领域的战斗前线之一。1992 年，保罗 · 基廷几乎完全没有先兆地突然提议，澳大利亚应当成为一个共和国。接下来的几个月里，无论是在正式有准备的讲话中，还是随口发表的评论里，从他那些绘声绘色而又锋芒毕露的言辞中慢慢流露出了他最关键的论点。他承认，澳大利亚本质上是一个独立国家，而在其领土内，澳大利亚女王伊丽莎白二世并未行使任何实际权力。但如果正式免除了她作为女王的头衔，便会强化这个国家在整个世界眼中的独立地位。他不那么令人信服地争辩说，在澳大利亚停止打着英国的旗号前行之前，它将永远不会与亚洲形成一种亲密平等的关系。

澳大利亚国旗——尤其是占据了那面国旗四分之一的英国国旗——曾是他的另一个攻击对象。但他或许很快便看到了攻击国旗的政治危险。他意识到，在当前的国旗上，南十字星也占据了相当重要的位置，而这面旗帜所传递的强烈情感，甚至连他的许多支持共和制的工党同事也深为所动。此外，大多数澳大利亚人都支持现有的国旗。

与许多早期的支持共和制的领袖一样，基廷有爱尔兰血统，在一些谈话中表现出了感染力很强的反英倾向，但他主要还是以一位爱国的澳大利亚人的身份来说话的。同样，那些现有体制的捍卫者尽管为这个国家与英国的长期联系而感到自豪，但也基本是以爱国的澳大利亚人的口吻在发声。两个澳大利亚民族主义的版本因此针锋相对。令人好奇的是，基廷并没有将共和制这件事放在政治议程的优先位置。按照他的希望，澳大利亚只要赶得及在 2000 年悉尼奥林匹克运动会开幕式之前成为共和国就行。

在种下共和制的种子并浇水灌溉之后，基廷下了台。真正推动对此事进行公开辩论的是霍华德，尽管他个人并不愿意看到一个共和国的诞生。1998 年 2 月，在堪培拉举行了一场万众瞩目的立宪会议，152 名代表——从联邦总理和 6 个州的州长，到许多土著居民、一位托雷斯海峡岛民和直接由民选产生的代表——就澳大利亚是否应当成为共和国的问题展开了辩论。在最后一天，89 名代表——占绝对多数——投票赞成共和制。

构想中的这个共和国的蓝图十分简单。新设立的总统将执行传统上由联邦总督行使的仪式性职责，同时在类似于 1975 年的政治危机再度发生时充当仲裁人。尽管联邦总督之前一直是由联邦总理个人推选出来并由女王正式批准通过的，新设立的总统将由联邦总理提名，然后经众议院和参议院联席会议正式确认。本质上，所有联邦政府的职业政客都可投出自己的一票，需要以三分之二多数通过，才能最终批准任命。但免除总统职位的方案却是取决于个人意愿的。如果总统被认定为有悖职守，总理可以立即将其解职。

这个变化看起来简单，但全体国民自己首先得批准其通过。在澳大利亚联邦的正式宪法被有针对性地加以修改之前，这个国家无法成为一个共和国。而要修改宪法，又需要获得所有选民的多数同意，以及 6 个州中 4 个州的多数选民通过。

决定澳大利亚是否将成为一个共和国的公民复决定在了1999年11月举行。直到选举日之前的一个月，民意测验仍断定支持共和制的人会取得胜利。大多数报纸和媒体从业者都是共和派，尽管他们在更倾向于哪一种共和制的问题上存在分歧。大多数联邦政客也都支持共和制。甚至许多激烈反对成立共和国的人，实际上也是共和派，只不过希望实现另一种形式的共和而已。他们说，全体国民必须像美国那样直接选举总统。但正如泽尔曼·考恩爵士指出的，这样一个共和国中的总统，凭借他由投票选举而出这一点，便能宣称自己拥有民意授权，而这是连联邦总理都并不总是能够自称拥有的。因此，发生于联邦总理与总统之间的纠纷，“将会置我们的议会制度于危险境地”。

在做出决定的那个星期六，当东部各州的投票站关闭投票后不久，而西澳大利亚的投票仍在进行之时，结果已经很清楚了：共和派将会输掉。对共和制的反对在女性选民中很强烈，在几个大的外围州也是如此，尽管在人口稠密的大陆东南角是另一种态度。让全力支持共和制的工党大为失望的是，即便是在那些传统上会把选票投给工党的蓝领郊区，反对共和制的势力也惊人的强大。大多数农村地区明显反对提议的共和制，而在占地面积超过希腊国土的横跨新南威尔士与昆士兰边界的广大平原地区，几乎80%的选票是否决票。每个州的多数选民都投票反对共和制：只有在维多利亚，共和派几乎可能获胜。然而，按照某些定义而言，澳大利亚已经作为一个共和国存在了几十年。在1975年11月的政治危机中，女王虽然被请求介入，但依然表示拒绝，这便是王室仅拥有象征意义上的影响力而非实际权力的强大证据。用诗人莱斯·默里的话说，这一事件是君主制在澳大利亚政治中“最后的新加坡”。他补充道，澳大利亚如今已经是一个共和国了，只不过“稍加掩饰后作为一个君主不在其位的君主制国家而存在”。什么时候这层皇家伪装才会被去掉呢？很快，另一位求助于公民投票的澳大利亚领导人便会再度尝试。

* * *

霍华德不仅在历史问题上与工党持有不同意见，在地理问题上也有分歧。澳大利亚与亚洲的关系究竟应该是怎样的？到底应该是紧密、亲近且给予特惠待遇的，还是应当至少在接下去的几十年中任凭澳大利亚自视为一个与西方和东方都保持联系的独特国家？

之前的三十年中，一个十分流行的口号是“澳大利亚是亚洲的一部分”。和大多数简单化的口号一样，它传递了部分真实情况，但也包含部分想当然。尽管这个国家的北部地区与亚洲十分接近，但大多数澳大利亚人都生活在远离亚洲的城市或边远地区。事实上，巴黎和罗马与亚洲的距离要比堪培拉与亚洲的距离近得多，但法国和意大利却从来没有说过自己是亚洲的一部分。此外，澳大利亚离亚洲最近的那些地区人烟稀少，而且很可能在不长不短的未来会一直保持着人烟稀少的状态。它们刚刚才被转变为事实上的缓冲区域，大片地带被自然遗产保护区和国家公园所占据，而且有大片领地为规模很小的几群土著居民所独占。

任何对这个国家的军事威胁，都可能从亚洲而来：任何会引发地区性后果的国内政局动荡，都有可能发生在东南亚或离澳大利亚更近的太平洋群岛。印度尼西亚曾两次向澳大利亚所在的方向扩张。1963 年，它开进了葡萄牙属东帝汶，然后又在一年后将其变成印度尼西亚的第 26 个省[1]。然而，直到 1999 年，东帝汶人才获准就其长远未来做出自己的决定。当他们最终投票支持独立时，他们遭到了印度尼西亚军队及其支持者的暴力镇压。霍华德决定澳大利亚应当出面恢复秩序，而陆军少将彼得 · 科斯格罗夫则担任了一支由 4500 名澳大利亚士兵、1600 名泰国士兵和其他 20 个国家的武装代表组成的国际部队的指挥官。不可避免地，东帝汶这个新成立的国家贫穷且混乱，不得不依赖澳大利亚的经济援助生存。

不管澳大利亚人喜欢与否，他们就是生活在离东亚势力范围很近的地方。此外，澳大利亚人烟稀少，而同处于一个地区的中国、印度和印度尼西亚，却在全世界头四号人口大

1　一般的说法是第 27 个。

国中占了三个位置。印度尼西亚还是世界上穆斯林人口最多的国家，尽管其宗教信仰比较温和，没那么狂热。在20世纪90年代，当少数好战的极端分子开始指责美国为邪恶和堕落的象征时，印度尼西亚切身体验到了这种日益增大的裂痕所带来的影响。在宗教激进分子于2001年9月11日向纽约和华盛顿发起袭击之后，澳大利亚成为美国的军事盟友，从而成了恐怖分子的可能袭击目标。

在印度尼西亚的度假胜地巴厘岛，自从20世纪70年代以来，澳大利亚人便是主要的游客来源，尤其是那些身穿牛仔裤、脚踩凉鞋的休闲游客。去巴厘岛的行程不长，也没有时差。在嬉皮士和冲浪客开辟了这条到巴厘岛的旅游线路后，开怀畅饮啤酒、烈酒和葡萄酒，享受人生的“单身贵族”也随之而来，然后是过着平静生活的普通家庭。巴厘岛成为一个极其受欢迎的度假胜地：对于澳大利亚人来说，只有新西兰比它更具吸引力。巴厘岛的火爆，还源于澳元在20世纪80年代的贬值，这削弱了英国和美国作为旅游目的地的吸引力。

打算将澳大利亚作为西方腐化堕落之象征而予以打击的宗教极端分子，并不需要长途南下。在巴厘岛，夜店和酒店游泳池中，餐馆和街头食摊前，以及海滩之上，到处都是年轻的澳大利亚游客。2002年10月12日晚上，两次致命的爆炸袭击发生于挤满了心醉神迷的游客的某个区域。在202名死者中，有88名澳大利亚人。

从来没有其他任何一起和平时期发生于异国他乡的国家悲剧，像这件事一样触动了普通的澳大利亚人。总理约翰·霍华德不得不一方面公开表示澳大利亚人民的强烈愤慨和憎恶，一方面又要勉力维系与位于雅加达的印度尼西亚政府之间的关系。在短短几年之内，献给澳大利亚遇难者的纪念碑不仅在巴厘岛被建立起来，也出现在墨尔本、珀斯、堪培拉和新南威尔士的库吉和阿勒达拉等沿海中心城市。尽管发生了这场悲剧，巴厘岛还是又恢复了它作为休闲度假胜地的吸引力。尽管一些观察家曾预测说，澳大利亚游客将永远不会返回巴厘岛，但成千上万的游客很快便又蜂拥而至。

在商业和旅游业上，澳大利亚都在日益缩短与亚洲的距离。到 20 世纪 60 年代时，日本已经成为澳大利亚主要的贸易伙伴，随后，它的地位又遭到了中国的挑战。截至 2010 年，无论是以贸易额还是以贸易量计算，澳大利亚半数以上的贸易均是以亚洲为对象的，而如今的中国顶替了不列颠群岛和西欧长久以来所扮演的角色。

上海的许多崭新的摩天大楼，都是用以澳大利亚原材料炼成的钢铁建成的；数以千万计的中国和日本公寓住宅，靠的是用澳大利亚产的煤和天然气发的电；飞越中国海和印度次大陆（以及大西洋）的每三架飞机中，就可能有一架以澳大利亚矾土冶炼出的铝制成。而从亚洲的角度来看，大多数澳大利亚人使用的种类繁多的电器设备和五金制品，身上穿的衣服和鞋子，也都是中国制造的。在2008年春天戛然而止的那一次为期颇久的澳大利亚经济繁荣，最后的那几年欣欣向荣的时光，在很大程度上要归功于中国以及它对澳大利亚矿物的需求，而不是任何其他因素。多亏了中国，澳大利亚才得以在那一场全球金融危机中全身而退。

与此同时，越来越多的中国人以学生的身份来到澳大利亚，还有另外一些前来工作、投资或享受退休时光。约翰·霍华德是澳大利亚在位时间最长的两位国家领导人之一，在悉尼市郊，他所代表的那个选区尤其受到新来的中国人的青睐，但他们却没有在2007年的联邦大选中把选票投给他，而他也在这场大选中落败。很明显，接替他成为联邦总理的陆克文对中国的了解要比他对不列颠群岛的了解程度更深。像埃德蒙·巴顿和艾尔弗雷德·迪金这样的早期联邦总理，以及罗伯特·孟席斯和高夫·惠特拉姆这些稍晚一些的领导人，他们掌握的外语都是拉丁语，有时候也可能是法语或古希腊语，但陆克文先生却更偏爱中文。

在最近的这几十年中，普通澳大利亚人对中国的态度已经有所缓和。那种奇怪的混杂了怀疑、隔阂与善意的传统情绪有时候已经被宽容所取代。因此，中国对少数宗教人士和持不同政见者的限制很少会引起堪培拉的关注，而斐济政府以和平方式对其印度裔公民施加的明显更宽缓的限制，却会被评头论足。

澳大利亚与中国的联系继续成倍增强。每一年，都有数十所学校前往中国的学校访问。在每一个主要的中国城市，都有数十所澳大利亚公司的业务网点。2011 年，在澳大利亚，共有 60 万居民在家中说一种中国语言。随后一年的几个月里，在澳大利亚旅游业历史上，中国游客的人数第一次超过了来自不列颠群岛的游客。中国移民的人数甚至也超过了英国移民。

2012 年，在堪培拉，人们信心满满地反复宣告着，这是一个“亚洲世纪”，而一份题为《亚洲世纪中的澳大利亚》的官方报告则宣称，我们的未来主要寄希望于那片大陆，而我们如今很幸运地离这个即将成为全世界最具有商业吸引力的地方很近。然而，我们与中国、印度和近东相对较近的地理距离，既可能带来深刻的满足，也可能成为灾厄之源，但这份篇幅冗长的报告却没有考虑这一点。相反，澳大利亚与日本在 1941 年到 1945 年战争，以及战后在马来西亚、朝鲜、越南和阿富汗等地的军事活动，却被以这样一句巧饰之语加以概括：“我们的国家同时也拥有一种强大的力量，它源自与亚洲各国打交道的悠久历史。”

自从日本的威胁迫在眉睫时的 20 世纪 40 年代初以来，澳大利亚公民从未像如今这样，清楚地意识到自己的国家可能将走近另一个十字路口。在那个危急时刻，美国迅速取代英国，成为澳大利亚的主要军事盟友，但七十年后，看起来美国很可能不仅不会继续保持强大，而且很可能会在双方达成默契的情况下不再作为澳大利亚最强大、最友好的同盟。在接下来的几十年中，澳大利亚在军事和外交事务上的利益和协调统一，将会在美国和中国之间摇摆不定，或是更趋于中立，或是甚至转为拥抱印度，而后者在 2060 年可能将成为全世界第一人口大国，在经济实力的阶梯上占据最高的几个位置之一。

第十九章

广阔的空间

在一个半世纪的时间里，这个国家一直骑在羊背上前行，但如今，这头羊已经一瘸一拐了。在合成纤维的压力下，羊毛失去了魅力。此外，家庭和办公室中央供暖系统的出现，也减少了冬季穿着温暖的羊毛服饰的需求。在 20 世纪 70 年代，羊毛不再居于这个国家出口产品的首位。苏联士兵在他们惯常经历的凛冽寒冬中，会穿上羊毛服装御寒，但很快，苏联军队的规模便不如往日庞大，购入的羊毛也少了很多。几乎作为最后一条道路，羊毛被当成一种特殊产品，与肥皂香水一样，在全世界的时尚圈中大肆推广和营销。但这些推广者的足智多谋，并无助于抬高羊毛价格。反过来，一连串的干旱年份让许多澳大利亚羊毛生产者倍感挫折，2008 年，这个国家的绵羊数量达到了九十年来的最低点。

乡村地区大多数气派庄严的大宅以及那些壮观程度不亚于大宅的剪羊毛棚，都靠着来自羊毛的收入维系。这些乡村地产的拥有者曾被称作羊毛大王，在1890年时，澳大利亚最富有的20个家族中，可能就有10个是这种出身。今天，这份富人名单上不再有羊毛大王的一席之地。在每个羊毛产区，作为一年中之重头戏的剪羊毛季，曾吸引了数千名剪羊毛工人步行、骑车或坐着马车成群结队地赶来，而一路上的每一家丛林酒吧都为他们的到来而深感高兴。但到了20世纪80年代，澳大利亚剪羊毛工的这份工作却开始走下坡路，他们很少会像那些典型的从事户外工作的澳大利亚人一样，出现在彩色杂志或电视上。

* * *

新的农村地区产业在崛起，而少数旧的产业开始复兴。人们或许希望那些之前种下的、更多是以收获葡萄干为目的的葡萄藤可以维持大量的葡萄酒出口。即便在1984年，澳大利亚境内为生产无核白葡萄干和其他干果而种植的藤本植物，其面积仍和4种主要酿酒葡萄——西拉、玫瑰香、莱茵雷司令和歌海娜——的总种植面积相当。在接下来的四分之一世纪，葡萄园数量倍增，甚至在塔斯马尼亚、维多利亚沿海地区和西澳大利亚的玛格丽特河，这些地方以前只会在房子后院游廊的遮阳棚上见到葡萄藤。到2005年时，葡萄酒还不是一种主要的出口创汇产品，但在从中国香港到瑞典的数百万异国他乡的餐桌上，每周都会开启一瓶澳大利亚葡萄酒。

奶牛养殖业也在发生着变革，主导这场变革的，是规模更大的养牛场和能够为养牛场里的1000头奶牛挤奶的机器——曾几何时，养牛场里不过40头牛而已。肉牛群的规模也在增加，一些大型肉牛养殖场跻身于世界前列。在温暖的太平洋沿海地带，狭长、肥沃的平原上，仍旧种植着糖料作物，这使得澳大利亚成为全球第四大糖出口国。活羊和活牛的销售额也在增长，尤其是向伊斯兰国家的出口。在没有遭受干旱打击的时候，这个国家也是世界五大或六大小麦出口国之一。在1945年还微不足道的棉花经历了繁花似锦般的大发展，半个世纪后，澳大利亚已经成为仅次于美国和乌兹别克斯坦的棉花出口国。

大多数农业地区的产业都受到了某种程度的影响，因为他们必须在世界各大市场上与那些受到大幅度补贴的欧洲和美国农产品展开竞争。一些澳大利亚政客与那些来自加拿大、巴基斯坦、印度尼西亚和其他边远出口国的同行一道，相信借助外交手腕能推翻这些贸易壁垒，也相信布鲁塞尔和华盛顿的政客与官僚们可以被说服，成为自由贸易的皈依者。在1986年举行于凯恩斯的一次国际会议上，人们几乎已经见证了一场对自由贸易的宗教式的皈依，但在大多数与会代表坐飞机返回他们位于北半球的办公室的途中，这种狂热便消退了。二十年后，凯恩斯集团在这座北昆士兰的城市中重聚，但却几乎没有什么值得庆祝的成就。

许多大大小小的矿产发现，都是在20世纪最后四分之一的时间里做出的。有些就发现于废弃的矿坑中，或是杳无人迹的鬼城的边缘。世界上最大的钻石矿藏被发现于西北地区，澳大利亚的钻石很快便出现在成千上万根手指上，或是被用作探采其他矿产的成千上万个金刚钻的切割片。离阿盖尔钻石矿藏被发现之处不远，在那些热带海洋之下，是储量巨大的西北大陆架天然气和石油储区。在20世纪80年代，这里的天然气被用管道输送至珀斯和南部的氧化铝精炼厂——与它并行的，是1903年在卡尔古利投入运行的那条大名鼎鼎的输水管道，但相形之下简直就是个小玩意儿——而额外的天然气则在冷冻后用船定期运往东亚。1987年，黄金价格的急剧上涨令澳大利亚的矿业表现超过了以往所有的产出高峰，甚至连19世纪50年代最富庶的那一年的产量也相形见绌。澳大利亚的铝土矿和矾土矿对于整个世界而言甚至更为重要，然而，在第二次世界大战结束时，人们还认为这片大陆并不存在有开采价值的铝土矿藏。此外，煤和铁矿石、铜、银、铅、锌、镍、矿砂、锰和其他矿产也在被加足马力大量开采。在全世界的铁矿石和煤的海运总量中，最大份额便以澳大利亚为起点，自那些四十年前还不曾出现在地图上（就算是有也极不起眼）的港口启航。

铀是另一桩惊喜。1975年，在南澳大利亚奥林匹克坝干旱贫瘠的地表之下，藏于极深地层中的世界上最引人瞩目的一处矿藏，被巧妙地勘探出来。在接近地表的地方，没有任何令人信服的铀矿或铜矿存在的迹象。这一区域与世隔绝，满目枯焦，离它最近的地图上的一个点，是一大片盐碱化的、表面干裂的淤泥，却被起了一个极具乐观主义色彩的名字——托伦斯湖。在奥林匹克坝，深层勘探显示了一个巨大的矿藏的外缘，其形态在世界其他地方从未被见过。它的氧化铀储量占到了全世界已知氧化铀储量的 40%。仿佛这样一笔财富还不够似的，到 21 世纪初为止，它还拥有全世界储量排名第四的铜和或许排名第五的黄金。看起来，这个巨大的奥林匹克坝矿在其漫长的生命周期中，所能产出的真实财富很可能将超过这块大陆上所有矿场在整个 19 世纪制造出的财富总和。

澳大利亚成了世界三大盈利能力最强的矿业国之一。它还是全世界最大的矿业公司必和必拓[1]的总部所在地。这家公司是在 1883 年于布罗肯希尔发现银和铅之后才正式组建的。世界第三大矿业公司力拓的起家之地，一处是西班牙一座大名鼎鼎的铜矿，另一处便是布罗肯希尔。矿产如今提供的收入，占到了澳大利亚出口产品收入的半数。而中国的重新建设以及那里一座座新建成的钢铁厂、电站和摩天大楼，都推动了从澳大利亚港口运出的煤、铁矿石和几种其他矿产

1 由布罗肯希尔控股公司（BHP）和 Billiton 两家公司于 2001 年合并而成。

的价格提升。

只有为数甚微的一部分澳大利亚人亲眼见过最新的这一次矿业繁荣的腹地，它们离大城市实在太远了。在卡尔古利，有一个公共的瞭望台，游客们可以在那里耳闻目睹他们所说的“超级矿坑”里含有黄金的岩石被炸开的情形。这个巨大的采石场劈开了明黄色和棕色的山岩，一年之中的每一个小时里，它都在不断变宽变深。1900 年，在如今这座采石场的最上方，曾经伫立着一座座采矿工人们的小镇，镇上有主街、教堂和学校，蒸汽发动机被堆得高高的柴火垛围绕，数千名矿工援着立井下到地下工作。这些城镇的旧址，都已被这座巨大的采石场所吞没。

同样，也很少有澳大利亚人有机会看到，巨大的船只被拖拽着、沿着挖出的水道进入孤零零的黑德兰港。在这座西澳大利亚的港口，这些船装满了即将运往亚洲各港口的铁矿石。四十年前，这里只不过是一个红树林中的浅水湾，任何一艘小汽轮的到来，都是会引得居民们赶到镇上码头围观的一景。2005 年，这里成为澳大利亚第一个年货物吞吐量超过 1 亿吨的港口。七年后，数字上升到了 2.5 亿吨，一个大宗散货运输的世界纪录。如今，一艘驶进这座港口的普通船只，长度可达悉尼板球场比赛场地长度的两倍。装入这些巨型船只的铁矿石也是远道而来，装运它们的火车穿越了遥远内陆地区的崇山峻岭和幽深峡谷——澳大利亚最优秀的画家之一弗雷德 · 威廉姆斯就曾在笔下栩栩如生地绘制出了这一地貌。

在黑德兰港东边近 2000 公里远的地方，是巨大的芒特艾萨铜矿和铅—锌矿储藏区，1923 年，一个路过的牧马人发现了它。许多澳大利亚城市知识分子认为矿业是一种简单活动，几乎不值得一个自视有文化、有内涵的国家特别关注，芒特艾萨矿区的存在，驳斥了这种观点。这些矿井深部的温度极高，假如没有大量的冷却空气被泵至井下，那里热得几乎不允许人类活动。负责输送这些冷空气的，是南半球最大的空气冷却机。用某位员工的话来说，这相当于“每天将 9000 吨袋装冰块”[1] 送到地下。从附近冶炼厂高耸入云的大烟囱里飘出的二氧化硫烟雾，会随着盛行风一直飘向遥远的沿海地区，乃至更远的地方。这些烟雾中的一小部分，会落在距这些冶炼厂 1 小时散步路程的无人居住的山岭中。据生态学家指出，那里的昆虫数目要更少，而两栖爬行动物的种群也不那么丰富。

* * *

在这次矿业繁荣中，昆士兰和西澳大利亚获益最多。从 20 世纪 60 年代早期，每个州的增长速度都要比东南角的

---

1 澳大利亚超市和加油站中出售的一种大袋冰块，通常用于聚会或野餐时冷却饮料和为烧烤肉类保鲜。

那些历史悠久的州更快。充满活力的领导人——比如珀斯的查尔斯·考特爵士和布里斯班的约·比耶尔克-彼得森爵士——在这两个州将促进经济增长视为优先事项。它们还因其温暖的气候而吸引了人口。在澳大利亚和整个西方社会，人们日益青睐温暖的气候，而廉价的冰箱、空调、需要在烈日下劳作的体力工作的减少、疟疾和痢疾及其他热带疾病危害的下降，也为这种态度转变添加了助力。用不了多久，昆士兰就会在人口上超过维多利亚，而这将是一个值得铭记的事件。在超过一个半世纪的时间里，维多利亚和新南威尔士轮番居于榜首，如今，另一个对手出现了。

空间和无边无际的远方，始终在澳大利亚人的想象中保有一个特殊的角落。正如建筑师和评论家罗宾·博伊德在1968年观察到的，“在一个日益拥挤的世界，澳大利亚慷慨地给予了许多看得见摸得着的祝福，比如阳光、蜜糖、运动和空间”。拥有如此广阔无垠的空间以及其间蕴藏的丰富矿产，昆士兰和西澳大利亚这两个外围大州的增长幅度，要比休姆高速公路附近的那片古老的澳大利亚腹地的增幅更大。今天，假如把昆士兰和西澳大利亚合在一起，在人口上已经可以与新南威尔士打个平手。如今，这里已经拥有了这个国家超过四分之一的人口，而且在21世纪末，很可能会拥有近半数的澳大利亚人口。

从1945年到2008年，这个国家的人口从700万跃升到了2100万。在20世纪的后半段，人口增长的速度要比在前半段更快。在这些新移民中，大多数人都落脚于城市。到21世纪最初的那几年，五大城市各自都拥有了超过100万居民，悉尼以400多万位居榜首，排在其后的依次为墨尔本、布里斯班、珀斯和阿德莱德。尽管墨尔本更多地接纳了战后的第一波欧洲移民，悉尼却是第二波来自亚洲和中东的移民以之为家的城市。

后来的这些移民与之前的欧洲移民不同，很少会去到那些小的乡村城镇和内陆地区。在那里，大多数中等规模的城镇和几乎所有道路交会处的小村镇都在衰退之中。那些一度曾见到过数百名体魄强健的男性徒步或骑着自行车前来参与一年一度的剪羊毛盛会，然后再目送着马车满载羊毛扬长而去的城镇，受到的打击经常是最大的。盛产小麦的城镇随后加入了盛产羊毛的城镇的队列，一同走向衰落。今天，即便是那些源源不绝地向外输出矿产财富的内陆城镇，也大多数规模很小，甚至连一座有名的购物中心都没有。在那里工作的人坐着飞机而来，从事几周薪水很高但工时很长的工作，然后再飞回珀斯、汤斯维尔、罗克汉普顿或其他沿海城镇，在那里与朋友和家人度过一两周的时间。

澳大利亚日益成为少数大城市的故事，但1000余座处于半遗忘状态的城镇，仍视自己为这个国家的情感中心。许多城镇在20世纪50年代之后便开始衰落，另外一些则长久以来一直处于衰落状态。它们的居民日减，主要是因为其产业正变得高度机械化，已经不再需要那么多的劳动力。在采矿、剪羊毛、收割、道路维护和十余项其他任务中，机器已经取代了人的双手和肌肉。

* * *

这一趋势，也在西昆士兰一座迅速消失中的城镇艾西斯福德重演。建城于1874年的艾西斯福德，位于巴库河岸边。在河里有水的时候，巴库河会流经许多干旱的草原。艾西斯福德开始时是为满足那些绵羊牧场主及其雇工需求而建立的，这些人有的居住在500公里以外，当他们想要参加舞会或赛马、跟银行借钱、去教会礼拜的时候，他们就会沿着尘土漫天的道路来到这座有着宽阔的夯土路面街道和一排木头游廊的小城里。在第二次世界大战之后的十五年中，当羊毛价格高涨时，这座城镇曾异常繁荣。这里有一位常驻医生、一家可以接治门诊病人的医院、一家新南威尔士银行的分行、两座教堂和为数更多的酒店，以及一所新建的天主教女隐修会学校和一所公立学校。在星期六的晚上，露天电影院里挤满了人：电视还是城里人的玩意儿，要再过四分之一世纪，它才会到达内陆地区。

20世纪60年代的长期地区性干旱结束了这场繁荣。在羊毛价格跌落之后，绵羊逐渐被牛群取代，而后者不需要那么多的监管照料。如今，大多数的本地家庭都拥有了一辆轿车或卡车，他们可以偶尔开到北边的朗里奇，那里的一切要更五光十色，而他们会在那个大城市花掉以前会花在艾西斯福德的钱。慢慢地，人口在逐年下降。天主教神父变成了只有星期日才会前来的访客，而不再常驻。女隐修会学校在1970年关闭，那时候，这个城镇里已经有23座住宅处于空置状态。酒店从三家变成了两家，而他们的客房很少有人住进来。医生关闭了自己的诊室，肉铺、面包房和杂货店的经营者都扬长而去，老邮局也关张了。警察局只有一名值守的警察，而不是两个。镇上曾经拥有三家彼此针锋相对的赛马俱乐部，每家都有自己的委员会和定期比赛，每家都招来了许多镇上的观众，但如今，这里每年却只会举行一场赛马比赛。

这个城镇最后的堡垒，是拥有自己的办公大楼和筑路设备的区议会。根据一份从遥远的布里斯班发来的法令，该行政区与朗里奇"合并了"：但实际上，它是被废弃了。2008年，艾西斯福德出版了一本关于这段往事的书，此时，这个消逝中的小城已经很少会被开着野营车、展开自己计划已久的冬季环澳旅行的大多数游客注意到。但留在那里的少数居民还记着它的辉煌时光，那时候，住在镇上的居民有500人之多。他们觉得，一些独特的东西正在消失不见。回忆起自己在艾西斯福德度过的时光，一位居民试图如此定义这里的特质。她骄傲地说，"我们满足于我们所拥有的东西"，此外，"我认为，我们都很享受我们曾拥有过的美好时光"。这一句哀悼之词，适用于许多类似的正在死去的城镇。

* * *

在每一个地区，气候都继续保持着变幻不定、难以预测的状态。干旱经常来袭。亨利·劳森当年穿过那些红土飞扬的平原时，曾将干旱描述为“红色的强盗”。在2000年前后，这个红色的强盗又卷土重来了。

它对人们心理施加的压力，因所谓全球变暖或“气候变化”这一始料未及的趋势而强化了。在澳大利亚，这种说法事实上相当模棱两可，这个国家曾经历过极其猛烈的气候变化，就算是在第一批英国殖民者到来之后的那两个世纪中也是如此。在人口众多的大陆东南角，大致上从布里斯班附近一直到阿德莱德，自1850年前后到1890年的这些年里，气候十分宜人。但在接下来的半个世纪，却是常年大旱。因为那时候的羊毛是占首要地位的出口商品，而整个国家中肩负着养家糊口重担的劳动者有相当一大部分是农场主，那些干旱年景对整体经济的打击要比今天严重得多。

但天时随即再度发生变化。在第二次世界大战后的至少三十年中，降雨量增加了。偶有干旱来袭，但持续时间都很短。此外，许多当权的政治家在年少时经历过最严酷的干旱，他们下定决心要筑坝储水。在20世纪50年代，他们资助了许多人工降雨和播云领域的科学实验，虽然结果令人沮丧。从这个国家西北的奥德河，到东南的默里河和雪河，他们建起了星罗棋布的大坝和河流改道工程。甚至连那些大城市，也都扩建了各自的水库，其扩张速度超过了城市的人口增速。不可避免的事情很快便发生了。政府相关部门不得不以极低的价钱出售库容量已满的水坝中的水，而许多水就这样不加考虑地被浪费于城市和乡村中。此外，两种新引进的庄稼——水稻和棉花——每年都要从默里–达令盆地中吸走数量巨大的地下水。

与此同时，一整代主要在城市中长大的人，开始变得对水无动于衷。持续了超过半个世纪的疯狂的筑坝时代，终于走到了尽头。即便在作为水电工程标杆的塔斯马尼亚，计划在戈登河和富兰克林河上建起的大坝，也在持续不断的抗议声中被废弃。从 1980 年到 2010 年，全国上下几乎没有动工兴建任何一座大型水坝。在政治上强硬而又敏感的绿色运动，之所以反对新建水坝，是因为它们会夺走那些大河小溪的潺潺水流，也掠夺水系中的湖泊和沼泽。这个国家似乎已经全然遗忘了，旷日持久的大旱曾是多么可怕，多么摧毁人们的意志。

如今，另一场此等规模的大旱正在缓缓降临。从布里斯班附近的达令草地，到珀斯附近的达令山脉，甚至在达令河沿岸古老的赤桉树林之中，在这些彼此相距甚远的地方，人们都惊恐地体验到了干旱的阴影。在 2001 年到 2009 年，曾经用水无度的那些城市被迫变得谨慎起来，随后逐渐精打细算。在墨尔本和布里斯班这些气候迥异的城市里，浇灌草坪和洗车都被彻底禁止或受到限制。在南方的谷物种植区，大多数小规模的农场水坝储水量都很低，甚至完全空了，连年收成都在平均值以下。这个国家或许半数以上的边远地区——以及它们的大城镇和道路交会处的小村镇——都受到了严重影响。

2006 年 11 月，一场峰会在堪培拉召开，旨在对这次危机加以评估。一位政府高官宣布，发生在默里–达令盆地的旱灾可谓千年一遇。这种几乎不可能加以证实的断言却被广为采信。然而，大多数气候专家都不敢保证，这次新的旱灾是否与一个世纪前的那次联邦大旱一样危害严重。毕竟，自有全国性降雨记录以来，最干旱的两个年份并没有出现在21 世纪，而是 1902 年和 1905 年。

旱灾仍在继续。或许应该建起更多的水坝？全球变暖的开始让许多气候科学家宣布，这种水库将无济于事。他们哀叹着，在未来的那些年里，降雨将不足以填满水库。成为政府最重要的气候顾问的某位学者，雄辩地预言道，在城市和乡村中将出现永久性的淡水短缺。或许，意见更温和的科学家们本应站出来发言，平息一下他的恐惧。但大多数人都保持沉默。

为了满足大多数首府城市快速增长的人口需求，人们开始寻找各种新奇的水源，2006 年，澳大利亚第一个海水淡化工程在珀斯附近奎纳纳的海边建成，而在其后，还有 6 个其他类似的项目建成于太平洋边的黄金海岸。如今增长速度已超过悉尼的墨尔本，以巨大的代价建造了体量最大的海水淡化工程。在需要的时候，这些经淡化处理的水是十分昂贵的。而即便在不需要的时候，人们也需要为它买单：这就是海水淡化无情的经济账。

随着干旱面积的扩大，澳大利亚东南地区的桉树林变得极其易燃，一根火柴都能让它们烧起熊熊大火。2009 年 2 月，在离墨尔本不远的地方，林区大火夺走了 173 条性命，大多数人死于被称作“黑色星期六”的那极度高温的一天。这些遇难者有老有少，许多人都住在建于干枯树林附近的房子中。如果他们试图逃脱扑来的火势，他们会发现，那些丛林之中的道路已经被燃烧的树木挡住了。

2009 年 2 月的极度高温和悲剧性的林区大火，被大部分人认定为全球变暖的预演，但并不是所有人都这么想。然而，这样的熊熊大火以及可能的高温天气，并非仅出现于维多利亚。这场“黑色星期六”林区大火波及的范围，肯定没有 1851 年 2 月 6 日的那场林火的受灾面积大，当时，维多利亚境内四处起火，浓密的烟雾和炽热的北风令塔斯马尼亚数座沿海城镇整个下午都暗无天日。

最后，长期的干旱终于停止了。2010 年，在东澳大利亚，几乎所有地区都获得了高于年平均值的降雨量。第二年，几乎出现了圣经中大洪水的光景。事实上，这两年连在一起，构成了 1900 年全国性降水记录系统建立以来最潮湿的一段时间。在昆士兰太平洋沿岸和新南威尔士北部沿海地区，不计其数的河流经历了恐怖的洪水泛滥。连鲍恩盆地的煤矿都被洪水淹没了。

2011 年 1 月，布里斯班河一场突如其来的洪水，令这座澳大利亚第三大城市地势低下的那些郊区都面临着灭顶之灾。洪灾的破坏力度之所以变得如此之大，原因即在上游的一座接纳淡水的水库，其水位已经在许可下上升到了危险的高度，不得不马上泄洪。洪水本已漫过了离布里斯班城区新建成的众多摩天大楼不远的河岸，倾泻而下的洪流又令水位进一步提高。多罗西娅·麦凯勒一个世纪以前写下的诗句再次成为这个国家最著名的诗作之一，因为她很早便已经对这片气候反差极大、连年大旱与疾风暴雨交替而至的烈日灼烧之地有过描写。

到 2012 年的下半年，澳大利亚东半边几乎所有的大型水库都已经处于满溢或近乎满载的状态。在城市的街道、植物园和公园里，那些看起来仿佛已经死掉的高大的欧洲古树，又活了过来。在相对安全的乡村农业区，曾经干了好几年的小型天然湖泊，再次水鸟成群。从阿德莱德乃至悉尼出发的小型飞机，载着成群的游客从空中俯瞰壮观的艾尔湖水满欲盈的罕见景象，而众多的鹈鹕就站在曾为沙漠的沙地上。而在另外一方面，澳洲大陆的西南角却错过了这一湿润时期。西澳大利亚的麦田和蓬勃发展的珀斯依然处于干旱之中。

天很快又变了。那些曾经嘲笑天气预报的人，惊讶地看到，雨云几乎消失不见。对于昆士兰的许多地区，旱期卷土重来，而且在本书的写作期间仍在持续。在维多利亚，当初因为其秀美的田园风光而被赋予了“Australia Felix”（“快乐而幸运的澳大利亚”）这个拉丁文名字的那个地方，到2013年4月为止的前5个月，是这片古老的牧场有记载以来最干旱的一段时间。同在这几个月里，许多澳大利亚热带地区都没有迎来惯常的雨季。不过，就此说这是一场新的旱灾的开始，还为时过早。很快，太平洋沿岸的热带区域便被洪水造访，甚至连悉尼人都开始抱怨雨水过多。

这些出乎意料的气候剧变，以及那些更悲观的天气预测预言的失败，令许多选民对那些自称对气候无所不知的科学家们的说法加了几分小心。事实上，在澳大利亚内部，民众对长期气候预测的怀疑之心，可能要比其他任何主要农业国都更甚。在农场主、牧场主、地质学家和采矿业，以及自由党和国家党的选民中，怀疑论尤为强大。与此相对，认为气候正在变化而且是由人为原因所导致的这种观点，在科学家、教师、新闻记者和一般的工党及绿党选民中影响力最强。

在国家的层面上，年复一年，对于气候变化的幅度以及政府是否应当采取紧急措施减少二氧化碳排放，公众意见一直在左右摇摆。事实上，2007年的联邦大选部分是围绕这一话题展开争论的，获得胜利的陆克文将其称作这个时代最大的道德挑战。而在2010年的大选中，这个话题再度成为争论的部分焦点，这一次，获胜的朱莉娅·吉拉德承诺不会针对二氧化碳排放征税。简而言之，工党改变了自己的政策。然而，随后发生了又一次突然转变。为了赢得小党派绿党的支持，工党不得不抛弃最新承诺，转而向澳大利亚的煤电站、铝冶炼厂和其他二氧化碳排放大户征税。这个所谓的“碳税”于2012年7月经立法通过。作为全世界此类税收中税率最高的一个，它远远超出了欧洲和美洲的任何已征收的二氧化碳排放税。它让那些坚信澳大利亚应当带领全世界向绝大多数化石燃料宣战的人欣喜异常。但是，那些电费激增的家庭和工业部门可就没那么乐观了。

如今，碳税被大多数澳大利亚人更多地视作对他们生活水平的威胁，而不是应对全球变暖的一种方式。在2013年的联邦大选中，自由党党魁托尼·阿博特承诺废除这一税种，而他的竞选大获成功。

气候是一个诱人而复杂的话题。在如今刚刚开始上学的那些孩子的一生中，气候是否会重塑这个国家的经济未来？这是只有某位勇敢的预言家才会试图去回答的问题。

第二十章

帆与锚

是什么让澳大利亚的历史如此独特？在过去的两个世纪里，距离和气候这两个因素或两种影响，强有力地塑造了这个国度，甚至塑造了更早时候的土著居民历史和短暂的欧洲殖民历史。这两种因素有时候像高高扬起的船帆，有时候则像牢牢定住的船锚，它们既推动了变革，也会为改变制造阻力。

* * *

气候的变化塑造了澳大利亚的人类历史。一个重大的事件，是发生在史前的全球变暖期，与它相伴而来的是海平面的急剧上升。涌入的海浪影响了这片土地上绝大多数的居民，不管他们住在海边，还是遥远的内地。另一个刚刚到来的全球变暖时期，与更早以前的那一次相比，可谓温和。即便关于最新的这次变暖周期的最悲观预测全部正确，它在土著居民很久以前经历过的那一场漫长的气候变暖面前依然相形见绌。

在不到一万年的时间里，这片土地的物理形状和气候都被缓慢上涨的大海改变了。塔斯马尼亚和它的居民最终与澳洲大陆隔绝开来。澳大利亚永远地与新几内亚分离了。上升的海平面为现在的托雷斯海峡群岛赋予了最终的形状，而岛上的居民都是比较晚的时候才定居于此的。

与此同时，气候也变化了。西塔斯马尼亚寒冷的苔原和稀疏的植被让位于热带雨林。在大陆的东南地区，内陆河流在一个又一个夏天之后，渐渐不再能够得到大面积山顶冰雪融水的补充。乌卢鲁和大陆中心地区的日间温度越变越热，大陆北方的大片地域变成热带。瑰丽壮观的大堡礁虽然根据一些科学家的预测会在即将到来的一个世纪中受到海洋变暖的威胁，但它本身便是那个重大的气候变化期所导致的海水变暖和新海岸线形成的产物。

这种与外部世界事实上的隔绝，给土著居民带来了长期的影响。澳大利亚和印度尼西亚群岛的人类接触变得极为稀少；就迄今所知而言，与新西兰根本就没发生过接触。土著居民基本上与外部世界的人群切断了大部分联系，而就在这个时候，那个世界被植物和动物的驯化改变了模样。种植作物、储存食物的概念，在几千年前就传到了新几内亚的高地上，甚至渗透到了托雷斯海峡群岛，但就目前所知，直到英国人到来为止，这些概念并没能抵达澳大利亚。

新几内亚的生活方式被这种经济革命彻底改变，但土著居民的生活方式却并未被触动。因此，在1788年，当初来乍到的英国人在悉尼港湾的海岸上与这种旧有的生活方式相遇时，困惑是尖锐而痛苦的。两种人都不能理解彼此。他们根深蒂固的价值观和偏好被一道鸿沟截然分开。这是澳大利亚历史的一个关键事实，而且尽管人们不愿意承认这一事实，它还将继续存在下去。即便到了今天，这道存在于不同观点和态度之间的鸿沟依然巨大，站在一边的，是主流的澳大利亚人和城市土著居民，而站在另一边的，则是居住在较为偏远地区的土著居民。

气候变化和海平面的显著上涨，施加了另一个强大的影响。土著居民在一直与外部世界隔绝的这段时间，坚守着一种几乎在所有其他地方都被颠覆了的独特生活方式。可叹的是，他们对那些来自海外的新型疾病——在世界上第一个农耕与畜牧时代，它们便已成为人类存在的一部分——却没有任何免疫力。那些新型疾病中的许多都源于人类与牛、绵羊、山羊和鸡这些驯化动物最初的近距离接触。1788年，或是其后不久，这些疾病与英国殖民者一起来到了澳大利亚。它们比最早的欧洲人先一步闯入了内陆地区。它们很快便摧毁了十之八九的土著居民人口，以致人们一度认为所有土著居民都将最终灭绝。而英国人对整个大陆那些更适合人类居住的部分的占领，也因为本地人口的快速减少而加速了。

即便在英国人开始在这片土地定居之后，气候变化的威力依然强大。正因如此，席卷广大乡村地区、令其成为一片枯焦之地的联邦大旱[1]，才会成为澳大利亚历史上的一个转折点。

* * *

与世界上那些主要国家的距离塑造了澳大利亚的历史。正如我们已经看到的，海平面上涨后，土著居民在很大程度上与外部世界隔绝开来。因此，他们的生活方式改变得十分缓慢。同样地，在 19 世纪，宽广的海洋和缓慢的海上航线也令英属澳大利亚与不列颠群岛隔绝开来。澳大利亚距离为它提供社会公共机构、移民、资本、新发明和新理念的主要源头实在是太远了，而距离其出口产品的主要市场也同样迢遥万里。在 19 世纪，它只能向英国出口鲸油、羊毛和黄金这类大宗产品，因为其利润大得足以弥补高昂的海运费用。如此遥远的澳大利亚，几乎无法在吸引英国、爱尔兰

1 发生于 1895 年到 1903 年的一场严重干旱，因为澳大利亚联邦在此期间成立而得名。

和欧洲大陆的移民这一点上与美国竞争。澳大利亚女性人口的长期稀缺，间接源自与欧洲之间的距离。一场漫长而又昂贵的海上旅行所预示的前景，决定了哪些个人和家庭会做出移民决定。

澳大利亚在 1941 年到 1942 年的夏天所面临的那场军事危机，是被距离所塑造的。日本军队的快速进军，位于新加坡的英国海军基地的陷落，以及不断增长的对澳大利亚本土也将遭到入侵的恐惧，所有这些都源自一个事实，那就是澳大利亚的传统护卫者——英国海军——太过遥远了。与之相对应，在太平洋战争开始时，日本的进攻部队要相对近得多。

澳大利亚是世界上三四个历史最悠久的连续民主国家之一，民主制度在此地的长期成功，得益于这个国家从未被入侵过这一事实。在世界上其他长期存在、连续不断的民主政体那里，也是如此。这些极少数的长期民主国家能免受危险外敌的侵犯，几乎全都靠自然屏障保护，如宽阔的大海或高耸的群山。如果澳大利亚地处强大的政治权力中心附近的话，它可能在两次世界大战中至少有一次会经历更高的入侵威胁。然而，距离和隔绝再一次帮助塑造了澳大利亚独特的历史。

自第二次世界大战以来的几十年中，东亚和南亚的地位已经变得更加重要，遥远的欧洲势力却在衰减。因此，澳大利亚与地理位置更近的亚洲之间的联系倍增，尤其是在贸易、移民和旅游方面。澳大利亚越来越多地受到这些新的充满活力的国家的影响：它们不仅近在身边，也欣欣向荣。

一些观察家宣称，距离已死。飞跃全球的网络、电子邮件和卫星照片据说已经杀死了距离。今天，理念、信息、图像和图片都在以光速传播。然而，更早几代的杰出观察家却已经宣告过距离的死亡。1885 年，大名鼎鼎的英国历史学家 J. A. 弗劳德就曾经在他的畅销大作《大洋国》中宣布，英国人如今要去澳大利亚，就像他的祖母在半个世纪以前去纽约那么方便快捷。他写道："汽轮和电报已经终结了距离。"然而，距离是相对的：它存在于人们的心中，也存在于地图上。的确，世界是在缩小，从巴黎到悉尼的飞机只需要一天一夜。但在这个忙乱乱、急匆匆的世纪，24 小时的旅行看起来仿若永恒，而在那些潜在的游客心中，这足以令他们望而生畏。

很显然，在货物运输方面，距离并没有死亡。那些从事煤和铝土矿等大宗商品海上航运业务的公司，知道把货物运到 4000 公里外的一个港口，要比运到 8000 公里外的另一个港口便宜得多。这些澳大利亚国民经济高度倚重的货物，依然要靠缓慢且昂贵的海运。从澳大利亚港口出发的这些载着煤或铁矿石的巨型货轮，比库克船长的"奋进号"（一艘由运煤船改装而成的海船）大了一千多倍，但它们就算是加速航行的话，时速也无法超过 30 海里。

与世界主要市场之间的距离仍是一个负担。一些经济学家估算出，澳大利亚的生活水平本可以更高一些的，假如它处在北半球的某个地方、离美国和欧洲或日本和中国都不太远的话。

* * *

这块大陆一直在被新技术塑造，即便在土著时代也是如此。欧洲移民热衷于应用最新的发明来应付恶劣的地形、气候和漫长距离。他们在尝试新的交通方式方面动作很快，不管是波士顿快帆船、英国铁路、汽轮和集装箱船，还是飞机、汽车和卡车以及油气管道。他们敏锐地察觉到了电报、电话、远距离无线电、电视和电子邮件所能带来的好处。他们也会迅速进口和应用那些古老的交通方式，其中就包括更适合干燥内陆地区的骆驼。绝大多数澳大利亚人今天吃的那些本地种植的作物，某种程度上都是发明创造的产物——在引进此地的那些植物和动物的基础上，人们对它们进行了杂交或改良，从而令其更适应本地的生长条件。

澳大利亚人从其他国家的发明创造中获益良多，而它也不乏自己的才智之士。一个方向的澳大利亚发明是为了解决人类的普遍问题而产生的。许多解决方案是医学方面的，其中包括霍华德 · 弗洛里发现青霉素，诺曼 · 格雷格发现风疹（也称德国麻疹）对孕妇造成伤害的机制，以及格雷姆 · 克拉克发明的仿生耳。而另一个方向上的发明创造，其灵感来自那些主要出现在澳大利亚的困难和障碍。19 世纪时，许多早期农场主不得不在他们从未在欧洲见识过的土壤、气候和植被带中犁开坚硬的地面，种下作物。他们必须尽快且尽可能低成本地完成作物的收割，因为边远地区的劳动力常常是稀缺且昂贵的。为了满足这些边远地区的需要，在南澳大利亚诞生了里德利脱粒机和跃障犁，在维多利亚涌现出了 H. V. 麦凯式收割机和特瑞维拉式千斤顶，以及使用肥料和“微量元素”来补救，以补足那些缺乏磷肥和其他矿物质的土壤的肥力。有人把澳大利亚称为一座包罗了各种土壤肥力不足情况的世界级大博物馆，然而，这个国家如今却在其天然缺乏磷肥的国土上种植了绝大部分的小麦。

最值得一提的澳大利亚发明创造，是在 1900 年前后针对出现于布罗肯希尔的一个严重冶金难题而发明的浮选法。这个问题最初只不过是如何处理那些富含锌的复合矿石，但它却定义了既有的美国和欧洲选矿工艺。布罗肯希尔的员工和管理者在墨尔本啤酒商的帮助下，以一种天才的方式克服了这一难题。从俄罗斯的西伯利亚，到南美的安第斯山脉，几种不同版本的浮选法如今被用于生产大量的不同种类的矿物。浮选法为提高世界人民的生活水平所做出的贡献，几乎是无法估量的。

自然与人类之间的关系，是澳大利亚历史中的一个持续主题，而技术则居于这个主题的核心之侧。土著居民和他们使用的简单技术，有时候是自然的征服者，有时候也是自然的毁灭者。在英国殖民时代之前，众多种类的动物便早已灭绝，还有许多在第一批英国殖民者登陆后不久，其种群数量便迅速下降到十分脆弱的水平。欧洲人在两百年中对自然的改变，或许要比土著居民占据这块大陆的五万年里所做出的改变还要多。灌溉平原面临着土壤盐化的打击，大片森林被砍伐殆尽，千沟万壑饱受水土流失之患，过度开垦和过度放牧的田地被风一吹就成了沙尘暴。家兔、狐狸、猫和蔗蟾蜍乃至土著居民豢养的澳洲野犬，它们被从其他地方引进，用以改善日常生活或解决边远地区的问题，但却成了本地动物和鸟类的强敌。欧洲鲤鱼祸害着内陆河流中的本地鱼类。由于外来物种的引进、水库和道路的修建、沿海城市的扩张和土地的开垦放牧，不计其数的本地植物、昆虫和动物走向灭绝。

这些代价高昂的变化，其优点在于，这一块曾几何时无法被征服的大陆，如今竟可以为全世界数以千万计的人提供食物和栖身之所。澳大利亚的生产力和它对整个世界的重要性，要比以其人口规模而计的程度高得多。被它喂饱的生活在其他国土上的人，要比它自己的国民多得多。在一个丰收年里，澳大利亚生产的粮食不仅能满足本国人的需要，而且还能供给超过 8000 万生活在彼此相隔万里的国度中（比如埃及和中国）的地球人。澳大利亚还向海外的几亿人供应了他们需要的煤、铁及其他矿物和纤维。在过去的两百年中，澳大利亚的成就之一，是它让一块充满艰难困苦的大陆在年产物资方面以惊人的速度实现着倍增，而世界的大部分地区都能从中获益。于是，我们又回到了那个难以解答的两难问题上：在失的这方面，是众多土著居民自 1788 年来所蒙受的种种苦难，而在得的那方面，则是或许高达百倍的生活在澳大利亚和海外各地的其他人类的获益，我们到底应当如何衡量？

* * *

古老的澳大利亚和现代的澳大利亚一样，都被内陆地区所塑造。那片占澳洲大陆超过一半面积的宽广无垠的地域，是干燥气候的产物，也是将内陆地区与澳大利亚主要城市和港口隔开的漫长距离的产物。即便内陆地区是湿润且肥沃的，它也会受到与世隔绝的影响。一直人烟稀少的内陆地区，连一个大得可以按照欧洲标准被称作“城市”的市镇都没有。它也没有一个像美国的科罗拉多、内华达或加拿大的马尼托巴这样的内陆州。它的广阔平原直到 1917 年才被一条横跨东西的铁路穿过，而直到 21 世纪，才有了第一条纵贯南北的铁路。而在另外一方面，这里的平原和气候，却是飞行的理想条件，从而成为大名鼎鼎的澳洲航空公司的诞生之地。

尽管英国和爱尔兰都是狭小而拥挤的，澳大利亚却拥有几乎无穷无尽的空间。“内陆地区”（outback）这个词本身就象征着一种空间感。在最终见于文字之前，它一定曾被人们屡屡谈及，但 1869 年 4 月 17 日，一份乡村报纸《沃加沃加广告报》第一次正式用到了这个词。期待已久的降雨终于落在了遥远的内地，令记者做出这样的预测："内陆地区将会百草丰茂。"在英语中，"内陆地区"开始时是以 out back 这种两个词的形式出现的，但它最终合而为一。作为一个可以在多种情境下使用的词，它像沙尘暴一样四处蔓延开来。很快，每一个澳大利亚人都或多或少地理解了它的含义，尽管其确切解释仍有赖于人们居住的地区。因此，当某个旅行者来到离海 600 多公里的贫瘠乡村中的一座农庄时，他或许会告诉农庄的主人，终于能够置身于"内陆地区"，感觉真是太棒了。但他可能马上就会被纠正，得知真正的内陆地区可不在这儿，还得再往更远的地方走。正如亨利 · 劳森在 1901 年写下的："内陆永远在丛林人的西边，不管他走得多远。"不过，对于那些生活在西澳大利亚的人来说，要去内陆可能得往东走才行。

内陆地区通常被视为这片国土上真实而又独特的一部分。它是传奇开始的地方：这里诞生了内陆探险家斯特尔特、斯图尔特和福里斯特，扛着水袋的帕迪 · 汉南就是在这里发现了卡尔古利的黄金，而约翰 · 弗林的飞行医生也是在这里飞越半个大陆为病患带去医疗照护。《丛林流浪》[1] 这首

1 俗称为《跳华尔兹的玛蒂尔达》。

澳大利亚国民歌曲中提到的那个水塘，也是在内陆地区，歌中背着行囊过着丛林流浪生活的主人公，就是在这里走向了生命的尽头。包括埃尼亚斯·甘恩夫人的《有情天地》在内的几本颇有影响力的书，以及像《艾利斯城》[1]这样的流行电影，皆以内陆地区为故事背景。它还是大量古老土著艺术的故乡，20世纪70年代创立了新派土著艺术的帕普尼亚画家群，也诞生于这里。

在英国人到来很久之后，内陆地区一直都是成千上万的土著居民的避难所。在那里，旧有的土著生活方式、思维习惯和梦幻传统通常可以保留得最久。即便到了今天，那里仍几乎全部是小的居民点和边防站，土著居民努力掌控着自己的共同命运，保存着部分他们引以为豪的传统。这个区域同时也是大型矿区主要集聚地，即便是这些采矿者，也会发现地理障碍十分险恶。

2300万澳大利亚人集中在两条狭长的沿海走廊。与之相对应，内陆地区则人迹罕至。如此广阔、如此干旱而又如此与世隔离，这些内陆地区的存在很大程度上解释了为什么澳大利亚这个国家作为整体依然人烟稀少。以每公顷土地上居住的人口计，澳大利亚要比除西撒哈拉[2]、纳米比亚和毛里

1 港译《铁蹄余生》。

2 有误，西撒哈拉仅为一个地理区域，属于有争议的地区，在该地区部分土地上建立的“国家”仅获得少数国家承认。

塔尼亚以外的所有非洲国家都荒凉。在整个美洲和亚洲，只有法属圭亚那、格陵兰和蒙古在人口密度上低于澳大利亚。如果内陆地区单独成为一个国家的话，它很可能会荣登全球最荒无人烟之国的榜首。光是这个简单的统计数字，便足以衡量距离和干旱这两兄弟直至今日在塑造这块大陆的过程中所扮演的重要角色。

简明澳大利亚历史年表

公元前 5 万年	第一批土著居民已经到来
公元前 1.6 万年	海面开始再度上涨
公元前 8000 年	塔斯马尼亚与澳洲大陆分离
公元前 6000 年	托雷斯海峡形成
公元前 2000 年	澳洲野犬到来
1486 年	葡萄牙人到达好望角，亚洲门户被打开
1600 年	印度尼西亚渔民定期造访澳大利亚北部沿海
1606 年	西班牙船队穿过托雷斯海峡
1697 年	荷兰人发现斯旺河
1770 年	库克船长发现澳大利亚东部和大堡礁
1788 年	英国舰队抵达悉尼。诺福克岛被占领
1803 年	英国人定居于塔斯马尼亚

1815 年	修建了穿过蓝山山脉通向内地平原的道路
1817 年	澳大利亚这个名字取代新荷兰，开始流行起来
1820 年	麦夸里总督将农田提供给土著居民
1824 年	布里斯班和莫顿湾建立
1825 年	塔斯马尼亚（范迪门地）独立于新南威尔士
1829 年	珀斯诞生
1835 年	墨尔本诞生
1836 年	阿德莱德诞生
1838 年	至少 200 名土著居民在新南威尔士的迈奥尔溪遭屠杀
1842 年	富铜矿在南澳大利亚的卡潘达被发现
1847 年	麻醉剂第一次被澳大利亚牙医所使用
1850 年	英国赋予几个主要的澳大利亚殖民地广泛自治权，其中包括设置关税壁垒
1851 年	淘金潮在新南威尔士和维多利亚出现。维多利亚（菲利普港地区）脱离新南威尔士独立
1853 年	最后一艘流放船抵达塔斯马尼亚
1854 年	位于巴拉腊特的尤里卡围垒遭到士兵猛攻
1856 年	南澳大利亚和维多利亚率先在选举中采取了秘密投票制
1858 年	澳式橄榄球比赛在墨尔本的公园用地上举行
1859 年	昆士兰成为独立殖民地
1861 年	维多利亚的探险家伯克和威尔斯去世。墨尔

本杯赛马比赛正式开始

1866 年	维多利亚成为贸易保护主义者，新南威尔士继续坚持贸易自由主义者的立场
1868 年	最后一名流放犯来到西澳大利亚
1870 年	最后一支英国驻防部队离开澳大利亚东部，英国舰队继续保留
1872 年	途经达尔文的电报线将伦敦和阿德莱德连接起来
1873 年	维多利亚开始推行免费、世俗化和强制性的学校教育
1877 年	澳大利亚的人口超过 200 万
1878 年	丛林大盗奈德·凯利第一次抢劫银行
1879 年	第一座国家公园在悉尼附近宣告设立
1883 年	蒸汽机车牵引的火车将墨尔本和悉尼连接起来
1885 年	布罗肯希尔控股公司组建，开始开采银铅矿
1886 年	充满活力、不断发展壮大的“剪羊毛工人统一工会”诞生
1890 年	西澳大利亚获得自治权
1891 年	澳大利亚的绵羊超过了 1 亿只，但很快便因为干旱而数目减半
1893 年	发生金融恐慌，许多银行关门倒闭。澳大利亚最大的金矿卡尔古利被发现
1894 年	南澳大利亚赋予女性选举权

1895 年	歌曲《流浪丛林》被创作出来
1899 年	澳大利亚军队乘船前往南非参加布尔战争
1900 年	新南威尔士正式开始为老年殖民地居民发放养老金
1901 年	6 个州组成了澳大利亚联邦。就限制亚洲移民的联邦法案展开辩论
1904 年	联邦立法强制规定劳资纠纷必须通过仲裁解决
1906 年	澳大利亚对英属新几内亚（巴布亚）实施管辖权
1908 年	昆士兰人在中东地区发现了第一块油田
1911 年	原本在南澳大利亚管辖下的北领地转为联邦直辖
1914 年	第一次世界大战宣战，澳大利亚军队夺取德属新几内亚
1915 年	澳新军团士兵在加利波利登陆。布罗肯希尔控股公司在纽卡斯尔开设了钢铁厂
1919 年	澳大利亚在巴黎和会上发出了十分强大的声音
1921 年	伊迪斯·考恩成为澳大利亚第一位女政治家。工党采纳了社会主义者的政治纲领。澳洲航空公司在昆士兰内陆地区成立
1923 年	休斯在联邦总理（1915—1923 年）任上遭到罢黜。乡村党在布鲁斯政府（1923—1929 年）赢得了 11 个内阁席位中的 5 席

1924 年	强制在联邦大选中投票的立法颁布
1927 年	堪培拉取代墨尔本成为联邦首都
1930 年	澳大利亚和英格兰之间的电话服务开通
1932 年	悉尼港湾大桥开通。大萧条情况最严重的一年，失业率超过 30%
1933 年	西澳大利亚投票退出联邦
1936 年	澳大利亚正式控制南极洲的一半领土
1938 年	硬木在塔斯马尼亚伯尼的造纸厂中被制成纸张
1939 年	开始在墨尔本港制造军用飞机
1942 年	达尔文遭到轰炸，珊瑚海战役
1945 年	第二次世界大战结束。一位澳大利亚法官主持了日本战犯审判。联邦政府开始提供失业救济金和疾病补助费
1946 年	卡尔韦尔启动了大规模的欧洲移民计划
1948 年	大多数工薪收入者赢得了每周工作 40 小时的权利。霍顿作为第一个澳洲本土汽车品牌开始大规模量产
1949 年	奇夫利（1945—1949 年在任）在联邦大选中输给孟席斯
1950 年	印度尼西亚成为独立国家。澳大利亚参加朝鲜战争
1954 年	伊丽莎白二世成为第一位访问澳大利亚的在位君主

1955 年	工党在共产主义问题上发生分裂
1956 年	墨尔本主办奥林匹克运动会。电视进入澳大利亚的大城市
1959 年	第一个大型电站在雪山开始发电
1961 年	西澳大利亚的皮尔巴拉开始经历铁矿石业的迅速发展
1963 年	澳洲航空公司订购了 3 架波音 707 喷射机；皇家澳大利亚空军订购了超音速轰炸机
1964 年	新南威尔士政府雇员得到了 4 周的年假。开始向特定天主教学校提供联邦资助
1965 年	澳大利亚的作战营在越南登陆
1966 年	孟席斯从联邦总理职位（1939—1941 年、1949—1966 年）上离任。在巴斯海峡下方发现了有开采价值的石油。日本超过英国，成为澳大利亚的主要出口市场
1968 年	塔斯马尼亚人就在霍巴特建造赌场进行投票表决
1969 年	仲裁法庭接受了男女同工同酬的原则。波塞冬镍业公司股票泡沫事件
1970 年	发生反对越南战争的上街游行和“罢工罢市”。绵羊达到了破纪录的 1.7 亿只，但羊毛失去了在出口商品中的支配地位
1972 年	惠特拉姆率领工党赢得联邦大选。澳大利亚

与中华人民共和国建立外交关系

1973 年	悉尼歌剧院开幕
1974 年	飓风重创达尔文
1975 年	巴布亚新几内亚不再是澳大利亚领土的一部分。彩色电视到来。弗雷泽击败惠特拉姆，结束了宪政危机。在南澳大利亚的奥林匹克坝发现储量巨大的矿藏
1976 年	转授给土著居民的北领地土地面积不断增加。禁止在昆士兰的弗雷泽岛上采矿
1979 年	卡卡杜国家公园宣告成立
1980 年	“多元文化电视”在悉尼和墨尔本开播
1982 年	西澳大利亚的丹皮尔和黑德兰港以及新南威尔士的纽卡斯尔此时取代悉尼和植物学湾，成为最重要的货运港
1983 年	澳大利亚和新西兰开始打造共同市场。在联邦大选中，弗雷泽输给了霍克。澳大利亚船队在美洲杯帆船赛中获胜
1984 年	在新一轮解除金融监管的历史时期中，外国银行得以进入澳大利亚
1985 年	艾尔斯岩（乌卢鲁）正式被交回土著居民手中
1986 年	参议院阻碍《人权法案》通过。土著居民人口在五年时间里激增 42%
1988 年	堪培拉的新议会大厦开放使用

1990 年	繁荣时期结束。“80 年代企业家”开始纷纷倒下
1991 年	在工党的内部斗争中，基廷取代霍克成为党魁
1992 年	衰退与萧条，失业率超过了 10%
1994 年	《土著所有权法案》令土著居民可以向内陆地区的大片土地提出所有权要求
1996 年	约翰·霍华德赢得联邦大选，结束了工党连续十三年的执政地位
1998 年	北领地拒绝了成为联邦第 7 个州的计划
1999 年	选民拒绝了让澳大利亚成为共和国的方案。以澳大利亚为首的多国分遣部队进驻东帝汶
2000 年	奥林匹克运动会在悉尼举行
2002 年	88 名澳大利亚人在巴厘岛恐怖袭击中丧生
2003 年	已经在阿富汗作战的澳大利亚部队加入了美国对伊拉克的军事打击
2006 年	召开堪培拉“峰会”，讨论作为澳大利亚主要粮食产区的默里–达令盆地的长期干旱问题
2007 年	工党领袖陆克文在联邦大选中击败约翰·霍华德。陆克文宣称，气候变化是一个重大的“道德挑战”
2008 年	金融危机席卷全球，但依托于向中国和东亚的出口业务，澳大利亚的矿业繁荣得以继续。西澳大利亚在整个国家的出口贸易中占支配

	地位。珀斯人口在2011年前的十年中增长了25%
2009年	2月，维多利亚遭受了澳大利亚有历史记录以来伤亡最重的林区大火，173人丧生
2010年	大规模降雨和洪水终结了澳大利亚东部地区的长期干旱，但在澳大利亚西南部，干旱仍在继续。圣约瑟会修女团创始人、已故的玛丽·麦基洛普成为第一位被封圣的澳大利亚人。朱莉娅·吉拉德成功挑战了陆克文的工党领袖地位，并成为澳大利亚的第一位女总理
2011年	澳大利亚大学与北美和欧洲高校之间对外国学生的竞争日益激烈，教育成为出口收入的一个重要来源
2012年	大量新近移民涌入悉尼和墨尔本，华人和印度人在其中居首位
2013年	1945年仅有700万的澳大利亚人口增加到了2300万，是1945年的三倍多。长期的矿业繁荣开始走向衰落，但铁矿石、煤和其他矿物仍在出口收入中占支配地位。托尼·阿博特领导的自由党在联邦大选中取得决定性胜利

参考书目

被选入这个简短书单中的著作，有些是因为它们对澳大利亚历史做出了重要诠释，构成重要史料来源，有些则是因为它们曾引起过广泛争议，还有一些，影响了本书部分章节的叙述。令人惋惜的是，限于篇幅，许多其他重要著作都未能列入。

澳大利亚土著居民史

Berndt, R. M. & Berndt, C. H. with Stanton, John. , *A World That Was: The Yaraldi of the Murray River and the Lakes*, South Australia, Melbourne University Press, 1993.

Blainey, Geoffrey. , *Triumph of the Nomads*, Macmillan, 1975.

Flood, Josephine. , *The Original Australians*, Allen & Unwin, 2006.

Gammage, Bill. , *The Biggest Estate on Earth*, Allen & Unwin, 2011.

Mulvaney, D. J. , *Encounters in Place: Outsiders and Aboriginal Australians 1606–1985*, University of Queensland Press, 1989.

Strehlow, T. G. H. , *Songs of Central Australia*, Angus & Robertson, 1971.

Windschuttle, Keith. , *The Fabrication of Aboriginal History*, Macleay Press, 2002, vol. 1.

1788 年后的澳大利亚史

Breward, Ian. , *A History of the Churches in Australasia*, Oxford University Press, 2001.

Carlyon, Les. , *Gallipoli*, Pan Macmillan, 2001.

Cozzolino, Mimmo. , *Symbols of Australia*, Penguin Books, 1980.

Crowley, Frank. , *Modern Australia in Documents*, Wren, 1973, 2 vols.

Forrest, Peter and Sheila. , *On the Banks of the Barcoo*, Isisford Shire Council, 2008.

Goldsworthy, David & Edwards, Peter (eds.), *Facing North: A Century of Australian Engagement with Asia*, Melbourne University Press, 2001, 2003, 2 vols.

Gordon, Harry. , *An Eyewitness History of Australia*, Rigby, 1976.

Hirst, John B. , *The Strange Birth of Colonial Democracy: New South Wales 1848–1884*, Allen & Unwin, 1988.

Hughes, Robert, *The Fatal Shore*, Collins, 1987.

Lake, Marilyn & Reynolds, Henry, *Drawing the Global Colour Line*, Cambridge University Press, 2008.

Massy, Charles, *The Australian Merino*, Viking O' Neil, 1990.

McMinn, W. G. , *A Constitutional History of Australia*, Oxford University Press, 1979.

Faulkner, John & Macintyre, Stuart, *True Believers: The Story of the Federal Parliamentary Labor Party*. Allen & Unwin, 2001.

Pringle, J. D. , *Australian Accent*, Chatto & Windus, 1965.

Robinson, Portia, *The Hatch and Brood of Time: A Study of the First Generation of Native-born White Australians 1788–1828*, Oxford University Press, 1985, vol. 1.

Roe, Michael, *Quest for Authority in Eastern Australia 1835–1851*, Melbourne University Press, 1965.

Schreuder, Deryck M. & Ward, Stuart, *Australia's Empire*, Oxford University Press, 2008.

White, Colin, *Mastering Risk*, Oxford University Press, 1992.

Yarwood, A. T. , *Asian Migration to Australia*, Melbourne, 1964.

Yule, Peter & Woolner, Derek, *The Collins Class Submarine Story*, Cambridge University Press, 2008.

澳大利亚史专著

Atkinson, Alan, *The Europeans in Australia: A History*, Oxford University Press, 1997, 2004, 2 vols.

Australians: A Historical Library, Fairfax, Syme and Weldon, 1987, 11 volumes.

Bolton, Geoffrey (ed.), *The Oxford History of Australia*, Oxford University Press, 1986–2001, 5 vols.

Cathcart, Michael (ed.), *Manning Clark's History of Australia*,

Melbourne University Press, 1993.（本书为出版于1962年到1987年、由 Manning Clark 撰写的6卷本澳大利亚史的精选本）

常用参考书

Australian Dictionary of Biography, Melbourne University Press, 1966–. 第17卷出版于2007年。

Barker, Anthony, *What Happened When: A Chronology of Australia 1788–1990*, Allen & Unwin, 1992.

Davison, Graeme, Hirst, John & Macintyre, Stuart, *The Oxford Companion to Australian History*, Oxford University Press. 1998.

Historical Records of Australia, Commonwealth Parliament, 1914. 其中第33卷载有1780年到1850年的重要文档。

Murray-Smith, Stephen (ed.), *The Dictionary of Australian Quotations*, Mandarin, 1992

Ransom, W. S. (ed.), *The Australian National Dictionary*, Oxford University Press, 1988. 本书解释了许多澳大利亚词汇的起源和语义变化。

Sawer, Geoffrey, *Australian Federal Politics and Law*, Melbourne University Press, 1956, 1963, 2 vols.

Souter, Gavin, *Acts of Parliament*, Melbourne University Press, 1988. 本书为联邦议会历史。

《澳大利亚统计年鉴》（*Year Book Australia*），由澳大利亚统计局（Australian Bureau of Statistics）每年出版。

People and Place, *Centre for Population and Urban Research*, Monash University, 1993–2011.

个人生平

Ayres, Philip, *Malcolm Fraser*, William Heinemann, 1987.

Blainey, Ann, *I am Melba: A Biography*, Black Inc. , 2008.

Day, David, *John Curtin: A Life*, HarperCollins, 2006.

Frost, Alan, *Arthur Phillip 1738–1814*, Oxford University Press, 1987.

Howard, John, *Lazarus Rising*, HarperCollins, 2010.

Martin, A. W. , *Robert Menzies: A Life*, Melbourne University Press, 2 vols, 1993, 1999.

Roderick, Colin, *Henry Lawson: A Life*, Angus & Robertson, 1991.

Whitlam, Gough, *The Whitlam Government 1972–1975*, Viking, 1985.

译名对照表

人名

阿瑟·菲利普船长 Captain Arthur Phillip

阿瑟·斯特雷顿 Arthur Streeton

阿瑟·霍伊·戴维斯 Arthur Hoey Davis

阿瑟·博伊德 Arthur Boyd

阿瑟·卡尔韦尔 Arthur Calwell

阿瑟·波斯特尔 Arthur Postle

阿巴卢 Abaroo

阿奇博尔德·马歇尔 Archibald Marshall

阿黛尔·潘克赫斯特—沃尔什 Adele Pankhurst-Walsh

阿尔弗雷德·辛普森 Alfred Simpson

阿尔弗雷德·P. 斯隆 Alfred P. Sloan

阿尔弗雷德·迪金 Alfred Deakin

阿尔伯特·塔克 Albert Tucker

爱德华·柯尔 Edward Curr

爱德华·吉本·韦克菲尔德 Edward Gibbon Wakefield

爱德华·哈格雷夫 Edward Hargraves

爱德华·艾尔 Edward Eyre
爱德华·奎因 Edward Quin
爱德华兹少将 Major-General J. B. Edwards
爱德华·霍顿 Edward Holden
爱德华·伯恩·琼斯 Edward Burne Jones
爱德华·埃尔加 Edward Elgar
艾伦·坎宁安 Allan Cunningham
艾伦·沃尔什 Alan Walsh
艾伦·邦德 Alan Bond
艾伦比 Allenby
埃德蒙·特里克特 Edmund Trickett
埃利亚斯·莱科克 Elias Laycock
埃德温·弗拉克 Edwin Flack
埃德蒙·巴顿 Edmund Barton
埃利·阿什米德·巴特利特 Ellis Ashmead Bartlett
埃尔茜·吉布森修女 Sister Elsie Gibson
埃里克·安塞尔 Eric Ansell
埃罗尔·弗林 Errol Flynn
埃辛顿·刘易斯 Essington Lewis
埃迪·马博 Eddie Mabo
埃尼亚斯·甘恩夫人 Mrs Aeneas Gunn
安德鲁·桑德 Andrew Thunder
安德鲁·费希尔 Andrew Fisher
安德鲁·道森 Andrew Dawson
安东尼·怀尔丁 Anthony Wilding
奥古斯塔斯·格雷戈里 Augustus Gregory
巴克利总督 Governor Barkly
“班卓琴手”帕特森 “Banjo” Paterson
保罗·哈斯勒克 Paul Hasluck
鲍勃·霍克 Bob Hawke
本·奇夫利 Ben Chifley
彼得·坎宁安 Peter Cunningham
彼得·莱勒 Peter Lalor
彼得·威尔 Peter Weir
彼得·科斯特洛 Peter Costello
彼得·科斯格罗夫 Peter Cosgrove

比利·休斯 Billy Hughes
比彻姆伯爵 Lord Beauchamp
布莱克·西泽 Black Caesar
布伦顿·斯蒂芬斯 Brunton Stephens
布里奇斯将军 General Bridges
布雷迪 E. J. Brady
查尔斯·达尔文 Charles Darwin
查尔斯·斯特尔特 Charles Sturt
查尔斯·佩里主教 Bishop Charles Perry
查尔斯·考特爵士 Sir Charles Court
大卫·里韦特爵士 Sir David Rivett
戴维·赛姆 David Syme
戴尔博士 Dr R. W. Dale
戴德曼 J. J. Dedman
道格拉斯·莫森爵士 Sir Douglas Mawson
丹尼尔·克劳利 Daniel Crawley
丹尼尔·曼尼克斯 Daniel Mannix
丹尼斯 C. J. Dennis
蒂莫西·科格伦 Timothy Coghlan
蒂勒特·哈米拉尼先生 Mr Tirath Khemlani
多罗西娅·麦凯勒 Dorothea Mackellar
厄尔·佩吉博士 Dr Earle Page
范妮·迪拉克 Fanny Durack
菲利普·劳博士 Dr. Phillip Law
菲利普斯 A. A. Phillips
弗兰克·威廉姆森 Frank Williamson
弗兰克·帕克 Frank Packer
弗雷德·威廉姆斯 Fred Williams
弗雷德·麦卡宾 Fred McCubbin
弗劳德 J. A. Froude
高夫·惠特拉姆 Gough Whitlam
格莱内尔格勋爵 Lord Glenelg
格里菲斯·泰勒 Griffith Taylor
格洛斯特公爵 Duke of Gloucester

格雷姆·克拉克 Graeme Clark
哈里·布里奇斯 Harry Bridges
哈特尼特 L. J. Hartnett
哈罗德·麦克米伦 Harold Macmillan
汉斯·海泽 Hans Heysen
赫莲娜·鲁宾斯坦 Helena Rubinstein
赫伯特·奥斯汀 Herbert Austin
赫伯特·佩恩 Herbert Payne
赫伯特·V. 伊瓦特博士 Dr Herbert V Evatt
赫伯特·汤姆森 Herbert Thomson
亨利·劳森 Henry Lawson
亨利·海特 Henry Hayter
亨利·肯德尔 Henry Kendall
亨利·瑟尔 Henry Searle
亨利·乔治 Henry George
亨利·福特 Henry Ford
亨利·帕克斯爵士 Sir Henry Parkes
亨利·汉德尔·理查森 Henry Handel Richardson
霍尔 E. S. Hall
霍普敦勋爵 Lord Hopetoun
霍华德·弗洛里 Howard Florey
基思·默多克爵士 Sir Keith Murdoch
吉尔贝·默里 Gilbert Murray
加菲尔德·巴威克爵士 Sir Garfield Barwick
杰克·唐纳森 Jack Donaldson
杰克·朗 Jack Lang
杰克·约翰逊 Jack Johnson
杰基·豪 Jacky Howe
金 R. L. King
金斯利·诺里斯医生 Dr Kingsley Norris
卡门·劳伦斯博士 Dr Carmen Lawrence
卡卡杜 Kakadu
凯瑟琳·柯克兰 Katharine Kirkland
凯瑟琳·菲茨帕特里克 Kathleen Fitzpatrick
凯西 R. G. Casey
克里斯托弗·哥伦布 Christopher Columbus
克里斯蒂娜·麦克弗森 Christina Macpherson

克拉克 W. B. Clarke
拉克伦·麦夸里 Lachlan Macquarie
拉·彼鲁兹 la Perouse
拉塞尔·德莱斯代尔 Russell Drysdale
莱特·哈葛德 Rider Haggard
莱昂内尔·林赛 Norman and Lionel Lindsay
莱斯·默里 Les Murray
里乔神父 Father Riccio
理查德·约翰逊 Richard Johnson
理查德·伯克爵士 Governor Sir Richard Bourke
理查德·德里 Richard Dry
利奥妮·克雷默夫人 Dame Leonie Kramer
林登·约翰逊 Lyndon B. Johnson
陆克文 Kevin Michael Rudd
路德维希·莱卡特 Ludwig Leichhardt
鲁德亚德·吉卜林 Rudyard Kipling
鲁珀特·默多克 Rupert Murdoch
鲁弗斯·道斯 Rufus Dawes
罗伯特·库珀 Robert Cooper
罗伯特·卡特赖特 Robert Cartwright
罗伯特·休斯 Robert Hughes
罗伯特·孟席斯 Robert Gordon Menzies
罗宾·博伊德 Robin Boyd
吕斯特 F. J. Lyster
马修·弗林德斯 Matthew Flinders
马库斯·克拉克 Marcus Clarke
马尔伯勒公爵夫人 Duchess of Marlborough
马尔科姆·弗雷泽 Malcolm Fraser
马迪根博士 Dr C. T. Madigan
马丁·博伊德 Martin Boyd
马克·奥利芬特 Mark Oliphant
马西娅·兰顿 Marcia Langton
迈克尔·克瑞纳 Michael Crener
迈克尔·查尔顿 Michael Charlton
麦科诺基船长 Captain

Maconochie
麦克法兰·伯尼特爵士 Sir Macfarlane Burnet
梅·布拉厄夫人 Mrs May Brahe
蒙哥马利主教 Bishop H. H. Montgomery
蒙塔古 C. E. Montague
米歇尔 A. G. M. Michell
莫兰枢机主教 悉尼 Cardinal Moran of Sydney
莫里斯·莫比爵士 Sir Maurice Mawby
纳兰迪里 Nguruderi
奈德·凯利 Ned Kelly
内维尔·邦纳 Neville Bonner
内莉·梅尔芭夫人 Nellie Melba
诺曼·布鲁克斯 Norman Brookes
诺埃尔·皮尔逊 Noel Pearson
诺曼·格雷格 Norman Gregg
欧内斯特·贾尔斯 Ernest Giles
欧文·狄克逊爵士 Sir Owen Dixon
帕特里克·怀特 Patrick White
帕迪·汉南 Paddy Hannan
珀西·格兰杰 Percy Grainger
珀西·斯彭德 Percy Spender
乔治·里德 George Reid
乔治·鲁滨逊 George Robinson
乔治·吉普斯爵士 Sir George Gipps
乔治·格雷船长 Captain George Grey
乔治·贝内特 George Bennett
乔克·加登 Jock Garden
乔·莱昂斯 Joe Lyons
琼·萨瑟兰 Joan Sutherland
琼·基尔纳 Joan Kirner
让·德·叙维尔 Jean de Surville
萨尔瓦多主教 Bishop Salvado
圣玛利亚 B. A. Santamaria
塞缪尔·马斯登 Samuel Marsden
塞缪尔·亚历山大 Samuel Alexander
斯坦利·墨尔本·布鲁斯 Stanley Melbourne Bruce
唐纳德·布拉德曼 Donald Bradman

汤姆·罗伯茨 Tom Roberts
汤姆·沃尔什 Tom Walsh
汤米·科里根 Tommy Corrigan
特德·西奥多 Ted Theodore
托马斯·米切尔上校 Major Thomas Mitchell
托马斯·麦康比 Thomas McCombie
托尼·阿博特 Tony Abbott
威廉·布劳顿 William Broughton
威廉·布莱克 William Blake
威廉·豪伊特 William Howitt
威廉·格思里·斯彭斯 William Guthrie Spence
威廉·诺克斯·达西 William Knox D' Arcy
威廉·特伦维斯 William Trenwith
威廉·韦布爵士 Sir William Webb
威廉·麦克马洪·巴尔 William Macmahon Ball
韦奇 J. H. Wedge
沃尔斯利 F. Y. Wolseley
沃尔特·伯利·格里芬 Walter Burley Griffin
沃伦·芒丁 Warren Mundine
乌拉索恩 W. B. Ullathorne
西蒙·弗雷泽 Simon Fraser
西德尼·诺兰 Sidney Nolan
西德尼·J. 贝克 Sidney J. Baker
希金斯法官 Mr Justice Higgins
夏洛特·帕金斯·吉尔曼 Charlotte Perkins Gilman
辛普森·纽兰 Simpson Newland
休伯特·默里爵士 Sir Hubert Murray
休·马洪 Hugh Mahon
亚当·林赛·戈登 Adam Lindsay Gordon
亚历山大·普罗霍罗夫 Alexander Prokhorov
亚当·贾尔斯 Adam Giles
扬 G. F. Young
伊丽莎白·麦克阿瑟 Elizabeth MacArthur
伊妮德·莱昂斯 Enid Lyons
伊迪斯·考恩 Edith Cowan
伊瓦特博士 Dr H. V. Evatt
约瑟夫·班克斯 Joseph

Banks
约瑟夫·库克 Joseph Cook
约翰·珀尔德 John Polding
约翰·韦斯特 John West
约翰·奥克斯利 John Oxley
约翰·麦克道尔·斯图尔特 John McDouall Stuart
约翰·斯图尔特·穆勒 John Stuart Mill
约翰·麦科马克 John McCormack
约翰·特巴特 John Tebbutt
约翰·赫斯特 John Hirst
约翰·马蒂诺 John Martineau
约翰·马尔瓦尼 John Mulvaney
约翰·勒霍茨基 John Lhotsky
约翰·福里斯特 John Forrest
约翰·奎克 John Quick
约翰·希勒 John Shearer
约翰·莫纳什爵士 Sir John Monash
约翰·乔布·布拉德菲尔德 John Job Bradfield
约翰·科廷 John Curtin
约翰·莱瑟姆 John Latham
约翰·埃克尔斯爵士 Sir John Eccles
约翰·劳斯 John Laws
约翰·普林格尔 John Pringle
约翰·克尔爵士 Sir John Kerr
约翰·霍华德 John Howard
约翰·弗林 John Flynn
约恩·乌松 Joern Utzon
约·比耶尔克–彼得森爵士 Sir Joh Bjelke-Petersen
詹姆斯·库克 James Cook
詹姆斯·科沃德 James Coward
詹姆斯·狄克逊神父 James Dixon
詹姆斯·哈里森 James Harrison
詹姆斯·马丁 James Martin
詹姆斯·斯卡林 James Scullin
詹姆斯·基伦爵士 Sir James Killen
泽尔曼·考恩爵士 Sir Zelman Cowen
朱莉娅·吉拉德 Julia Gillard

地名

阿瑟顿高地 Atherton Tableland
阿瑟港 Port Arthur
阿纳姆地 Arnhem Land
阿勒达拉 Ulladulla
阿盖尔 Argyle
艾尔湖 Lake Eyre
艾丽斯当斯 Alice Downs
艾利斯斯普林斯 Alice Springs
艾西斯福德 Isisford
埃克斯茅斯湾 Exmouth Gulf
埃普索姆 Epsom
埃斯佩兰斯 Esperance
奥尔巴尼 Albany
奥尔伯里 Albury
奥德河 Ord River
奥古斯塔港 Port Augusta
奥林匹克坝 Olympic Dam
巴布亚 Papua
巴旺河 Barwon River
巴宁扬 Buninyong
巴拉腊特 Ballarat
巴瑟斯特 Bathurst
巴罗萨河谷 Barossa Valley
巴库河 Barcoo River
班伯里 Bunbury
邦迪 Bondi
鲍恩费尔 Bowenfels
鲍恩盆地 Bowen Basin
邦巴拉 Bombala
北金伯利 North Kimberley
本迪戈 Bendigo
比奇沃思 Beechworth
伯德金河 Burdekin River
伯克城 Bourke
伯尼 Burnie
波拿巴群岛 Bonaparte Archipelago
博尔德 Boulder
博福特 Beaufort
布里斯班 Brisbane River
布里斯班河 Brisbane River
布拉 Burra
布罗肯希尔 Broken Hill
布鲁姆 Broome
布里斯托尔 Bristol
布罗克尔斯比 Brocklesby
布干维尔岛 island of

Bougainville
查尔维尔 Charlesville
查特斯堡 Charters Towers
道格拉斯港 Port Douglas
达令河 River Darling
达令草地 Darling Downs
达令港 Darling Harbour
达格沃迪 Dagworth
达尔文港 Port Darwin
达尼丁 Dunedin
蒂默特 Tumut
多塞特郡 Dorset
多格蒂 Dalgety
德文特 Derwent
邓特伦 Duntroon
恶魔岛 Devil's Island
范迪门地 Van Diemen's Land
菲利普港湾 Port Phillip Bay
菲利普港海角 Port Phillip Heads
芬特里格利 Fern Tree Gully
弗里曼特尔 Fremantle
弗雷泽岛 Fraser Island
富兰克林河 Franklin River
高勒 Gawler
甘比尔山 Mt Gambier
冈德盖 Gundagai
戈斯福德 Gosford
戈尔韦 Galway
戈登河 Gordon River
格拉夫顿 Grafton
格拉斯哥 Glasgow
格鲁特岛 Groote Eylandt
古尔本大坝 Goulburn Weir
合恩角 Cape Horn
黑德兰港 Port Hedland
怀特岛 Isle of Wight
霍巴特 Hobart
霍克斯伯里河 Hawkesbury River
霍舍姆 Horsham
火焰溪 Fiery Creek
吉尔福德 Guildford
吉朗 Geelong
吉普斯兰 Gippsland
金岛 King Island
金皮 Gympie
加那利群岛 Canary Islands
加尔维斯顿 Galveston
杰维斯湾 Jervis Bay
杰帕里特 Jeparit
卡奔塔利亚湾 Gulf of

Carpentaria
卡潘达 Kapunda
卡尔古利 Kalgoorlie
卡姆登 Camden
卡那封 Carnarvon
凯恩斯 Cairns
康达湖 Lake Condah
克雷西克 Creswick
克赖斯特彻奇 Christchurch
科罗瓦 Corowa
科科斯群岛 Cocos Islands
科科达小径 Kokoda Trail
肯布拉港 Port Kembla
昆斯敦 Queenstown
昆比恩 Queanbeyan
库克敦 Cooktown
库珀河 Cooper's Creek
库吉 Coogee
库马 Cooma
库尔加迪 Coolgardie
库伯佩迪 Coober Pedy
奎纳纳 Kwinana
拉卓贝克山 Razorback
拉塞尔瀑布 Russell Falls
拉什卡特斯湾 Rushcutters Bay
蓝山山脉 Blue Mountains
朗塞斯顿 Launceston
朗里奇 Longreach
雷德芬 Redfern
里弗赖纳 Riverina
利思戈 Lithgow
利斯莫尔 Lismore
猎人谷 Hunter Valley
留尼旺岛 Reunion
卢因角 Cape Leeuwin
罗克汉普顿 Rockhampton
伦马克 Renmark
芒特艾萨 Mount Isa
芒特甘比尔 Mt Gambier
玛格丽特河 Margaret River
马格达拉 Magdala
马利 Mallee
马约尔卡 Majorca
马尼托巴 Manitoba
玛格丽特河 Margaret River
迈奥尔溪 Myall Creek
麦夸里湾 Macquarie Harbour
麦克罗伯逊地 MacRobertson Land
麦凯 Mackay
曼纳姆 Mannum
猛犸洞 Mammoth Cave

米尔迪拉 Mildura
米尔恩湾 Milne Bay
米德尔塞克斯郡 Middlesex
米德尔斯伯勒 Middlesbrough
墨尔本 Melbourne
默里河 Murray River
默里群岛 Murray Islands
莫斯韦尔 Moss Vale
莫尔斯比港 Port Moresby
纳拉伯平原 Nullarbor Plain
纳拿帕地区 Nganampa region
纽卡斯尔 Newcastle
纽盖特 Newgate
纽波特 Newport
诺福克岛 Norfolk Island
帕萨迪纳 Pasadena
帕尔默河 Palmer River
帕默斯顿 Palmerston
帕拉马塔河 Parramatta River
帕普尼亚 Papunya
派恩克里克 Pine Creek
佩德湖 Lake Pedder
皮里港 Port Pirie
皮尔巴拉 Pilbara
珀斯 Perth
朴次茅斯 Portsmouth
普尔角 Point Puer
上达令地区 Upper Darling
桑夏恩 Sunshine
萨里山 Surry Hills
斯旺河 Swan River
斯托尔 Stawell
斯特拉德布罗克岛 Stradbroke Island
苏拉威西岛 Sulawesi
塔希提 Tahiti
塔斯曼海 Tasman Sea
泰马河 Tamar River
泰恩赛德 Tyneside
汤斯维尔 Townsville
陶尔希尔 Tower Hill
特劳伊 Terowie
滕特菲尔德 Tenterfield
托雷斯海峡 Torres Strait
托伦斯湖 Lake Torrens
图文巴 Toowoomba
旺加拉塔 Wangaratta
旺萨吉 Wonthaggi
瓦兰加拉 Wallengara
瓦南布尔 Warrnambool
韦帕 Weipa
威灵顿山 Mount Wellington

威尔坎尼亚 Wilcannia

威默拉 Wimmera

维多利亚马利地区 Victorian Mallee

温顿 Winton

沃东加 Wodonga

悉尼港湾 Sydney Harbour

悉尼湾 Sydney Cove

西北大陆架 North-West Shelf

肖尔黑文 Shoalhaven

谢迪坎普 Shady Camps

新喀里多尼亚 New Caledonia

新赫布里底 New Hebrides

新斯科舍 Nova Scotia

星期四岛 Thursday Island

雪河 Snowy River

亚拉河 Yarra River

亚拉山谷 Yarra Valley

亚历山德里娜湖 Lake Alexandrina

亚斯 Yass

亚眠 Amiens

阳光海岸 Sunshine Coast

伊普斯威奇 Ipswich

约克角 Cape York

植物学湾 Botany Bay

专有名词

阿兰达人 Aranda

澳大利亚日 Australia Day

澳洲喜鹊 Australian magpie

澳大利亚联邦 The Commonwealth of Australia

澳新军团日 Anzac Day

澳大利亚艺术理事会 Australia Council

澳大利亚广播委员会 Australian Broadcasting Commission

澳大利亚广播公司 Australian Broadcasting Corporation

白澳政策 White Australia Policy

德哈鲁克语 Dharuk

迪尔巴尔语 Dyirbal

飞去来器 boomerang

高罂粟花 tall poppies

公民复决投票 national referendum

工联主义 trade unionism

古林德基人 Gurindji

管制资本主义 regulated

capitalism

荷兰归正会 Dutch Reformed Church

黑纱派观点 the black armband view

海德堡画派 Heidelberg School

基督教一位论派 Unitarian

基督教妇女戒酒联合会 Women's Christian Temperance Union

教牧区 mission station

联邦工业与科学研究组织 CSIRO

联邦总督 governor-general

联邦总理（总理） prime minster

马西登山部落 Mount Macedon Tribe

南方大陆 Terra Australia

女子和平军 Women's Peace Army

佩平美利奴羊 Peppin-style merino

擅占者 squatters

圣公会教会 Anglican

首席部长（北领地行政首脑） chief minister

特洛皮 waratah

同性恋狂欢节 Mardi Gras

投枪器 spear-thrower

《土著所有权法》Native Title Act

托雷斯海峡岛民 Torres Strait Islander

望加锡人 Macassans

卫理公会 Methodist

乌克兰正教会 Ukrainian Orthodox

馅饼飞人 The Flying Pieman

休姆和霍维尔探险队 Hume and Hovell

雪山工程 Snowy Mountains Scheme

游廊 verandah

尤里卡围垒起义 Eureka Stockade

长老会 Presbyterian

州长 premier